西安石油大学优秀学术著作出版基金资助出版

陕西省社会科学基金项目资助出版

"情绪"类双音复合词的语义研究

王 慧 著

中国社会科学出版社

图书在版编目（CIP）数据

"情绪"类双音复合词的语义研究 / 王慧著.
北京：中国社会科学出版社，2024. 7. —— ISBN 978-7
-5227-3847-5

Ⅰ. H146. 2

中国国家版本馆 CIP 数据核字第 2024W3X870 号

出 版 人	赵剑英
责任编辑	杨　康
责任校对	王　潇
责任印制	戴　宽

出　　版	中国社会科学出版社
社　　址	北京鼓楼西大街甲 158 号
邮　　编	100720
网　　址	http://www.csspw.cn
发 行 部	010-84083685
门 市 部	010-84029450
经　　销	新华书店及其他书店

印　　刷	北京明恒达印务有限公司
装　　订	廊坊市广阳区广增装订厂
版　　次	2024 年 7 月第 1 版
印　　次	2024 年 7 月第 1 次印刷

开　　本	710×1000　1/16
印　　张	19.25
插　　页	2
字　　数	260 千字
定　　价	99.00 元

前　　言

形态学根据语法结构特点把人类语言分为孤立语、屈折语、黏着语和复综语四类。汉语与印欧语言有着显著区别，属于典型的孤立语，其主要特点有以下几方面：第一，词序严格；第二，虚词重要；第三，复合词多而派生词少。作为孤立语，汉语句法结构简单，缺乏明显的形态变化，但词义信息十分丰富，属于语义型语言。中国传统语言研究历来重视对语义的研究，19世纪西方语言学传入中国后，现代汉语语言研究逐渐转入了重形式、讲句法的语法分析阶段，这为汉语研究打开了一扇窗户，开辟了新的研究视角，但也给我们进行汉语本体研究和应用实践带来了一些障碍。

比如词类划分问题。《马氏文通》是我国第一部汉语语法书，它提出关于词类划分的理论并做出有益尝试，对后世汉语研究具有深远影响。但汉语属于意合性较强的语言，词语缺乏丰富的形态变化且句法功能灵活，词类与句法之间并非一一对应的关系，这使得词类划分困难重重，不同学者往往根据不同标准给予同一个词不同的词类归属。在一些研究心理动词的文章中，我们发现其中许多被认定的"动词"在相关现代汉语词典中均被标注为"形容词"，例如"愤怒""伤心""愉快"等。即便是同样收录现代汉语词语的《现代汉语词典》（第7

版）和《现代汉语规范词典》（第4版），它们对一些词的词性标注也不尽相同。如"冲动"表示"感情过分激动，不能用理智有效控制"的这一义项，在《现代汉语词典》（第7版）中被标注为"形容词"，而在《现代汉语规范词典》（第4版）中却被标注为"动词"。一般认为，词类划分的目的是帮助确定词在句法中的功能，而词性判定的依据又往往是词在句法中的使用情况。这种循环证明的方式并不能彻底解决词类的归属问题，也不能完全解释词在句法中的灵活使用现象。

词在语言中并不是孤立存在的，而是呈系统性的。我们只有将词放于整个词义体系，才能分析它与其他词的联系与区别，也才能全面描述其意义。情绪是人们亲身体验的一种心理活动，本身具有极强的主观性和复杂性。用来描述情绪的词语丰富多彩，且同义、同类现象众多，非常有必要从词汇语义学的角度，对现代汉语中的这类词进行研究。

本书从"义类"角度出发，对现代汉语"情绪"类双音复合词进行了多层次、多角度的封闭研究，突破了语法分类的局限性，以语义作为选词、分类的依据，重视语素义在词义中的作用。这种对双音复合词进行语义研究的视角能在一定程度上突破传统语法研究的局限性，为寻求古代汉语和现代汉语的传承关系提供思路。

本书采用定量与定性研究相结合、共时与历时研究相结合、文献研究、语料库研究等多种方法，对"情绪"类双音复合词的语素来源、语素构词、句法语义等几方面进行了分析和讨论。本书主体部分共五章：第一章对有关词义、情绪、"情绪"类词的研究现状进行了梳理，对"情绪"类双音复合词进行了界定，确定了选取标准和研究对象，提出本书研究的内容、目的、理论依据和方法；第二章分析了"情绪"类双音复合词构词语素的来源范畴、语义特征等内容，探索了该类词的语义生成机制；第三章分别考察了并列式、非并列式"情绪"类双音复合词构词语素的语义特征及组合理据，在一定范围内讨论了词义与语素义的内在语义关系，分析了同一类"情绪"词的意义差别；第四章从语法组合的层面，归纳了"情绪"类双音复合词与其共现成分的局部语法型式，讨论了与之共现成分的语义类型和语义特征；第五章总结了"情绪"类双音复合词词义特点对句法表现的影响作用，并得出结论。

　　本书是对汉语词义系统研究的一个尝试，期望通过对现代汉语"情绪"类双音复合词语义系统的分析，增强对汉语语义特点及汉民族思维认知模式的全面认识。受作者学识和研究能力的局限，本书难免存在诸多缺陷与可商榷之处。希望关于汉语词义系统的研究能够获得更多同行的关注，也希望本书可以得到各位方家的批评指正！

目录 CONTENTS

第一章　绪　论

第一节　问题的提出

构建词义的系统性，重视词义之间的区别和联系，不仅有利于语言本体研究的不断深入，而且在中文信息处理、语文教学、汉语作为第二语言教学中都有着重要的应用价值。从对词义理解的角度考虑，单纯将词孤立地分为"动词""名词""形容词"等类型不能发现词义之间的系统性。只有按照一定的分类原则构建一套完善的分层、分类体系，才能全面描述词的意义。苏新春依照词义结构的范围，将词义系统分为三个层次：单个词内的微观结构、众多词义联系的中观结构、词义整体的宏观结构。单个词内的微观结构是本义与引申义、概念义与色彩义之间的联系内容；词义的中观结构是在微观结构基础之上凭借意义、形式的各种各样的联系线索组合在一起的词义类聚。词义的中观结构是构成词义整体宏观结构的基础，其中对同类词、同义词、近义词等词义类聚的分析是建立整个词汇语义体系的重要内容。①

情绪是人类心理活动的一个重要组成部分，与人们的生活息息相

---

① 苏新春：《汉语词义学》，外语教学与研究出版社 2008 年版，第 172—189 页。

关。语言是人们进行情感交流的重要工具，"情绪"必然成为语言表达的一项重要内容。人类的情绪复杂，与之有关的词汇数量也十分庞大。在对《新编同义词词林》①《简明汉语义类词典》②《汉语多用词典 注音 释义 用法 构词 近义 反义》③等多部汉语义类词典的分析中，我们发现这类表示内心情绪活动的词具有以下几方面的特点。

一是数量庞大，分类繁多。如《简明汉语义类词典》设有"情感"一类，在其下又分为"喜悦""愤怒""伤心""害怕"等74个小类；《新编同义词词林》列有"心理活动"一类，其下的"心理状态""心理活动"两类共包含36个小类。两部词典对表示同一类情绪的词的收录并不相同，以对"愤怒"类双音复合词的收录为例，《简明汉语义类词典》共收录23个词，而《新编同义词词林》共收录41个词。这一方面缘于各词典编著者的选词依据不同，另一方面也因情绪义抽象且边界模糊，致使人为分类带有主观化倾向。此外，属于同一义类的词的意义比较接近，如"愉快""喜悦""快乐""高兴""欢欣""愉悦"等都表示"喜悦"义，它们在日常使用中较为灵活，语义语用的差别十分细微，在词典中的释义相差不大。

二是具有丰富的文化内涵。情绪是人类共同的思维活动，在不同民族中的表达方式却不尽相同。例如，在描述"愤怒"这一情绪时，英汉共享"火"这一概念隐喻。除此之外，英语在表达中还常用"容器中液体的热"，如 Anger surged within him；而汉语则常用到"气"，如"生气""动气""怄气"等。此外，汉语中许多表示情绪的词还包含丰富的中医文化知识，如中医认为生气伤肝，"肝火""肝气"等都

---

① 亢世勇主编：《新编同义词词林》，上海辞书出版社2015年版。

② 林杏光、菲白编：《简明汉语义类词典》，商务印书馆1987年版。

③ 林杏光编著：《汉语多用词典 注音 释义 用法 构词 近义 反义》，中国标准出版社1990年版。

用来代指"愤怒"情绪。"情绪"类词中包含的民族文化特征还体现在汉字形体上。汉字属于表意文字，形符具有强大的表意功能，透过形符可窥见汉民族深厚的历史文化。如《说文解字》中收录的表示侮辱、厌恶等情感的汉字"媟""嫌""嫚"等和表示喜乐情绪的"婴""娱""媅"等都以"女"作形符，体现了古代封建社会女性社会地位的低下。

三是双音节词占大多数。以《新编同义词词林》《简明汉语义类词典》《汉语多用词典　注音　释义　用法　构词　近义　反义》等多部汉语义类词典为参照，我们对《现代汉语词典》（第 7 版）① （以下简称《现代汉语词典》）中表示喜悦、悲伤、痛苦、消沉、惊奇、恐惧、愤怒、烦闷、激动等情绪状态的词条进行了统计分析，共收集到约 400 个双音复合词。② 双音复合词一直是现代汉语研究的重点，这与该类词包含大量的语素信息分不开。这些构词语素虽不能直接进入句法层面，但通过语义作用间接制约着词的使用规则。同时，语素的构词能力、构词规则和构词方式也是汉语研究的重点。通过对这 400 个表示情绪的双音复合词的分析，我们发现含有情绪义的构词语素有 200 个左右。这些语素具有强大的构词能力，它们或两两组合成并列式双音复合词，或与其他类型的语素组合成主谓式、动宾式等形式的双音复合词。

"情绪词的使用能反映出学习者的语言能力，语言能力强的二语学习者使用的情绪词更丰富，更广泛。"③ 表示同一类情绪的词目繁多，这些词在语法使用中也有很多相似点，如都可以受程度副词的修饰，

---

① 中国社会科学院语言研究所词典编辑室编：《现代汉语词典》（第 7 版），商务印书馆 2016 年版。本书所引用的《现代汉语词典》内容全部来自该版本，后不予赘述。

② 《现代汉语词典》（第 7 版）收录的"情绪"类双音复合词远不止 400 个，还有许多被标注为"〈书〉""〈方〉"的文言词、方言词等，本书没有收录。

③ 郑玉荣：《二语习得过程中情绪词的使用与语言能力的相关性研究》，《时代文学》（双月上半月）2009 年第 4 期。

陈述对象一般都是人，等等。汉语母语者尽管能约定俗成地正确使用，但较难说清它们之间的意义差别。对于汉语非母语者而言，随着汉语词汇量的增加，这些表示情绪的词就有可能成为他们学习和使用的难点，对这些词混用、错用的现象也不可避免。外向型汉语学习词典是辅助学习者学习汉语的重要工具，词典编纂者应当对这部分表示情绪的词加以重视。但目前已出版的外向型汉语学习词典对这类词的释义还在释义方式、例证选取、同义词辨析等方面存在诸多问题。① 这些都对汉语词汇本体研究以及外向型汉语学习词典编纂提出要求。

尽管古代汉语以单音节词为主，现代汉语以双音节合成词为主，但是古代汉语与现代汉语并非截然分开，它们之间有着千丝万缕的传承关系。从古代汉语中遗留下来的词，一部分继续以单音节词的形式存在，而更多的则是蜕变为语素以构词语素的形式保留在复合词中。我们对《说文解字》所收的小篆及其释义进行了分析，发现表示情感的字（词）共有283个，能归属到"激动""愉快""安恬""忧愁""痛苦""恐惧""惊奇""愤怒"等情绪类别下的共有162个。这162个字（词）中仍有87个被《现代汉语词典》收录，其中约70个参与了现代汉语双音复合词的构成。可见，表示情绪的双音复合词能为我们研究汉语词汇及词义发展演变提供封闭语料，便于我们发现汉语词汇在历史发展过程中的产生、消亡与转移。

除含有一些本来就属于情绪概念范畴的语素外，现代汉语表示情绪的复合词中还有一部分语素原属于其他概念范畴。这些语素或在后来的发展过程中逐渐产生了情绪义，或在与其他语素组合时彼此影响而共同抽象引申表示情绪。探究这些语素的概念原型，总结这些语素的来源特

---

① 王慧：《外向型汉语学习词典对情绪词的释文探析——以"愉快"类情绪词为例》，《海南师范大学学报》（社会科学版）2015年第8期。

征及引申规律，能帮助我们更好地了解汉民族的思维认知模式。

综上，中国的历史文化源远流长，语言是文化的重要组成部分。对表示情绪的词及语素的全面分析可以加深我们对本民族思想文化和思维认知的了解。此外，通过对这部分词搜集、整理，并做进一步的意义归类和比较分析，能为现代汉语义类词典和外向型汉语学习词典的编纂提供更好的参考依据，也能帮助国际中文教师向汉语非母语学习者提供更为精准的阐释。

鉴于以上几点，将表示情绪的词作为一个义类，选择其中的双音复合词作为研究对象，具有较大的挖掘空间和研究价值。为称说方便，我们将现代汉语这类表示情绪的双音复合词称为"情绪"类双音复合词。

第二节 相关问题研究综述

下文我们将对与"情绪"类双音复合词有关的词义研究情况以及心理学、语言学中对情绪、"情绪"类词的相关研究进行梳理分析。

一 词义的相关研究

结构主义语言学区分了语言研究的两组概念："聚合关系"与"组合关系"。就汉语词义而言，"聚合关系"主要指词汇的意义类聚，即将具有相同或相关意义的词集合起来的语义系统。"组合关系"包含词义内部构成与词义外部组合两个方面：词义的内部构成涉及词义的产生理据以及语素义与词义的关系，词义的外部组合侧重指在句法中受意义影响词与其搭配成分的组合规律等。

（一）词义的系统性研究

词语的系统性往往体现为词义的系统性。仅凭着对基本词、古语词、外来词等已有集合的划分，我们并不能真正找到词语内部的语义关系。因此，"词义系统的唯一划分原则只能是词义标准"①。

对词义系统性的研究最终应落脚到对某一义类词的研究上。王宁先生认为，"字、词、义一经类聚，就显示出内部的系统性，为词义的比较创造了很好的环境。梁启超所说的清代学者'最喜罗列事项之同类者，为比较之研究，而求得其公则'的研究方法，正是通过类聚，将某一方面相同而具有可比性的词或词义集中起来，以便比较其相异之处，求得其特点"②。无论是从汉语本体研究的角度还是从汉语作为第二语言教学的角度，以"义类"为对象进行研究都具有独特优势。相对于名词、形容词，对表示某一义类的动词进行语义研究的成果较多。

表示动作行为类的动词意义最为具体，而手部动词又是其中最为重要的一类，许多研究者都对手部动词进行了分析。朱莹莹根据手的作用和动作方式的不同，把上古汉语中的 62 个常用动词和现代汉语中的 69 个常用动词分为 5 个大的概念类别，并在最小语义场内进行对比研究，分析了最小语义场的义位之间存在的关系。③ 吕艳辉对手部动词在词典中的静态存在形式——手部动词的释义语言进行了研究，对手部动词及手部动词词素类聚的总体特点、内部构成、结构特点等进行了定量、定性分析。④ 张江丽从语义聚合的角度出发，以常用单音节手部动词为研究范围，以"敲击类""把持类"和"抛掷类"中的 21 个常用单音节手部动词为研究对象，对同一义类内部诸动词所搭配的名

---

① 苏新春：《汉语词义学》，外语教学与研究出版社 2008 年版，第 166 页。

② 王宁：《训诂学原理》，中国国际广播出版社 1996 年版，第 70 页。

③ 朱莹莹：《手部动作常用词的语义场研究》，硕士学位论文，四川大学，2007 年。

④ 吕艳辉：《基于语料库的现代汉语手部动词研究》，博士学位论文，山东大学，2008 年。

词宾语的语义类进行了比较，勾勒出该义类内部各词之间的语义关系图谱。① 汤景鑫以"击打类"单音节手部动词为研究对象，在细分其小类的基础上，以三个平面语法理论为背景，按照句法、语义、语用的研究思路对该类单音节手部动词进行了全面考察。② 王婷分析了单音节"持具类"手部动词的语义特征，同时对该类动词的"价位"进行了初步探讨。③

视觉行为作为人类的基本行为方式之一，存在于生产和生活的各方面。在人类大多数的行为活动中，视觉行为都参与其中。武文杰通过义素分析对现代汉语视觉行为动词的基本意义特征和附属意义特征进行归纳，建立了"现代汉语视觉行为动词语义属性信息表"，并从多个角度对该类词的语义特征加以阐释。④ 刘华、刘坤从典型的视觉动词入手，通过语用行为考察动词语义结构中的动态成分，指出这些成分不仅本身具有动态特性，而且具有特定的语用因素，并提出在考察动词语义时要运用动态语义学视角的观点。⑤

"口"在人们实际生活中具有重要作用，口部动词有较高的语言使用频率，是动词中非常重要的成员。杜婷将口部动词划分为八个语义场，对不同语义场中口部动词的义素进行了分析和描写，找出了高频口部动词义素；同时，还对口部动词的义项分布情况进行了计量统计，总结出口部动词"义项丰富、词义引申情况多样"的特点，并分析了

---

① 张江丽：《常用单音节手部动作动词研究》，博士学位论文，北京师范大学，2011 年。
② 汤景鑫：《现代汉语击打类单音节手部动词研究》，硕士学位论文，南京林业大学，2010 年。
③ 王婷：《现代汉语持具类手部动词的句法语义研究》，硕士学位论文，南京师范大学，2011 年。
④ 武文杰：《现代汉语视觉行为动词研究》，博士学位论文，山东大学，2008 年。
⑤ 刘华、刘坤：《从几个视觉动词看动态语义学的实质》，《宁波大学学报》（人文科学版）2006 年第 5 期。

口部动词的词义引申路径。①

此外,陈灿建立了"饮食类"动词词项的"义征分析表",并系联了"饮食类"动词语义场。从语义属性、组合属性、使用属性三方面对各语义场进行了共时词义系统的描述和历时词义演变的研究。② 杜嘉雯基于《现代汉语词典》的释义,利用"词义成分构成"分析方法对现代汉语一系列足部动词的语义特征进行了考察。该文按意义将足部动词划分为"行走类""跨跳类""踩踏类"三类,并指出其主要的语义特征是"自主"。③

由上文分析可知,目前研究较多的往往是与我们生活密切相关的表示动作行为的语义类别,这类动词多为单音节词,语义明晰,数量庞大,次类较多。在研究理论和方法上,研究者多从共时的角度,从整词出发,采用语义场理论和义素分析法,通过对语义场内各词或义位的语义比较来提取语义特征,进而试图构建相关的语义网络或框架模式。但选取某类意义较为抽象的双音复合词作为研究对象的成果目前并不多见,从语素、词、句法三者之间内在联系的角度考察某一义类系统的成果也较少。

(二) 词义的理据性研究

词的"理据"在一些著作中又被称作词的"内部形式"或词的"词源结构"。④ 张永言、张志毅、王艾录、司富珍、符淮青、许光烈、王宁先生等都曾对该问题进行过研究,对其所下的定义包括"词的语音形式和意义内容的关系问题"⑤;"用某个词称呼某事物的理由和根

---

① 杜婷:《现代汉语口部动词研究》,硕士学位论文,山东大学,2011 年。
② 陈灿:《上古"饮食类"动词词义研究》,博士学位论文,北京师范大学,2009 年。
③ 杜嘉雯:《现代汉语足部动词的语义特征》,《语文学刊》2010 年第 6 期。
④ 张永言:《词汇学简论》,华中工学院出版社 1982 年版,第 27 页。
⑤ 张永言:《词汇学简论》,华中工学院出版社 1982 年版,第 27 页。

据，即某事物为什么获得这个名称的原因"①；"语词发生、变异和发展的动因"②；"词义形成的缘由"③ 等。这些定义尽管并不完全一致，但都认为词的理据主要研究的是词和事物命名之间的关系问题。

许多学者对词的理据类型做了详细分析。张志毅提出语素与语义结构分析法、同根词比较法、语音探源法、造词法等多种分析词的理据的方法。④ 刘叔新根据对象具有的特点将复合词内部形式分为实质的和表征的两类，根据反映对象特点的途径将复合词的内部形式分为直指的、喻指的和引指的三类。⑤ 许光烈总结了汉语词的理据的主要类型：摩声型、语源型、特征型、替代型、典故型、简缩型、禁忌型等。⑥

合成词与单纯词的结构形式不同，其理据探究方式也存在差异。在探究词的理据的方法问题上，王艾录、司富珍、王宁等几位先生都进行了较为详细的分析。王艾录、司富珍按照词汇发生和发展的阶段，将词分为原生词、派生词、句段词三种。他们指出，探究原生词理据所采用的方法是"直接考证方法"，即从能指和所指之间的叫喊、摹声等自然得音着手；对派生词的理据探究采用"间接考证方法"，即依据"音近义通"的原则说明同一义类中新的能指所以被确定的原因；句段词（即合成词）则需要采用"分解综合式考证方法"，先识别词中每个语素的理据，再在分解的基础上对语素组合的价值进行词内的（语文的）或词外的（文化的）综合考察。⑦

---

① 张志毅：《词的理据》，《语言教学与研究》1990 年第 3 期。
② 王艾录、司富珍：《汉语的语词理据》，商务印书馆 2001 年版，第 2 页。
③ 曹炜：《现代汉语词义学》，学林出版社 2001 年版，第 54 页。
④ 张志毅：《词的理据》，《语言教学与研究》1990 年第 3 期。
⑤ 刘叔新：《汉语复合词内部形式的特点与类别》，《中国语文》1985 年第 3 期。
⑥ 许光烈：《汉语词的理据及其基本类型》，《内蒙古民族大学学报》（哲学社会科学版）1994 年第 1 期。
⑦ 王艾录、司富珍：《汉语的语词理据》，商务印书馆 2001 年版，第 5—18 页。

　　王宁先生也将汉语词汇的积累分为三个阶段：原生阶段、派生阶段和合成阶段。原生阶段的音义结合不能从语言内部寻找理据，它们遵循的原则是"约定俗成"。王宁先生认为，在派生阶段汉语由已有的旧词大量派生出单音节的新词，并促进了汉字的迅速累增。探究派生造词的理据主要是考察同源词、同根词的关系。字与词的增长一旦超越了人的记忆可能有的负荷，凭借音变与字变而进行的派生造词便不能符合词语继续增长的需要。在汉语的构词元素积累到一定程度时，合成造词便取代了派生造词。合成词造词理据应包括两方面：参与造词的词素各自意义的来源及它们结合并凝固的原因。①

　　如此看来，对双音复合词的理据探究，正如朱志平所言："一是每个汉字所记录的语素表示的意义，二是相邻两个汉字所记录的语素在意义上的关系。显然，后一个依据对判断双音词及其词义更为重要，而它的基础就是双音词两个语素结合的理据。"② 王宁先生通过对训诂材料的分析探求了双音词语素的古义，研究了双音词语素凝结的语义、文化原因及双音词语素结合的原始语法模式。③ 此外，王宁先生还撰文重点揭示了汉语双音词构词的非句法性特征。④

　　另外，符渝（2003）、肖晓辉（2009）、陈树（2011）从历史的角度分别探究了汉语双音合成词偏正式、并列式、支配式的语素组合规律；朱志平（2005）从汉语作为第二语言教学的角度也强调了对构词语素结合动因进行研究的重要性。

　　我们发现，对词的理据的分析多集中于一些具有特殊文化内涵的

---

① 王宁：《训诂学原理》，中国国际广播出版社 1996 年版，第 146—152 页。
② 朱志平：《双音节复合词语素结合理据的分析及其在第二语言教学中的应用》，《世界汉语教学》2006 年第 1 期。
③ 王宁：《训诂学与汉语双音的结构和意义》，《语言教学与研究》1997 年第 4 期。
④ 王宁：《汉语双音合成词结构的非句法特征》，《江苏大学学报》（社会科学版）2008 年第 1 期。

词、拟声词或者一些具有"音近义通"特征的同源词。将复合词作为一个整体，从两个语素结合的语义动因的角度进行理据分析的研究还不够充分，这也将是我们努力的一个方向。

（三）词义与语素义关系的研究

词义与语素义的关系一直是汉语学界研究的重点。许多研究从词义与语素义的同一性出发，探讨二者关系的一致性与非一致性，而其中成果丰富且较有启发性的当推符淮青的研究。符淮青以词义学理论为基础，从词义生成的角度把词义与语素义的关系概括为五种类型：第一，语素义直接地完全地表示词义；第二，语素义直接地但部分地表示词义；第三，语素义和词义的联系是间接的，语素义间接表示词义；第四，部分语素在构词中失落原义；第五，构成词的所有语素的意义都不显示词义。① 符淮青对合成词词义与语素义关系的说明是高度概括的，不少学者在此基础上又从不同侧面对二者关系进行了细化研究。吴仁甫把双语素合成的词义归纳为综合义、单偏义、转化义、专用义、紧缩义五种。② 仲崇山对符淮青关于词义和语素义关系的论述加以补正，重点对"部分语素在构词中失落原义"和"构成词的所有语素义已完全失落"两种类型进行了讨论。③ 王艾录、司富珍着重分析了语素义与词义"不对号"的情况及原因。④

苏宝荣指出："汉语语素义与复合词词义的关系，既与语素义自身有关，也与复合词的语法结构有关。"⑤ 他注意到了复合词的两个语素

---

① 符淮青：《词义和构成词的语素义的关系》，《辞书研究》1981 年第 1 期。
② 吴仁甫：《语素和词义》，《华东师范大学学报》（哲学社会科学版）1995 年第 3 期。
③ 仲崇山：《词义和构成词的语素义的关系补论》，《佳木斯大学社会科学学报》2002 年第 2 期。
④ 王艾录、司富珍：《汉语的语词理据》，商务印书馆 2001 年版，第 27—48 页。
⑤ 苏宝荣：《汉语语素组合关系与辞书释义》，《辞书研究》1999 年第 4 期。

意义，同时还关注了两个语素之间的语法结构。他以语法结构为经，以语义关系为纬，讨论了并列式、偏正式、述补式、主谓式复合词语素间的语义关系。许多学者也从这个角度出发，对各种结构形式的复合词分别予以研究。如王玉鼎讨论了名词性并列复合词的词义与语素义间的关系。① 又如刘继超研究了并列式新词词义与语素义之间的关系。②

随着汉语作为第二语言教学的不断升温，指导汉语学习者通过语素义理解词义的教学方式逐渐受到重视，郭胜春（2004）、朱志平（2005）、张江丽（2010）等都对此进行了相关论述。此外，有些学者还从其他角度对词义与语素义的关系进行了分析。例如，杨振兰分别从词汇意义、语法意义和色彩意义三方面对词义与语素义的关系进行了讨论。③ 谭景春研究了词义和结构义之间的关系问题。④ 曹炜研究了语素义的变化对词义变化的影响，将二者关系概括为"同步连动"和"非同步连动"两种。⑤

总之，复合词是由多个语素组合而成的，大部分复合词的词义与语素义都有着直接或间接的关系，语素义分析对汉语复合词词义研究的作用不言而喻。

（四）词义与句法关系的研究

综观汉语词义研究，其研究对象经历了由个体到聚合、由静止到动态的历史发展过程。传统训诂学重点在于对古籍文献的解释和考证，

---

① 王玉鼎：《论名词性并列复合词的词义与语素义之关系》，《西藏民族学院学报》（社会科学版）1994 年第 1 期。

② 刘继超：《略论并列式新词词义与语素义之关系》，《宝鸡文理学院学报》（哲学社会科学版）1994 年第 4 期。

③ 杨振兰：《试论词义与语素义》，《汉语学习》1993 年第 6 期。

④ 谭景春：《词的意义、结构的意义与词典释义》，《中国语文》2000 年第 1 期。

⑤ 曹炜：《现代汉语词义学》，学林出版社 2001 年版，第 43—45 页。

从而积累了大量零散的词义分析材料。随着西方结构主义语言学的引入，汉语学界开始重视词义的性质以及同义词、近义词等问题，词义的聚合关系成分研究热点。20 世纪 80 年代后，由于计算机翻译、汉语作为第二语言教学等语言应用实践的需要，词义与句法的关系、词义的组合能力等问题逐渐成为学者关注的焦点。

就现代汉语而言，动词处于句子的核心地位，其组合能力受到了研究者的极大关注，格语法、配价语法、框架语义学、题元理论、词语学理论等都是以动词的组合为研究对象。关于动词词义与句法关系的研究成果不胜枚举，如陆俭明（1991）、齐沪扬（1995）、周国光（1996）、袁毓林（1998）、郭锐（1998）、陈昌来（2002、2007）、冯志伟（2006）、徐峰（2004）等先后讨论了动词的配价问题，鲁川（1992）、范开泰等（2005）、马洪海（2010）等先后讨论了动词的语义框架问题，郭曙纶（2009）从计算语言学的角度讨论了汉语动词的语义分析与统计研究方法，等等。

从词义的角度，考察名词、形容词的句法组合能力的研究成果却较少。关于名词词义与其组合能力关系的研究，如：魏雪、袁毓林基于语义类和物性角色建构了名名组合的释义模板。① 施春宏对名词的语义结构进行了分析。② 王惠讨论了名词词义特征与词的组合能力之间的制约关系。③ 赵春利分析了形名组合的静态语义关系类型和动态语义组合模型。④ 关于形容词词义与词的组合能力关系的研究多散见于单篇文章，如：张亚明讨论了汉语形容词的情状类型以及对句法的选择

---

① 魏雪、袁毓林：《基于语义类和物性角色建构名名组合的释义模板》，《世界汉语教学》2013 年第 2 期。

② 施春宏：《试析名词的语义结构》，《世界汉语教学》2002 年第 4 期。

③ 王惠：《现代汉语名词词义组合分析》，北京大学出版社 2004 年版。

④ 赵春利：《现代汉语形名组合研究》，暨南大学出版社 2012 年版。

条件。① 赵春利分析了状位情感形容词与述位动词结构同现的原则。② 另外，赵春利也分析了情感形容词与"得"字补语同现的原则。③

综上，对词义与句法关系的研究虽是现代汉语词义研究的热点，但关注点大多集中在动词上，对名词、形容词的词义与句法关系的研究成果较少。本书的研究对象"情绪"类双音复合词多是表示状态的形容词，以这部分词为研究对象，考察它们的语义特点、在句法中的组合能力等，将有助于我们了解形容词的词义及其与句法的关系。

二 心理学对情绪的研究

情绪活动是一种多成分、多维度的复杂心理过程，情绪的每一次发生都是生理与心理、本能与社会等多种因素的融合交叠。长期以来，情绪的主观性特征使心理学实验的条件控制和实验结果的量化分析显得尤为困难。但随着高科技在生物学领域的发展，脑电技术逐渐应用于情绪神经科学研究，人们对情绪的认识也越来越清晰。

（一）情绪的定义

1960 年后，心理学家逐渐将情绪心理作为研究重点。但由于情绪极端复杂，研究者往往只能根据自己的研究内容对情绪本质提出看法，而对"情绪"的定义却未达成共识。我国心理学家孟昭兰曾对国内外关于"情绪"的定义做过全面的介绍和总结，包括以下几种观点。"情绪是对趋向直觉为有益的、离开直觉为有害的东西的一种体验倾向。

---

① 张亚明：《汉语形容词的情状类型及句法选择》，硕士学位论文，上海师范大学，2005 年。

② 赵春利、石定栩：《状位情感形容词与述位动词结构同现的原则》，《汉语学习》2011 年第 1 期。

③ 赵春利：《情感形容词与"得"字补语同现的原则》，《语言教学与研究》2012 年第 4 期。

这种体验倾向为一种相应的接近或退避的生理变化模式所伴随。""情绪是来自正在进行着的环境中好的或不好的信息的生理心理反应的组织,它依赖于短时的或持续的评价。""情绪起源于心理状态的感情过程的激烈扰乱,它同时显示出平滑肌、腺体和总体行为的心理变化。""情绪是一种具有动机和直觉的积极力量,它组织、维持和指导行为。"在此基础上,孟昭兰给"情绪"下了定义:"情绪是多成分组成、多维量结构、多水平整合,并为有机体生存适应和人际交往而同认知交互作用的心理活动过程和心理动机力量。"①

此外,陈少华介绍了格里格(Grieg)对"情绪"的定义:"一种躯体和精神上的复杂的变化模式,包括生理唤醒、感觉、认知过程以及行为反应,这些是对个人知觉到的独特处境的反应。"② 董文也引入普拉契克(Plutchik)对"情绪"的界定:"具有衍生作用的复杂的反应序列,包括认知评价、主观调整自主的活动和神经唤起的活动。"③

可以看出,这些定义往往只是针对情绪的一个或几个方面,或强调认知因素,或强调行为因素,或强调主观感受和生理唤醒,人们难以对其进行简单的归纳和概括。正如彭聃龄所言:"情绪是以主体的愿望和需要为中介的一种心理活动。当客观事物或情境符合主体的愿望和需要时,就能引起积极的、肯定的情绪。……当客观事物或情境不符合主体的愿望和需要时,就会引起消极、否定的情绪。……情绪是一种混合的心理现象。它是由独特的主观体验、外部表现和生理唤醒三种成分组成的。"④

① 孟昭兰主编:《情绪心理学》,北京大学出版社2005年版,第4—6页。
② 陈少华编著:《情绪心理学》,暨南大学出版社2008年版,第4页。
③ 董文主编:《情绪心理学》,合肥工业大学出版社2011年版,第4页。
④ 彭聃龄主编:《普通心理学》(第5版),北京师范大学出版社2019年版,第368页。

（二）情绪与情感的关系

心理学界关于情绪与情感的关系的看法比较统一，一致认为情绪、情感、认知等都属于人类的心理活动，是人类对客观事物的反应形式，但情绪和情感又有别于认知过程。认知过程是人对客观事物本身的反应，如对一种事物的感觉、认识、了解，对某种情况的怀疑、希望、惦记等；而情绪和情感反映的则是客观事物与人的主观需要之间的关系，如通常所说的喜、怒、哀、乐、爱、恨等。人们经常"把区别于认识活动、有特定主观体验和外显表现，并同人的特定需要相联系的感性反应统称为感情（affect）"①。情绪与情感的侧重点是有区别的。"情绪"侧重指在某种事件或情境的影响下，在一定时间内所产生的某种心理活动，如高兴、愤怒、悲伤等，因此，"情绪"术语既可用于人类，也可用于动物。而"情感"是同人的社会性需要相联系的主观体验，是人类特有的心理现象之一，如羞耻感、荣誉感、道德感等。

情绪与情感并非截然分开，二者关系密切，相互依存，甚至有的研究者对"情绪"与"情感"并不做刻意区分，而是在同等意义上使用这两个概念。一方面，情绪是情感的基础和外部表现，人的情感总是通过不断变化的情绪表现出来，如爱国者在面对敌人侵犯时，其爱国主义情感往往体现为无比的愤怒与激动的情绪；另一方面，情感影响着情绪，人们总是在已经形成的社会情感的影响下展现不同的情绪变化，如爱祖国、讲文明是社会崇尚的美德，当看到别人的言行符合该标准时，人们就会产生愉快或平和的情绪，反之，则可能产生愤怒等消极情绪。

---

① 孟昭兰主编：《情绪心理学》，北京大学出版社 2005 年版，第 7 页。

（三）情绪的分类

国外心理学家对情绪的分类有以下几种结果。

首先，克雷奇（D. Krech）等根据情绪的演化过程或刺激类型将情绪分为6类：第一类是原始的基本情绪，表现为快乐、愤怒、悲哀与恐惧等；第二类是与感觉刺激有关的情绪，表现为疼痛、厌恶和轻快等；第三类是与自我评价相关的情绪，表现为骄傲、羞耻、内疚、悔恨等；第四类是与别人有关的情绪，表现为爱、恨等；第五类是与欣赏有关的情绪，表现为惊奇、敬畏、美感、幽默等；第六类是与心境有关的情绪。①

其次，伊扎德（C. E. Izard）依据因素分析的方法提出人类的11种基本情绪：兴趣、惊奇、痛苦、厌恶、愉快、愤怒、恐惧、悲伤、害羞、轻蔑和自罪感。②

再次，普拉切克（R. Plutchik）以强度、相似性和两极性为维度来划分情绪，构成了一个锥体模型，如图1-1所示。此模型的8个扇面表示8种基本情绪：惊奇、恐惧、忧愁（或痛苦）、厌恶、愤怒、预感（或警惕）、喜悦、赞同（或接受）。③

最后，拉塞尔（J. A. Russell）采用"多维度测量"的方法收集分析数据，提出情绪分类的"环形模"，如图1-2所示。他认为情绪可划分为两个维度：愉快度和强度。愉快度有愉快与不愉快两极，强度有中等强度和高强度两极。这样情绪可被切分为四大模块：倾向于"高强度＋愉快"的"高兴"类；倾向于"中等强度＋愉快"的"轻

---

① ［美］克雷奇、［美］克拉奇菲尔德、［美］利维森等：《心理学纲要》下册，周先庚、林传鼎、张述祖等译，文化教育出版社1981年版，第397—418页。

② C. E. Izard, *Human Emotions*, New York：Plenum, 1977, pp. 135 – 150.

③ R. Plutchik, "Emotions, Evolution and Adaptive Processes", in Arnold M. , eds. , *Feelings and Emotions*, New York：Academic Press, 1970, pp. 3 – 24.

松"类；倾向于"高强度＋不愉快"的"惊恐"类；倾向于"中等强度＋不愉快"的"厌烦"类。①

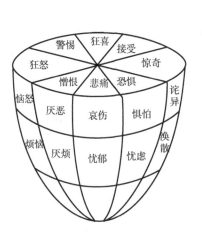

图 1-1　普拉切克情绪锥体模型
资料来源：彭聃龄主编：《普通心理学》
（第 5 版），北京师范大学出版社 2019 年版。

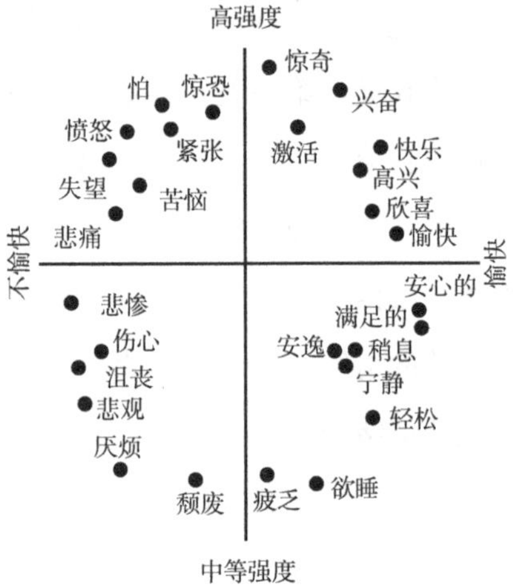

图 1-2　拉塞尔情绪分类"环形模"
资料来源：梁宁建主编：《心理学导论》
（第 2 版），上海教育出版社 2011 年版。

　　总之，心理学家从实证的角度出发，对"情绪"与"情感"概念的认识较为科学、全面。克雷奇等的分类注重了情绪的演化过程和情绪、情感的层级性，其前两类属于通常意义上的情绪，而后 4 类则倾向于情感内容。普拉切克、拉塞尔通过设计模型来说明情绪关涉的各维度，在分类的基础上还显示了各类情绪的关系，符合情绪渐变与边界模糊的客观事实。但是对于普拉切克 8 种基本情绪的分类和排列，我们认为还不够全面细致。如模型中的"悲痛"与"恐惧"、"警惕"与"狂喜"，等等，这些相邻情绪仅在强度上对等，但其相似性还有待验证。且该种分类似乎只符合英语人群的情绪体验，

---

① 梁宁建主编：《心理学导论》（第 2 版），上海教育出版社 2011 年版，第 357 页。

并不能概括整个人类情绪的分类，如汉语人群中强调的平和淡定的情绪在这个模型中没有体现。相比较而言，拉塞尔的"环形模"以平面形式向我们展示的情绪分类图更加符合情绪的客观事实和汉语使用者的主观体验，能为我们对汉语"情绪"类词的分类研究提供直接依据。

情绪是有明显文化差异的，这种差异首先体现在不同语言对情绪的命名上。据查尔斯·莫里斯（Charles G. Morris）与阿尔伯特·梅斯托（Albert A. Maisto）介绍，英语有超过 2000 个词用来描述情绪体验，但中国台湾地区只有 750 个左右。许多研究者根据情绪的文化差异将情绪分为一级情绪和二级情绪两个层次，其中判定一级情绪的标准有四个：明显存在于所有文化中，对生存有所帮助，与不同的面部表情相联系，明显存在于灵长类动物中。受限于以上四个标准，属于一级情绪的类别较少，但至少包括恐惧、愤怒和愉悦，也可能包括悲伤、厌恶、惊奇，以及其他一些情绪。[①] 可以说，恐惧、愤怒、愉悦、悲伤、厌恶、惊奇等情绪是全人类共通的，在不同语言中都会有相应的词来表达这些概念。

三 语言学对情绪的研究

语言是思维的工具和思想的载体，脱离描述情绪的语言就无法充分研究情绪和情绪概念。情绪是一种抽象的心理感觉，为了恰当形象地进行描述，人们经常把它隐喻化。作为人类经验的重要组成内容，情绪成为认知语言学研究的重点课题。汉语在各阶段均具有丰富的表示情绪的词汇，旧词旧义具有强大的延续性，而新词新义又在不断产

[①] ［美］查尔斯·莫里斯、［美］阿尔伯特·梅斯托：《心理学导论》（第 12 版），张继明、王蕾、童永胜等译，北京大学出版社 2007 年版，第 310—311 页。

生。关于现代汉语"情绪"类词的分类、语义等内容也逐渐引起学界的关注。

（一）对"情绪"语义认知的研究

认知语言学包括原型范畴、隐喻与转喻、框架与构式、概念整合等多种理论，由于"隐喻是概念映射范围之内的从源概念到目标概念的映射，转喻则是单个认知模型内的映射；它们对抽象范畴特别是情感范畴的认知内容和结构有着非常重要的影响"①，目前有关情绪的语义认知研究主要是对隐喻、转喻理论的应用研究。认知语言学对情绪的研究，不仅仅针对词，还对表述情绪的句子和句群进行分析。认知语言学对情绪的研究主要倾向于两种思路：汉外（尤其是汉英）情绪概念的语义认知对比分析和对某一类情绪表达方式的语义认知研究。这两种思路和角度往往糅合在一起，即进行某一类情绪的汉外语义认知对比分析。

1. 情绪的汉外语义认知对比分析

喜悦、悲伤、恐惧、愤怒是人类的基本情绪，也是汉外语义认知对比分析的重点。研究者常以某类情绪的概念隐喻为研究对象，从认知模式、表达方式等方面入手，对英汉两种语言中关于某类情绪的概念隐喻进行共性和差异的分析描述。他们的研究角度基本相似，对比结果也十分一致。

曲占祥（2008）、张林影（2010）、陈家旭（2007）、宋连香（2012）等都对"喜悦"类情绪进行了分析，认为英汉隐喻的共性有"喜悦是上""喜悦是容器里的液体"等；英汉隐喻的差异为英语有"喜悦是离开地面""喜悦是眼睛在动"，而汉语则有"喜悦是花""喜

---

① ［德］弗里德里希·温格瑞尔、［德］汉斯－尤格·施密特：《认知语言学导论》（第二版），彭利贞、许国萍、赵微译，复旦大学出版社2009年版，第4页。

悦是眼睛、眉毛都在动"等。

岳好平（2009）、周健（2011）、陈家旭（2005）等对"悲哀"类情绪的英汉隐喻认知方式做了对比，认为英汉隐喻的共性是"悲伤是下""悲伤是容器里的液体""悲伤是黑暗"等；英汉隐喻的差异是英语有"悲伤是蓝色"，而汉语则有"悲伤是内脏和五官的变化"等。

陈家旭（2008）、钟曲莉（2008）、刘芸（2009）等对"恐惧"类情绪的英汉隐喻做了对比，认为英汉共有的隐喻形式有"恐惧是容器中的冷液体""恐惧是内脏和五官的生理变化"等。他们还认为英汉隐喻的区别有英语常用"goose"（鹅）来表达"恐惧"，而汉语常用"鼠"来表达"恐惧"；英语有许多和"海洋"有关的表示恐惧的隐喻概念，而汉语则有一些跟"肾""灵魂"等概念有关的隐喻。

孙毅（2008）、彭懿（2007）、曲占祥（2008）、袁红梅（2008）等对英汉"愤怒"类情绪的隐喻认知进行了比较，发现英汉隐喻的共性是"愤怒是火""愤怒是身体的异常""愤怒是危险的动物"等；英汉隐喻的区别是汉语中"愤怒是气"，而英语中"愤怒是容器中的热流体"。此外，英语还有"愤怒是负担""愤怒是斗争的对手"等隐喻方式，但汉语一般不这样表达。

通过上述比较研究可知，中外语言对情绪概念的隐喻认知既有人类共通的一面，也有属于自己民族特性的一面。

2. 情绪的汉语语义认知分析

除对喜悦、悲伤、愤怒等情绪的汉外语义认知对比分析外，有些研究还专门针对情绪的汉语语义认知进行了分析。

彭雪华对汉语的喜悦情绪概念进行了追溯，认为喜悦情绪概念主要通过声化、生物化、亮化、立体化、动态化、液态化、形化、糖化、文化、夸大化、规约化路径建构。① 李敬结合语料具体分析了汉语在喜悦、悲伤表达中所蕴含的概念隐喻，对比了喜悦与悲伤在具体语言表达中的隐喻差异。② 曹瑛对汉语"愤怒"的概念隐喻进行了分析，认为汉文化利用了"气"这个独特的来源域来映射"愤怒"；汉语以较多的人体器官作为承载情感的容器。③

由上文分析可知，认知语言学对情绪的研究主要有以下两个特点。

第一，研究内容除了表示情绪的基本词外，还有大量表示情绪的成语、惯用语、句子甚至是句群，研究内容较广但有待深入。认知语言学认为，用来谈论情绪的词语可以成为探索情绪概念结构和内容的一个重要工具④，但依据该理论对"情绪"类词进行专门研究的成果比较少见。我们认为，从词汇语义学的角度对"情绪"类词进行历时研究，探究该类词的词汇化过程以及构词理据可以弥补这一缺陷。

第二，关于"情绪"类词的研究一般只限于对"喜""怒""哀""悲"等基本情绪的探讨，而将这些情绪综合起来进行语义认知分析的研究并不多。作为人类经验的重要组成部分，情绪具有全人类的共通性和本民族的独特性。在表述情绪这类抽象概念时，同一民族采用的认知方式具有某些相似特征。将这类表述情绪的词统筹起来进行综合分析，将有利于我们对本民族思维认知方式的了解和把握。

---

① 彭雪华：《"喜悦"情绪概念的建构路径新阐释》，《南昌大学学报》（人文社会科学版）2009 年第 6 期。

② 李敬：《汉语情感"喜悦"和"悲伤"的隐喻分析》，《现代语文》（语言研究版）2011 年第 10 期。

③ 曹瑛：《汉语"愤怒"的认知分析》，《长江大学学报》（社会科学版）2011 年第 4 期。

④ Zoltán Kövecses, *Metaphors of Anger, Pride, and Love: ALexical Approach to the Structure of Concept*, Amsterdam: John Benjamins Publishing Company, 1986, p. 27.

（二）对"情绪"类词的研究

专门对汉语"情绪"类词进行全面系统研究的文献并不多，描述分析该类词的内容多散见于一些对心理动词、心理形容词的研究，或对某一类"情绪"词进行的研究。依据词在句法中的使用状况和《现代汉语词典》《现代汉语规范词典》等权威辞书的词性标注，我们发现表征心理活动的词并非都是动词，还有许多形容词，如"悲伤""愉快""愤怒"等。即使许多被认定为"心理动词"的词，它们在具体使用中所体现的语法特征也有别于一般动作行为动词。我们认为，这种称说、分类的混乱一方面源于"心理""思维""感觉"等概念密切联系，致使指称这些概念的词的意义、用法复杂；另一方面也因学者在对这部分词进行分类时依据的是语义、语法的双重标准，既追求意义的关联又寻求词性的一致，使得分类结果有些混乱。

另外，由于"情绪""情感"概念彼此之间的依存关系，许多研究者并未刻意将二者进行区分，有些关于"情感"类词的文献也涉及了对"情绪"类词的分析。

1. 对"情绪"类词的分类研究

汉语"情绪"类词数目众多，表意复杂，对其分类是研究该类词的必要前提，也是语言研究的一项重要任务。对"情绪"类词的分类，主要有"宽""严"两种标准。

（1）"宽"标准

所谓"宽"的分类标准，即按照"情绪"类词所表示的心理活动的积极、消极程度进行的广义划分。一些研究者在谈到"心理动词"时，往往倾向于将其分为"正面心理动词"（或"正情绪"）和"负面心理动词"（或"负情绪"）两类。"正面心理动词"是指积极的、正面的、没有任何心理负担的心理动词；"负面心理动词"指不被人喜欢的、厌恶的、往往造成心理负担的心理动词。如于正安（2003）、苗守艳（2005）分别将《荀子》《列子》中的心理动词分为正面心理动词和负面心理动词两类。

这种分类注意到了人类心理活动的好恶倾向，符合我们的直觉判断。但这种非此即彼的两分方式缺少一定的心理学依据，有些情绪似乎处于"正面"与"负面"之间，归类时主观性强，容易产生分歧。如"惊"的情绪往往让人感受到恐惧不安，从这个角度看，"惊"类情绪词属于不被人喜欢的"负面心理动词"；但"惊"有时又会伴随喜悦，易使人对某事、某物产生兴趣，因此该类词又可以是积极的"正面心理动词"。

张志毅、张庆云把表情感的义位分为两大类：第一类是表示自然性的初级情感的义位，第二类是表示社会性的高级情感的义位，这种分类层次清楚。两大类虽都以"情感"命名，但事实上，第一类对应我们所研究的"情绪"类。该类又被分为三个小类。

第一，肯定的或积极的，对人多起增力作用。

快乐｜高兴｜愉悦｜喜悦｜舒服｜自豪｜心旷神怡｜欢天喜地｜热情｜亲热｜狂热。

第二，否定的或消极的，对人多起减力作用（含效果）。

忧愁｜痛苦｜苦恼｜烦恼｜苦闷｜懊恼｜懊悔｜暴怒｜恐惧｜害怕｜抑郁｜辛酸｜惭愧｜惊慌。

第三，中性的。

激动｜惊奇｜奇怪｜惊异｜惊讶｜兴奋｜冷静｜留恋。①

但两位先生并未注明三个小类下由"｜"分开的内容是否是情感或情绪的次小类。若是次小类，那么"快乐""高兴""愉悦"以及

———————

① 张志毅、张庆云：《词汇语义学》（第三版），商务印书馆2012年版，第104页。

"惊异""惊讶"等彼此语义接近，边界模糊，分类不够明确；若不是，那么仅有三个类别的分类又过于粗疏。另外，此种分类缺少实证依据，主观性较强，例如"兴奋""激动"属于"中性"类令人费解。

（2）"严"标准

所谓"严"的分类标准，即按照"情绪"类词所表示的具体心理感受进行分类，是在"宽"的标准之下进行的具体意义的分类。该种分类方式主要体现在多本义类词典中。

《新编同义词词林》将"心理行为"分为"心理状态""心理活动"和"能愿"3类，其中"心理状态"下以近义聚合或反义聚合的形式共分了"01　高兴　悲伤""02　忧愁　烦闷""03　生气"等17小类①，包含在这些小类中的词大多数为"情绪"类词。

《简明汉语义类词典》单列"情感"大类，下设74个小类。该词典对"情感"类词语的认定十分宽泛，几乎涉及所有"情绪"类词。不过该分类细碎而不严密，把与情感有关的人体器官（如"02　心"类中的"心""内心""心底""满心"等）、与情感相关的行为（如"33　爱情"类中的"恋爱""爱恋""订婚""结婚"等）、情感的表达方式（如"72　笑""73　哭""74　叹惜"类中包含的词）等都纳入了"情感"类。

贾彦德曾指出："汉语的语义场既然是为了交际而对外部世界系统性的一种反映，它就必然要划分外部世界。"② 我们的研究对象——"情绪"类词便是为了称说、描写、认识、分析情绪而进行的一种概括分类。关于情绪种类，《礼记》中就已提出："何谓人情？喜怒哀惧爱

---

① 尤世勇主编：《新编同义词词林》，上海辞书出版社2015年版，第281—286页。
② 贾彦德：《汉语语义学》，北京大学出版社1999年版，第151页。

恶欲，七者，弗学而能。"① 此即所谓的"七情说"。《白虎通》将情绪分为"六情"。"六情者，何谓也？喜怒哀乐爱恶谓六情，所以扶成五性。"② 这两种提法可谓大同小异。中医认为，七情与脏腑的功能活动有着密切关系，七情分属五脏，以喜、怒、思、悲、恐为代表，称为"五志"。通过对情绪与情感关系的认识，我们发现研究者在对情绪进行分类时并未都对"情绪"与"情感"两个概念进行精确区分。比如"爱"与"恨"在上述的情绪分类中几乎都有体现，但二者并不属于"情绪"，而应属于"情感"。情感主要描述那些具有稳定、深刻的社会意义的感情，如对祖国的热爱，对敌人的憎恨，等等。

2. 对"情绪"类词的语义研究

"情绪"类词表达人类的心理活动，其意义抽象、内化，来源和语义特点都独具特性。许多"情绪"类词语义模糊、边界不清，同义、近义现象较多。关于该类词的研究主要从语义系统和句法语义两方面进行讨论。

（1）"情绪"类词的语义系统研究

对"情绪"类词语义系统的研究主要是将词作为一个静止存储的语言单位进行分析。赵家新对提取出的心理形容词进行了义征分析，制定出心理形容词的语义特征集，根据义征分析结果对心理形容词语义分布做出详细的分类和勾连，并总结其层级分布规律，最终构建起心理形容词的聚合语义网络。③ 朱芳毅以语义理论、语义语法学理论和元语言理论为基础，提取了《说文解字》177 个心理活动动词的聚合义征，为每个心理动词制定了语义特征集，然后综合义征提取成果，

---

① 崔高维校点：《礼记》，辽宁教育出版社 1997 年版，第 78 页。
② （清）陈立撰，吴则虞点校：《白虎通疏证》卷 8，中华书局 1994 年版，上册，第 382 页。
③ 赵家新：《现代汉语心理形容词语义网络研究》，中国社会科学出版社 2010 年版。

具体展现各类心理动词词群的义征表达式。作者还总结了这些词汇义征语义分布的层级规律,构建了聚合语义网络,总结了心理动词的语义分布特征。① 李轶对现代汉语中表示悲哀、忧愁、愤怒、欢喜的同义词素并列式同义词进行了比较研究,将其中的常用同义词素复合词进行了系联、筛选和分类,初步从词素义的来源、语义认知、语义特征等方面进行了比较和分析,探讨了词素义之间的差别及词素义对词义的制约;辨析了各类同义词素复合词的词义,初步从意义强度、理据度、义域、语体等角度建立起各类情感同义词素复合词的语义区别系统。②

上述研究对象或来源于现代汉语语料,或来源于古代汉语语料,但都得出"情绪"类词语义网络系统的共同特点:第一,该类词义的网络系统不像其他实词那样呈层级分布,而是相对离散且语义渐变;第二,该类词的语义分布不平衡,消极类多于积极类,核心成员出现频率高于边缘成员;第三,该类词的词义不一定对称出现,虽不一定存在合格或固定的反义词,但存在明显的积极、消极两极化特征和大量的语义极性对立关系。

(2)"情绪"类词的句法语义研究

对"情绪"类词句法语义的研究主要关注该类词在具体使用中的意义,其目的往往是对同一类"情绪"词进行辨析。龙慧对敦煌变文中的心理动词进行了梳理,将变文中的心理动词分为情感类、认知类和意志类三类,分析了不同类别的语义特征,并对表"害怕""知晓"义的两组同义词进行了辨析。③ 武艳茹将《容斋随笔》中的 96 个心理

----

① 朱芳毅:《〈说文解字〉心理动词语义网络研究》,硕士学位论文,广西师范大学,2008 年。

② 李轶:《情感类同义词素并列式复合词研究》,博士学位论文,吉林大学,2009 年。

③ 龙慧:《敦煌变文心理动词研究》,硕士学位论文,西南大学,2007 年。

动词分成语义差别较小的语义场，并对同一语义场内的同义词进行了辨析。① 孙俊霞以《史记》中的情绪类心理动词为研究对象，从语义和语法两个角度对其进行描写分析，在一定程度上揭示了同类"情绪"词的异同。② 刘芬从语义、语法等角度，对《论语》中表示悲哀、害怕、怨恨、尊敬等情绪或情感的几组同义词进行了辨析，并进一步探究了这些同义关系形成的原因。③

除了从语义辨析的角度对"情绪"类词进行研究外，关于心理动词或"情绪"类词的研究还涉及许多其他方面。如朱文豪分析了《说苑》中心理动词的同义连用现象，阐释了心理动词同义连用的特点和作用。④ 李长云对敦煌变文中"惧怕"类心理动词进行了统计分类，并从心理学的角度结合英语和汉语方言词汇分析其演变的原因。⑤ 王科探讨了汉语"悲伤"类义位的理据，总结出四种主要的理据类型。⑥ 由于定义不同，这些研究虽以心理动词作为研究对象，但所分析的部分内容仍关涉"情绪"类词的意义。

上述关于"情绪"类词句法语义的研究主要表现出三个特点：一是关注古代汉语语料，许多研究者往往以专书中的心理动词作为封闭的研究语料；二是重视对"觉得""感到""认为"等心理活动动词进行研究，有关"情绪"类词的研究成果尚不多见；三是以同一义类词的语义辨析作为研究的出发点和落脚点。

综上所述，"情绪"类词作为一个特殊义类，在汉语语义研究领域

---

① 武艳茹：《〈容斋随笔〉心理动词研究》，硕士学位论文，河北师范大学，2010 年。
② 孙俊霞：《〈史记〉情绪类心理动词研究》，硕士学位论文，河南大学，2011 年。
③ 刘芬：《〈论语〉单音节情绪类心理动词的同义关系研究》，《语文学刊》2011 年第 4 期。
④ 朱文豪：《〈说苑〉心理动词同义连用现象考察》，《鸡西大学学报》2008 年第 3 期。
⑤ 李长云：《敦煌变文惧怕类心理动词研究》，硕士学位论文，河南大学，2005 年。
⑥ 王科：《汉语中"悲伤"类义位的理据研究》，硕士学位论文，暨南大学，2011 年。

已受到一定重视，不过对其研究力度仍有待加强。认知语言学重视对情绪的研究，但将着力点放在描写情绪的短语、句子上，对表示各类情绪的词的研究不够深入，复合词构词语素中蕴含的丰富信息也未得到深入开掘。词汇语义学重视对双音复合词构词理据的分析，但对"情绪"类词的语义研究并未给予足够重视。大多数关于"情绪"类词的研究都涉及它们在句法中的使用情况，但多是从语义辨析的角度进行分析，所讨论的"情绪"类词往往处于零散分布状态，该类词在句法中的总体使用特征并未得到全面描述。另外，多数研究都是针对"心理动词"这一概念，但从词性上看，"情绪"类双音复合词大多属于形容词，目前对其句法语义情况的分析讨论尚不多见。

总之，将表示情绪的词作为一个义类，选择其中的双音复合词作为研究对象，是有较大研究空间的。我们力图运用词汇语义学、认知语言学、词语学理论、局部语法理论等相关理论，从语素、构词、句法三个层面对现代汉语"情绪"类双音复合词的语义情况进行探讨。本书以语素为突破口，探究"情绪"类双音复合词构词语素的语义特点及意义来源，在此基础上分析复合词的语素组合方式和构词理据，并进一步探讨该类词的句法组合特点以及共现成分的语义特征。我们期望通过本书，能对现代汉语"情绪"类双音复合词的语义情况做全面的梳理与分析，也希望本书能对中文信息处理、汉语作为第二语言教学、词典编纂等实践应用提供一定的参考依据和引领价值。

第三节　研究对象

一　"情绪"类双音复合词的界定

本书的研究对象是现代汉语"情绪"类双音复合词，即现代汉语中用于描述情绪的双音复合词。心理学认为,"情绪"是指愤怒、悲哀、恐惧等短暂、急剧发生的强烈感情,同时也包含那种虽然程度不强,但相同征候反复呈现的状态或一般情感状态。基于对心理学关于"情绪"的认知,本书所指的"情绪"是指主体通过自身感官体验到的因外界某种人、事、物刺激引发的某种具有变动性的心理情感。

我国传统的"七情"分别为喜、怒、哀、乐、思、惊、恐,这七种感情被看作汉民族基本的情感状态。根据我们对"情绪"概念的界定,"思"应该属于心理学所指的"情感"而非"情绪",因此,我们不将其作为研究对象。除"思"外,喜、怒、哀、乐、惊、恐这6类都是心理学认定的一级情绪或基本情绪,它们不仅是汉民族的基本情绪状态,同时也是全人类共有的基本情绪。词义是对客观事物和现象的主观反映,这些基本情绪是人们日常生活感受的具体呈现,因此,表示这些情绪的词的数量也比较多。

依据拉塞尔提出的情绪分类环形模,结合具体情绪的积极类型与强烈程度,我们对传统的"七情"进行了归并与离析,最终确定了喜、怒、悲、忧、惊、恐6个情绪类型。本书主要的研究对象便是描述这六类情绪的现代汉语双音复合词。

基于对"情绪"及"情绪"类双音复合词的界定,我们在确定研究对象时注意了以下几点。

第一,"情绪"类词描述的是情绪而非性格。性格是在现实稳定的态度和习惯化了的行为方式中所表现出来的个性心理特征,而情绪是人对客观事物的态度的体验。与性格相比,情绪往往具有即时性、变动性或不稳定性,我们可以说"他是一个乐观的人",但不能说"他是一个高兴的人"。因此,"固执""勇敢""温柔""乐观"等表性格的词不在我们的研究范围之内。

第二，情绪和情感既有联系，又有区别。一般来说，情绪属于生理本能的反应，为人类与动物所共有；而情感则倾向于社会价值层面。情绪指有机体在生活环境中受到刺激时，根据生物需要是否获得满足而产生的暂时性的较剧烈的态度及体验；而情感则是和人的社会性需要相联系的一种较复杂而又稳定的态度体验。[①] 本书着重对表示情绪的词进行研究，因此，"爱""恨""敬佩"等表示情感的词不在我们的研究范围之内。

第三，许多与"情绪"有关的词在具体使用中往往有着句法组合方面的差异，这明显体现在核心词对施事、受事成分的选择上。如"恐惧"表示的是人因受到突然的刺激而惊慌害怕，而"恐吓"则表示以要挟的话语或手段来使别人感到害怕。在本书中，我们认定的"情绪"类词主要是描写主体的一种情绪状态，这种状态是主体通过自身内在感官的体验或感受而获得的。因此，我们研究的"情绪"类词是描述主观心理状态的词，其语义特征可以概括为［＋述人］［＋弱自主性］［＋状态］。体现在句法中，其主语必须为表示人的名词或人称代词，大多数可以受"很"类程度副词修饰，如"恐惧""高兴""悲伤"等。而"恐吓""可人"等表示使某人心理产生某种感受的词不在我们的研究范围之内。

第四，"情绪"往往因为某种外界的刺激而产生，且一般具有一定的生理反应或外部表现。不过本书中的"情绪"类词是客观描述某种情绪感受的词，表示情绪产生原因的词（如"结婚""失败"）、表示情绪引起的某种生理反应的词（如"笑""哭"）等都不在本书的研究范围之内。

第五，从结构上判断，我们的研究对象是由语素按照一定的规则

---

① 梁宁建主编：《心理学导论》，上海教育出版社 2019 年版，第 354—355 页。

组合而成的双音节复合词，单音节词、多音节词、短语等都不在本书的研究范围之内。判断一个词是否是双音复合词，我们采用了王宁先生的四个判定标准，即非自由语素鉴定法、非词源意义鉴定法、非现行语法鉴定法和非语义搭配鉴定法。①

第六，本书收录现代汉语"情绪"类双音复合词时采取单一义项（即义位）的原则，即无论一个词有几个义位，我们只收录其中描写情绪的那个义位。不管是否同形同音，只要有一个描述情绪的义位，该词就被作为"情绪"类词收入。如"沉重"一词在《现代汉语词典》中有两个义项：第一，分量大，程度深；第二，（心情）忧郁，不愉快。我们将"沉重"收录，并默认采用第二个义项。由于大多数"情绪"类双音复合词都只有一个表示情绪的义项，为称说方便，我们均以"词"作为表述概念。

二 "情绪"类双音复合词的选取

为避免选词的主观任意，我们以已出版的两部义类词典作为材料来源：《简明汉语义类词典》和《新编同义词词林》。其中，《简明汉语义类词典》中的"情感"类下列有22个小类，分别是"激动""冷静""热情""喜悦""愤怒""痛苦""悲伤""悲惨""快乐""舒畅""不快""烦闷""忧愁""害怕""慌张""镇定""满意""振奋""沮丧""失望""绝望""惊讶"。《新编同义词词林》中的"心理状态"类下设17组词群，分别为"高兴　悲伤""忧愁　烦闷""生气""得意　失意""满意　不满""心安　不安""镇静　慌张""急切""决意　犹豫""无奈　尴尬""警惕　麻痹""沉迷　习惯"

---

① 王宁：《论本源双音合成词凝结的历史原因——兼论古今汉语的传承与沟通》，载杭州大学古籍研究所、杭州大学中文系古汉语教研室编《古典文献与文化论丛》第2辑，杭州大学出版社1999年版，第1—16页。

"害怕 惊奇""感激 激动""迷惑""发昏""情投意合"。

我们首先对上述两部词典中同情绪有关的双音节词进行了汇总，然后将这些词与《现代汉语常用词表》（第 2 版）① 对照，最终保留了收录于该词表中的双音复合词。在此基础上，我们再按照上文对"情绪"类双音复合词的界定标准进行筛选。这种语料选取方式是基于以下两点考虑的。

第一，如上文所述，"情绪"类词与"情感"类词、"心理活动"类词之间的关系错综复杂，人们对这些词的主观认识随意性强，不同义类词典的收录标准不同，具体类别下的成员也并非完全一致。为了研究材料的全面、科学，我们将这两部义类词典的内容统一起来进行比对、汇总。这样一方面可以避免某些"情绪"类词的遗漏，另一方面可以帮助我们对具体的"情绪"类词进行归类。

第二，上述两部义类词典所收录的"情绪"类词语十分详尽，尤其是《简明汉语义类词典》，其所收录的词语中不仅有现代汉语词，还包括许多过古、过旧的词以及方言词；不仅有双音复合词，还有多音节词、短语等。如"害怕"类下收录的"惊汗""震恐"属于古语词，"发悚"属于方言词，"诚惶诚恐"属于多音节词，"大惊""吓呆"属于短语，而这些都不属于我们研究的现代汉语双音复合词。《现代汉语常用词表》（第 2 版）是根据各大语料库对现代汉语普通话常用词语进行词频统计的词表。"本词表收录现当代社会生活中比较稳定的、使用频率较高的汉语普通话词语 56790 个"，"可供中小学语文教学、扫盲教育、汉语教育、中文信息处理和辞书编纂等方面参考、采用"。② 依

---

① 教育部语言文字信息管理司组编，李行健、苏新春主编：《现代汉语常用词表》（第 2 版），商务印书馆 2021 年版。

② 教育部语言文字信息管理司组编，李行健、苏新春主编：《现代汉语常用词表》（第 2 版），商务印书馆 2021 年版，第 1 页。

据《现代汉语常用词表》（第2版）的"过滤"，我们可筛选出更符合现代汉语规范的研究语料。

通过对语料的搜集整理，最终我们选择了155个现代汉语"情绪"类双音复合词作为研究对象。

"喜"类词：高兴、满意、快乐、愉快、欢乐、得意、喜悦、开心、痛快、欢喜、欣喜、欢快、愉悦、惬意、畅快、欢欣、开怀、欢愉、欢悦、欢畅、喜乐、怡悦、轻快、甜蜜。

"怒"类词：生气、愤怒、气愤、愤慨、发火、恼火、恼怒、发怒、气恼、愤懑、上火、动怒、冒火、动气、怄气、愠怒、嗔怒、动火、含怒、感愤。

"悲"类词：痛苦、伤心、难过、悲哀、悲痛、悲惨、凄凉、悲伤、痛心、伤感、苦涩、苦痛、辛酸、煎熬、惨痛、苍凉、悲凉、感伤、凄惨、心酸、痛楚、伤痛、悲怆、酸楚、哀伤、苦楚、凄楚、寒心、悲苦、哀痛、凄苦、悲戚、悲恸、心寒、断肠、凄怆、悲切、凄迷、悱恻、凄切、伤神、伤怀、含悲、悲凄、悲酸、哀恸、哀戚、断魂、悲楚、凄冷、伤悲。

"忧"类词：沉重、忧虑、担忧、忧郁、发愁、忧愁、抑郁、惆怅、失意、阴郁、揪心、郁闷、怅惘、犯愁、忧心、沉郁、愁闷、忧闷。

"惊"类词：奇怪、惊讶、吃惊、惊奇、惊异、诧异、惊愕、惊诧、惊骇、骇异。

"恐"类词：害怕、恐惧、恐慌、胆怯、畏惧、惶恐、惧怕、心虚、心慌、发慌、畏怯、心悸、丧胆、胆寒、惶悚、胆虚、发毛。

跨义类词：惊喜、忧惧、惊慌、惊惶、惊恐、惊惧、惊悸、忧愤、悲愤、愁苦、苦恼、苦闷、忧伤、悲愁、哀愁。

第四节 研究内容与研究目的

一 研究内容

本书中的"情绪"类双音复合词是从义类词典中提取出来的，见于《现代汉语常用词表》（第2版）用以描述情绪的双音复合词。本书以该类词为研究对象，以词义为核心，着力考察在语素组合成词、词组合成短语或句子的过程中语义的表现形式及影响作用。本书的研究内容主要包括三大部分，下面进行简要说明。

第一部分：从155个"情绪"类双音复合词中离析出构词语素，依据《说文解字》及其他相关字书、韵书，将这些构词语素的来源分为情绪范畴和非情绪范畴两大类，同时又将来源于非情绪范畴的语素进一步分为意念、事物、感觉、性状、活动5个次范畴。对这些来源于不同范畴的语素进行分析，考察它们作为来源范畴的意义及在"情绪"类双音复合词中所承担的语义。该部分重点以认知语义学为理论指导，突出对非情绪范畴的语义分析，考察"情绪"类双音复合词及其构词语素在表达情绪义时体现的民族认知思维。

第二部分：根据语素组合的结构形式，将"情绪"类双音复合词分为并列式和非并列式两大类。首先，从语素来源范畴、语素作为单音节词的语义特征两方面考察并列式"情绪"类双音复合词的语素组合情况，确定语素义特征对语素组合的影响作用；其次，分别对动宾式复合词中的动词成分与宾语成分、主谓式复合词中的主语成分与谓语成分的语义特征进行分析，讨论不同类型"情绪"类双音复合词的内在组合规律。该部分重点采用训诂学的一些研究结论，分析"情绪"类双音复合词中来源于情绪范畴的构词语素的语义特征，考察它们在语言使用中的意义发展变化，以及与其他语素的组合情况，在此基础上分析构词语素的意义特征对语素组合的影响。

第三部分：依据《现代汉语常用词表》（第2版）中的词频统计，抽取各"情绪"类词中排在前30%的形容词（共计42个）作为研究对象，考察它们在句法中与之共现的成分的语义类型。我们将这些共现成分概括为以下9种语义角色：体验主体、形成原因、呈现形式、导致结果、伴随状态、程度量级、具象特征、时间空间、属性特征。总结归纳为体现这些不同的语义角色，"情绪"类双音复合词与其共现成分构成的局部语法型式，以及这些共现成分的语义类型或语义特点。在此基础上，从语素义特征、语素组合特征等方面探讨"情绪"类双音复合词在句法组合中的特点及原因。

总之，本书着重从构词语素义来源、构词层面的语义组合、句法层面的语义组合三个层面考察现代汉语"情绪"类双音复合词的语义情况，以期进一步加深对汉语词义问题的认识。

二 研究目的

本书力图对现代汉语"情绪"类双音复合词的语义情况进行全面探究，并在此基础上进一步考察汉语词义系统的整体特征。研究目的具体体现为以下三点。

第一，考察来源于非情绪范畴语素的语义来源、引申途径，总结出汉语词义引申的一般规律以及蕴含的汉民族思维特点。分析"情绪"类双音复合词构词语素的语义特征，探索语素结合规律。归纳概括该类词在现代汉语语料中的局部语法型式，考察语素义、词义对词语句法表现形式的影响情况。实现对现代汉语"情绪"类双音复合词语义系统的整体认知。

第二，从语义来源、结构特点、句法语义组合规律等不同角度，实现对同一类"情绪"词的比较分析，为中文信息处理、汉语作为第二语言教学、词典编纂——尤其是外向型汉语学习词典编纂提供基础材料。

第三，依托对现代汉语"情绪"类双音复合词的语义研究，实现对相关语义学理论的具体应用，加强对现代汉语词义系统的全面认知，以进一步发现现代汉语语素、词、句法三者之间的内在语义关系。

第五节　理论依据及研究方法

一　理论依据

（一）语义场理论

20 世纪 20—30 年代，德国和瑞士的一些语言学家创立了语义场理论。"语义场（Semantic Field）是指义位形成的系统，说得详细些，如果若干个义位含有相同的表彼此共性的义素和相应的表彼此差异的义素，因而连结在一起，互相规定、互相制约、互相作用，那么这些义位就构成一个语义场。"① 词义是对客观事物的反映，语义场是社会、自然界和人类精神世界的系统性在语义中的体现。我国传统的语言研究注重实用性而不强调对语言理论的建设，实际研究的许多方法和思路却是对语言理论的不自觉运用，如传统义类词典的编纂体现的便是语义场理论。语义场理论要求我们将词汇看成一个完整的系统，由于词义在整个系统中是互相联系而非孤立的，因此，我们在研究某个词义时要注意与其他词义的关系，对同一义类的词要注意横向比较和分

---

① 贾彦德：《汉语语义学》，北京大学出版社 1999 年版，第 149 页。

析，发现共同点，解释差异性。

本书中"情绪"类双音复合词的选取其实就是从语义场的角度展开的，该理论是贯穿整个研究始终的指导性理论。在研究对象的选取上，"喜""怒""悲""忧""惊""恐"这 6 类"情绪"类词各属于一个小的语义场。我们分别对这 6 类"情绪"类双音复合词及其构词语素的语义特征进行比较研究，分析每个语义场下各词义或语素义的异同点。

（二）认知语义学理论

认知语义学是对传统意义观诸多不足的一种反思。认知语义学以经验哲学为基础，强调人类在认知过程中与周围世界的相互作用，概念的建立与人自身的躯体经验关系密切。认知语义学的可行性主要来源于两方面：一是该理论成功地分析和解释了一些语义现象，二是心理语言学研究为该理论提供了实验证据。认知语义学包括原型和范畴、概念的隐喻与转喻、构式语法、概念整合等理论，其中"概念的隐喻与转喻"理论为概念的形成和发展提供了有力解释。隐喻是在概念映射范围之内的从源概念到目标概念的映射，即将源模型的结构映像于目标模型，其首要条件是源模型与目标模型具有相似性。源模型可以是具体事物，也可是动作行为、特性、状态等。隐喻是一种思维方式，词通过隐喻可以产生更多的符号意义系统，包括基本义之外的联想义。隐喻对抽象范畴特别是情感范畴的认知内容和结构有着重要的影响作用。

认知语义学着重从宏观上探讨语言与自身经验、外部世界之间的种种辩证关系。"情绪"类词表达的概念较为抽象，很多"情绪"类词及其构词语素的情绪义是从动作、状态、事物等非情绪范畴隐喻而来的。我们可充分运用认知语义学尤其是隐喻理论，对这些"情绪"

类词的构词理据进行分析研究。

（三）词语学理论

根据卫乃兴的归纳，词语学是意义导向的、以词语组合行为为研究对象的、将词汇和语法融于一体的研究领域，其基础理念和方法体现在词语搭配的研究中。① 语言的交际功能集中体现于意义的交际。在词语学领域里，意义即用法，语言交际中的形式与意义是互选的，一定的形式与意义紧密相关。对意义的研究就是对词语用法模式，即人们使用语言过程中意义实现方式的研究。词语学非常重视语境的重要性，因此只承认真实的语言材料的研究价值。将某类词放到真实的语言环境进行观察、归纳，通过了解与该类词共现的其他成分的语义特点，可以帮助我们全面了解该类词的整体意义。

基于上述理论，我们在分析"情绪"类双音复合词共时层面的语义关系时，以北京大学现代汉语语料库②为研究范围，考察该类词的具体使用情况，分析能与该类词构成直接句法关系的语义成分及其语义特征，进而考察该类词在句法组合中的语义特性。

（四）局部语法理论

局部语法理论是对词语学理论的进一步发展。Firth 的"受限语言"（Restricted Language）说和 Harris 的"子语言"（Sublanguage）说是局部语法（Local Grammar）兴起的理论背景。局部语法与语法研究的传统路径形成鲜明对比，"聚焦自然语言子类文本中的特殊结构或特征性话语行为，通过词汇与语法共选关系的观察概括其局部意义及语法，形成了一种新的微观语言描述视角和路径，从一个方面增强了语

---

① 卫乃兴：《词语学要义》，上海外语教育出版社 2011 年版，第 8—53 页。
② 北京大学现代汉语语料库，http：//ccl. pku. edu. cn：8080/ccl_ corpus.

法的描述力与解释力，与现有语法路径形成一种互补"①。学者们在进行局部语法研究时可以以实现某一意义或功能的词语、型式、结构为操作单位进行语料筛选。局部语法理论将型式作为提取数据的操作单位，通过将功能成分与型式成分的匹配，进行更为细致的描写，并在此基础上概括出局部语法型式的使用特征。

我们将依据局部语法理论，以"情绪"类双音复合词为词项，考察该类词在语料中的局部语法型式类型。抽象概括这些型式，并对主要型式下共现成分的语义内容进行归纳、分析，从句法层面考察"情绪"类双音复合词的语义特征。

二 研究方法

(一) 定量与定性研究相结合的方法

根据数据收集类型，研究方法分为定量研究与定性研究两类。定量研究是研究者通过具体数据，检验关于某事物的论断是否符合客观实际的方法。定性研究是研究者使用思辨的方法，对所搜集的材料进行归纳，进而得出结论的研究活动。定量研究和定性研究是科学研究采用的两种主要方法，二者的融合已经成为当下研究的趋势。

一方面，我们运用定量分析的方法对"情绪"类双音复合词的语素组合情况以及该类词在语料库中与其共现成分的组合情况进行统计分析，得出具体数据；另一方面，我们采用定性分析的方法对这些数据进行分析、解释，总结"情绪"类双音复合词的语素构词规律以及与该类词共现的成分的语义特点，从而更为全面地了解该类词的语义情况。

运用定量与定性相结合的研究方法，可将我们的研究内容通过数

---

① 张磊、卫乃兴:《局部语法的演进、现状与前景》,《当代语言学》2018 年第 1 期。

据进行量化，同时又能对这些数据进行全面描写与解释，从而得到关于该问题更为科学的研究结论。

（二）共时与历时研究相结合的方法

根据数据收集时间，研究方法分为共时研究与历时研究两类。共时研究是排除时间的干扰，研究语言各项共存要素间的关系，重视描写语言的静止状态，研究语言单位的组合关系和聚合关系；而历时研究是对语言从一个时代到另一个时代的发展过程进行纵向研究，着重观察在时间上彼此代替的各项相联系的要素间的关系，如以语言系统中的某一个构成要素为对象，考察它的历史发展变化。在共时状态下分析与解释词义，离不开对历时语料的研究。尤其是关于语素引申途径及构词规律的研究，必须通过对历时语料的梳理才能更全面地进行分析。

首先，我们从历时的角度，对"情绪"类双音复合词的构词语素按照来源情况进行归类，对其引申途径进行分析，在此基础上进一步考察它们的组合动因；其次，我们从共时的角度对该类词在句法中与其共现成分的组合情况进行描述，分析其共现成分的语义特点，进而探讨语素义对句法组合的间接影响。

（三）文献研究法

所有的研究都是建立在前哲时贤的研究基础上的，因此，我们在结合自己的研究得出新的观点或结论之前需要搜集、分析、研究现有文献。文献研究是对前人和他人劳动成果的归纳、总结，是获取知识的一条捷径，可以帮助我们在较短的时间内获取大量的知识信息。

文献研究法主要用于本书第二、三章对构词语素的分析。复合词的构词语素在古代汉语中多为单音节词，它们的语义特点是通过浩如烟海的文献资料体现的，对其语义源头及发展过程的了解需要我们从古典文献中寻找。另外，现代学者对这些语料也进行了不同角度的汇总整理，各类同源字典、古代汉语字词典等都是我们获取这些"情绪"类词语义内容的重要依据。

（四）语料库研究法

大规模语料库的建立使通过大量语言事实了解语言面貌的设想成为现实。基于大规模语料库的统计方法已成为现代语言学研究的一种重要方法。我们对问题的探索、观察和处理都通常以提取到的语料数据为依据。本书使用的语料库主要是瀚堂典藏数据库和北京大学现代汉语语料库。

瀚堂典藏数据库"采用四位元组编码技术，以小学工具类资料和出土文献类资料为核心，逐步纳入大量传世文献，并以此为基础，建设各种专题文献"①。通过该数据库，我们考察"情绪"类双音复合词的构词语素作为单音节词在古典文献中的意义及使用例证，以研究该类词的语素义与词义之间的关系。

北京大学现代汉语语料库为我们了解现代汉语"情绪"类双音复合词的使用情况提供了大量丰富的语言事实。我们以"情绪"类双音复合词为关键词进行索引，提取出该类词所存在的完整单句，然后通过等距抽样的方式抽取出一定数目的语料。在此基础上，我们从整体上归纳"情绪"类双音复合词与其共现成分的局部语法型式，并对该类词的共现成分进行语义分析，提取出它们的语义特征，进而考察该类词句法层面的语义组合情况。

---

① 瀚堂典藏数据库，https：//www. hytung. cn/Introductions/Characteristics. aspx.

第二章 "情绪"类双音复合词的语素来源情况分析

　　"情绪"类双音复合词的构词语素多是来自古代汉语或近代汉语的单音节词。在我们考察的 155 个"情绪"类双音复合词中，共包含 108 个构词语素。根据《说文解字》及其他相关字书、韵书的记录，这些语素有许多本来就属于情绪范畴，如"悯""愁""忿"等；有许多语素原属于其他范畴，但在后来的发展过程中逐渐表示情绪，如"痛""苦""火"等；还有许多语素自始至终并无情绪义，而是凭自身的语义特点与表示情绪的语素组合为"情绪"类双音复合词，如"发""担""动"等。为考察这些构词语素的来源情况，我们对其所属的语义范畴进行了归并。詹卫东提出："语义范畴的设置应该是目标驱动的，遵循实用主义的原则，即在明确的目标下，所确立的语义范畴如果做到够用就可以了。"① 基于此，我们将这些构词语素的概念原型归并为两大语义范畴：情绪范畴与非情绪范畴。其中，非情绪范畴之下又分为意念范畴、事物范畴、感觉范畴、性状范畴和活动范畴。

---

① 詹卫东：《确立语义范畴的原则及语义范畴的相对性》，《世界汉语教学》2001 年第 2 期。

第一节 情绪范畴

在"情绪"类双音复合词中，有一部分语素是来源于古代汉语表示情绪的单音节词，如"喜""愁""悲""惊"等。这类词在《说文解字》《广韵》等文献中均被注解为某一类情绪。情绪是有机体对客观事物的态度体验，是大脑对客观存在的一种基本反映形式，喜、怒、悲、忧、惊、恐等情绪体验复杂、细微且与人的行为活动密切相关，因此，表达该概念范畴的词必然也丰富多样。仅针对"喜""怒""悲""忧""惊""恐"6类情绪，我们对《说文解字》中的9353个小篆字头和1163个重文进行了分析，其中约有78个字在现代汉语中还以不同形式（或单音节词，或构词语素，或古今字形式）存在，整理如下。

"喜"类：台（怡）①、衎、欣、喜、憙（喜）、歆（喜）、愷（恺）、昇、僖、快、娱、慆、酣、悰、念、歡（欢）、懽（欢）、懌（怿）、愉、愿（惬）。

"怒"类：瞋（嗔）、忿、愠（愠）、怒、恚、魋、恼。

"悲"类：蠱、愴（怆）、怛、憯、悽（凄）、恫、悲、恻（恻）、惜、憮（怃）、恸（恸）。

"忧"类：忡（恤）、怼、惄、怫、懑（懑）、愤（愤）、悶（闷）、惆、悵（怅）、懆、惙、愁、慇、忡、悄、慽（戚）、患、恢、慐（忧）、恒、怊、怏。

"惊"类：骇、驚（惊）、怪。

"恐"类：畏、怔、恐、懼（惧）、惵（慑）、慴（慑）、憚

---

① 括号中为现代汉语常用字，下同。

（惮）、怵、惶、怖（怖）、嘵（哓）、悸、狅（怯）、惴、慫（竦）。

可以看出，人们对情绪的认识在汉代就已十分全面。这也从侧面进一步证明，人们认识世界，首先是全面细致地认识自身，认识的对象不仅涉及具体的器官、肢体、动作，还包括抽象的心理感受。

单音节词在古代汉语中占优势，随着汉语双音化趋势的发展，许多单音节词逐渐"降格"为构词语素，这种现象被称作"语素化"。单音节词语素化后，其存在形式虽有变化，但在意义中仍保留着单音词词义的历史痕迹。在我们分析的这 155 个"情绪"类双音复合词中，有 103 个词是由来源于情绪范畴的单音节语素参与组成的，但参与构成这些复合词的单音节语素仅有 46 个，可见其稳固的语义特征及强大的构词能力。按照所表示的情绪类别，有以下 46 个单音节语素。

"喜"类：快、乐、愉、欢、喜、悦、欣、惬、怡。

"悲"类：悲、哀、惨、怆、戚、恸、悱、恻。

"忧"类：忧、虑、闷、愁、惆、怅、惘。

"怒"类：愤、怒、慨、恼、懑、怄、愠、嗔。

"惊"类：惊、讶、诧、愕、骇。

"恐"类：怕、恐、惧、慌、怯、畏、惶、悸、悚。

根据语言的经济性原则，同一时代中记录同一类情绪的词在语义、语用等方面不会完全相同，它们在表示某一情绪时常在指称范围、语义轻重等方面有所差异。这些语素作为单音节词时的语义特点及参与组词的规律将是我们下一章讨论的重点，在此不予赘述。

第二节 非情绪范畴

在构成"情绪"类双音复合词的 108 个语素中，除了上文所述的 46 个来源于情绪范畴的语素外，还有 62 个语素来源于非情绪范畴。根据文献对它们的分析，我们将这些语素的来源进一步分为意念、事物、感觉、性状、活动5个范畴。下面分别予以讨论。

一　意念范畴

人类最先观察、最为熟悉的就是自身及其周围的客观事物。随着对客观事物及自我感受的认知，人们对语言使用的追求也越来越精细化、准确化。因此，尽管主观感受、心理意念是抽象和不易描述的，但人们还是试图去创造能够细致表达该感受的语词，这是认识世界、表达自我的最直接、有效的途径。古代汉语中用以概括指称心理意念的词有很多，其中，作为语素参与构成现代汉语"情绪"类双音复合词的有"意""感""神""魂""怀""迷""难"等。

"意""感"作为语素参与构成了7个"情绪"类双音复合词："满意""得意""惬意""失意""感愤""伤感""感伤"。在古代汉语中，"意"和"感"概括泛指人类的情感、意愿，是表示思维的范畴化名词。

"意"："意，志也。从心察言而知意也。"（《说文解字·心部》）"意"泛指心中的意愿、愿望，其参与组成的复合词都与此有关。若外在情况符合自己愿望，即内心意愿有所得，则人们便会喜悦开心，如"得意""满意""惬意"；若外在情况不符合自我愿望，即内心意愿有所失，则人会情绪低落，伤心难过，如"失意"。

"感"："感，动人心也。"（《说文解字·心部》）"感"表感动义，表示外界事物对人类心理感受的一种触动和激发。该词在发展过程中逐渐泛指人的感情、情感，其参与构成的复合词"感愤""伤感""感伤"等都体现了人类在某一方面的内心感受。

"神"："神，天神，引出万物者也。"（《说文解字·示部》）根据《汉语大字典》，甲骨文、金文中的"神"或作"申"，不从"示"。金文中"神"的字形是 ，像天空中闪电的形态。可以推知，人们对"神"的感悟源自对雷电的认知。在原始农业社会，打雷下雨对人们的耕作生产、日常生活带来极大影响，但人们没有能力去解释或改变，因此，就逐渐将其看作主宰世界和命运的抽象事物。在先民的意识中，"神"是看不见、摸不着却时时存在、主宰一切的事物，这与人类的精神意识近似。于是，"神"也用来指人的意识、思维等无形的心理活动，与"形"相对。如：

（1）荀子："天职既立，天功既成，形具而神生，好恶、喜怒、哀乐臧焉，夫是之谓天情。"（《荀子·天论》）

"魂"："魂，阳气也。"（《说文解字·鬼部》）"人生始化曰魄，既生魄，阳曰魂。"（《左传·昭公七年》）古人认为，人之所以活着是因为有阳气附身，所谓阳气即"魂"，若"魂"离开了身体，人就会死亡。人活着的特征之一是具有精神意识，死后人的意识就会消失，这与古人对"魂"的认识是一致的。因此，"魂"又特指人的精神、意志，与"神"的意义接近。如：

（2）故生之来谓之精，两精相搏谓之神，随神往来者谓之魂。（《黄帝内经·灵枢·本神》）

人在伤心时总是精神低落，意志消沉，如同"魂"离开了身体一样，复合词"断魂"便体现了这一认知过程。

"怀"："怀"的金文字形是 ，像将东西怀抱于衣服之中，后由此特指胸前、怀里。胸部处于身体的中间，也是心脏等内脏器官所在，其"内在"的语义特点突出。因此，"怀"可用来表示心胸、胸怀，并进一步抽象指人的心情、感情。如：

（3）班彪："游子悲其故乡，心怆恨以伤<u>怀</u>。"（《北征赋》）

复合词"开怀""伤怀"分别表示喜悦与悲伤，都是通过描述身体部位"怀"的状态来转指人的情绪感受。

"迷"："迷，或也。"（《说文解字·辵部》）"或"与"惑"是一对古今字，"迷"即迷惑、分辨不清。"凡失其所欲之路而妄行者之谓迷，迷则不能至于其所欲至矣。"（《韩非子·解老》）"迷"作为语素与原表示温度低的"凄"组成复合词"凄迷"，表示景物的凄凉模糊。迷惑不清的感受令人心情不悦，该词进而引申指内心的悲伤、怅惘。如：

（4）陆龟蒙："江仆射之孤灯向壁，不少凄<u>迷</u>。"（《采药赋》）

"难"："难"的本义是"鸟"，但其本义不见用，现在常用的"困难""不易"义是其假借义。"难，不易之称。"（《玉篇·隹部》）"困难""不易"都属于人们的消极感受，因此，"难"进一步泛指人们对事物、行为等的否定评价，现代汉语"难吃""难看""难听""难受"等词均表示"不好"义。该语素参与构成的"情绪"类双音复合词是"难过"，属于"悲"类情绪词，泛指人的心情不好。

可以看出，在现代汉语中由这些来源于意念范畴的语素参与组成的复合词所表示的意义都较为抽象，多表示人们对外界事物的一种感知或判断。

二　事物范畴

认知语言学的一个核心观点——语义是基于经验感知的，概念是通过身体、大脑和对世界的体验而形成的，并且只有通过它们才能被理解。人们在身体经验和生活经验的基础上形成一些基本的概念及意象图式，再经过隐喻或转喻的形式进一步形成更为抽象、复杂的语义概念网络。根据"人类中心说",人类认识事物总是以自己的身体作为认知的基本参照点,进而延及周围事物,再进一步关涉其他抽象概念。人们在认知"情绪"这一抽象概念时,自然也建立在对自身器官及其周围客观事物认识的基础上。

(一) 人体器官

人体是一个系统,在人们的认知领域内,生理功能与心理感受通常是相通的,二者处于一种对立统一的辩证关系中。

一方面,心理感受一般能影响人体器官的正常运行。情绪波动促使内脏器官的功能发生变化,能给人带来相对直观的人体经验。例如,人在喜悦、兴奋、恐惧以及在产生其他激烈情绪的时候,心脏抽取血液的生理功能会增强;人们喜悦或悲伤的心情会影响到胃肠消化、吸收功能的正常运行;过度生气会导致呼吸急促,影响肺部健康;等等。我国传统医书《黄帝内经·素问》也曾有"怒伤肝""喜伤心""思伤脾""悲伤肺""恐伤肾"的说法。

另一方面,人体器官又是感情产生的物质载体。从现代医学的角度分析,大脑是产生情绪的物质基础,人体一切神经系统的反应都要经过大脑的判断和加工。但根据中医理论,心、胆、肝、肠等人体器官都是思想情感的基础。如:

(5) 五藏 (脏) 所藏:心藏神,肺藏魄,肝藏魂,脾藏意,肾藏志,是谓五藏 (脏) 所藏。(《黄帝内经·素问·宣明五气篇》)

汉民族常赋予这些内脏器官以情感功能,借指称人体器官的词来表示内心情绪。现代汉语"情绪"类双音复合词中来源于指称人体器官的语素有"肠""心""胆"。

"肠"：由"肠"参与构成的"情绪"类双音复合词只有 1 个，即表示"悲"类的情绪词"断肠"。人们用断肠形容极度的感情刺激，并进一步形容极度悲伤之情。如：

（6）曹操："生民百遗一，念之断人肠。"（《蒿里行》）

（7）曹丕："群燕辞归雁南翔，念君客游思断肠。"（《燕歌行》）

"心"：与"肠"相对，"心""胆"的构词能力较强。在先民朴素的主观意识中，心脏是产生情绪的主要器官。如：

（8）心者，君主之官也，神明出焉。（《黄帝内经·素问·灵兰秘典论篇》）

（9）荀子："心者，形之君也，而神明之主也，出令而无所受令。"杨倞注："心出令以使百体，不为百体所使也。"①

可见，古人认为心是思维的器官，是思想、意念、情感的源泉。古人的这种认识清晰地体现在汉字的构型上，许多记录情感、情绪等心理活动的形声字的义符多为"心"（忄），如"悦""恐""悲""忧""愁""惧"等。在词汇层面，"心"由表示情绪的发生器官逐渐扩展表示抽象的"思想""感情"，于是，"心"也成为一个情绪范畴化名词，凡是和人的精神、思想、情感等思维活动有关的词语，人们都习惯于将它和"心"联系在一起。在现代汉语中，"心"作为语素参与构成的"情绪"类双音复合词较多，共有 11 个，如"开心""伤心""寒心""揪心""心虚""心慌"等。

---

① （清）王先谦撰，沈啸寰、王星贤点校：《荀子集解》卷 15《解蔽》，中华书局 1988 年版，下册，第 397 页。

"胆"："胆"在指称内脏器官的同时也用来表示内心情绪。在现代汉语中，"胆"参与构成的"情绪"类双音复合词有"胆虚""胆寒""胆怯""丧胆"4个，均属于"恐"类词，都是通过描述"胆"受到破坏来指称人内心恐惧害怕。"胆"在汉语中特指人的胆量、勇气。如：

（10）荀子："勇胆猛戾，则辅之以道顺。"杨倞注："胆，有胆气。"①

根据现代医学理论，胆这一器官与人的勇气应无直接关系，但在汉民族传统文化中，"胆"决定着人是否能够决断事物。如：

（11）胆者，中正之官，决断出焉。（《黄帝内经·素问·灵兰秘典论篇》）

一个人是否勇敢在很大程度上取决于其是否敢于做出决定，能否敢于承担决定后的责任，因此，具有决断功能的"胆"便成为勇气、胆量的代称。一个人若缺乏勇气，则被描述为胆丢失或受到了损害，如"丧胆""胆寒"等。此外，"胆"因所指内脏器官的"内在性"特点也可用来泛指人的内心情感，如汉语"赤胆忠心""义胆忠魂""侠肝义胆"等成语都用来表示见义勇为、打抱不平的忠义精神。

在古代汉语中，表示心、胆、肝、肠、肺等人体器官的词都可用来指称人的情感。通过对《汉语大词典》②的考察，我们发现含有这

---

① （清）王先谦撰，沈啸寰、王星贤点校：《荀子集解》卷1《修身》，中华书局1988年版，上册，第25页。

② 汉语大词典编辑委员会、汉语大词典编：《汉语大词典》（2.0光碟版），商务印书馆（香港）有限公司、汉语大词典出版社2002年版。本书对《汉语大词典》的引用全部选自该版本，后不予赘述。

些指称人体器官的词（或语素）的双音结构主要分为两类：一类表示人的内心、心情、情感等，另一类表示具体的某类情绪。前者有"心坎""心本""心怀""心意""肝心""肝鬲""肝脾""肝肠""肝怀""肺肝""肺腑""肺肠""肺怀"等；后者有"肝火""心火""担心""伤心""心忧""胆怯""胆虚""胆悸""胆裂""丧胆""胆寒"等。可见，在典籍文献中，指称人体器官的词（或语素）大都可以两两组合表示人的内心，但在表示某类具体情绪时，"心""胆"较之于指称其他器官的词（或语素）要具有优势地位。保留到现代汉语中的"情绪"类双音复合词仍有"开心""忧心""痛心""揪心""心寒""心酸""胆怯""胆寒""胆虚""丧胆"等，这也进一步说明了上述现象。

我们认为，该语言现象与人们对事物的认知规律以及词义系统的制约是有关系的。心、胆、肝、肠、肺等器官都位于人体的胸腹腔，其"内在"的特点使之区别于其他器官。人的情绪往往发于内而现于外，因此，这些表示内脏器官的词进一步衍生出"内心"义是符合人类的一般认知规律的。但原型范畴理论指出，认知范畴中成员的地位是不平等的，"认知范畴的原型成员拥有最多的与这一范畴的其他成员共同的属性"①。因此，对典型成员的认知是了解其所属范畴特性的基础和关键。在先民的主观意识中，心脏是人体内脏器官范畴中最典型的成员，肝、肠、肺、肾等虽与之同属一个类别，却不在核心地位。"心"最先进入人们的认知视野，因此，在用来隐喻与情绪有关的抽象概念时，"心"也成为所属范畴中最具优势地位的成员。"开心""忧心""揪心""心寒"等复合词在表示情绪时都以"心"作

---

① ［德］弗里德里希·温格瑞尔、［德］汉斯－尤格·施密特：《认知语言学导论》（第二版），彭利贞、许国萍、赵微译，复旦大学出版社 2009 年版，第 35 页。

为情绪感知的主体。鉴于"心"在情绪指称中的主导地位,"肝""肠""肺"等参与表示情绪的可能性就小了,这也符合语言经济性原则。

"胆"虽非人体器官范畴中的典型成员,但本身较为特殊,它在表示"内心"的同时还着重表示勇气、胆量。由"胆"参与构成的"情绪"类双音复合词也均与勇气有关,"丧胆""胆寒""胆怯"等都表示人因缺乏勇气而惊恐害怕的情绪。可以说,"心""胆"因在语义范畴中特殊的功能和地位而易于表示情绪。

(二)客观事物

我们生活在物质的世界里,世界是由无限多样的物体组成的。人们对事物的认知往往从具体到抽象,在表达抽象概念时,自然也会借助于自己所熟悉的、与之密切相关的外界事物。在现代汉语"情绪"类双音复合词的构词语素中,"气""火"都来源于客观事物这一范畴,其构词能力较强,且在表示情绪时都渗透了我国的传统文化。

"气":在现代汉语中,由"气"参与构成的"情绪"类双音复合词有"气愤""气恼""生气""动气""怄气"等,它们都表示人的"怒"类情绪。"气"在中国哲学、文化中具有独特内涵,主观唯心主义者用以指主观精神。如:

(12)孟子:"我善养吾浩然之气。"(《孟子·公孙丑》上)

宋代及以后的客观唯心主义者认为"气"是一种在"理"(即精神)之后的物质。如:

(13)朱熹:"天地之间,有理有气。理也者,形而上之道也,生物之本也；气也者，形而下之器也，生物之具也。是以人物之生，必禀此理，然后有性；必禀此气，然后有形。"①

朴素唯物主义者则用以指形成宇宙万物的最根本的物质实体。如：

(14) "精气为物，游魂为变。"孔颖达疏："云'精气为物'者，谓阴阳精灵之气，氤氲积聚而为万物也。"②

此外，"气"还是中医理论的核心概念。根据中医理论，血为阴，是人体的物质基础；而气为阳，是人体血液循环的动力来源。若气不通畅，则血液循环受阻，身体就会疼痛或产生疾病。如：

(15) 余知百病生于气也，怒则气上，喜则气缓，悲则气消，恐则气下，寒则气收，炅则气泄，惊则气乱，劳则气耗，思则气结，九气不同，何病之生？③

总之，气是自然界和人体中一种看不见、摸不着却时时存在的事物，因其无体而似有形的特点，后逐渐表示影响人行为举止的精神状态，如气概、志气、勇气、习气、脾气、情绪等。在指称情绪时，"气"特指"怒"类情绪。"气，忾也。忾然有声而无形也。"（《释名·释天》）"忾"兼具愤怒与仇恨义。如：

(16) "诸侯敌王所忾，而献其功。"《左传·文公四年》杜预

---

① （宋）朱熹：《答黄道夫》，《晦庵先生朱文公文集》卷58，《朱子全书》，上海古籍出版社、安徽教育出版社2002年版，第23册，第2755页。

② 《十三经注疏》整理委员会整理，李学勤主编：《十三经注疏（标点本）·周易正义》卷7《系辞》，北京大学出版社1999年版，第267页。

③ （唐）王冰：《黄帝内经素问》卷11《举痛论篇》，人民卫生出版社1963年版，第221页。

注："忾，恨怒也。"①

"气"表示愤怒情绪是经由"气不通畅"这一认知理据形成的。若将身体看作一个容器，则愤怒之情便是封闭在容器中的气体。气体受到束缚不能发散出来从而产生巨大的冲击力，这与人积聚在心中的愤怒之情是非常相似的。人在生气时往往情绪激动，胸闷异常，通常会产生通过一定方式发泄心中怒气的冲动。在表示愤怒情绪时，"气"的使用十分灵活，产生愤怒情绪叫"生气"，让他人愤怒叫"气人"，受到别人愤怒情绪的发泄叫"受气""吃气"等。

"火"："火"的甲骨文字形是 ，"火，熰也。南方之行，炎而上，象形。"（《说文解字·火部》）人类早期伟大的发明之一就是通过控制火来提供热、光，火作为自然物质与人的生活息息相关。在现代汉语中，由"火"参与构成的"情绪"类双音复合词有"恼火""发火""上火""冒火""动火"等，这些词都表示人的"怒"类情绪。

"火"之所以能够表示"怒"类情绪，首先与该类情绪的表现特征有关。火是物体燃烧时产生的光与热，能分别强烈刺激人的视觉与触觉。火传递给人的这些生理感受与人们愤怒时的内心体验是相似的。当人的情绪高涨时，皮下血液的供应量会增加，身体的热度会提升，甚至还会产生一种火辣热烈的生理感受。

此外，"火"表示"怒"类情绪还与中医文化有关。"火"在中医学中被视为病因六淫（风、寒、暑、湿、燥、火）之一，是病理性的各种机能亢进的表现。如：

（17）孟郊："飞光赤道路，内火焦肺肝。"（《路病》）

---

① 《十三经注疏》整理委员会整理，李学勤主编：《十三经注疏（标点本）·春秋左传正义》卷18《文公四年》，北京大学出版社1999年版，上册，第504页。

内火由脏腑阴阳气血失调所致，内火过旺会产生红肿、发热、疼痛、烦闷等多种异常情况。而"怒"类情绪也会导致身体不适，产生肝气不畅、气喘咳嗽等多种疾病。在中医术语里，"上火"是指大便干燥、口舌生疮、眼膜发炎等症状；在山东等地的一些方言中，该词还用来指称生气、发怒。此外，中医术语"肝火"指由肝的功能亢进而引起的火气，症状有头晕、口苦、吐血、易怒等；"心火"指烦躁、口渴、脉搏快、舌头痛等症状。在现代汉语中，这两个词都进一步衍生出"心中怒气"这一意义。

总之，情绪是一种心理活动状态，体现出一定的动态特征；而事物是人类思想认识活动的结果，具有静态性质。在人类的思维认知过程中，由事物直接隐喻情绪远不如由感觉、性状等隐喻方式便捷。因此，事物范畴中直接表示情绪的词（或语素）并不多，且都具有很强的民族文化特征。

需要说明的是，在表示"情绪"概念的事物范畴中，除了"气""火"外，还有许多词本来也属于事物范畴，如"苦闷"的"苦"本表示"苦菜"这种植物，"酸楚"的"酸"本表示"醋"这种食物，"楚"表示荆条等。但表示事物的意义都不是这些词（或语素）的常用义，它们能表示情绪是源于其后衍生出的感觉义。因此，我们在这里并没有将它们按照事物范畴去分析，而是将其归入感觉范畴。

三 感觉范畴

人的情绪与生理状况之间总是建立着一种相关的联系，我们在言语表达中常用情绪引起的生理反应来转指情绪概念。如人在悲伤时常伴随着哭泣，我们可以通过"流泪"这种结果来转指"悲伤"这一情绪。在汉语词汇领域，许多表示身体感觉的词或语素都可用来表示心理感受。

心理学上的感觉范畴很广,感觉是"个体对事物个别特性的直接反映。……感觉可分为三大类:接受外部刺激,反映外界事物特性的外部感觉,如视觉、听觉、嗅觉、味觉和皮肤感觉;接受机体内部刺激,反映内脏器官状态的内部感觉,如渴、饥等内脏感觉;反映身体各部分的运动和位置情况的本体感觉,如运动觉、平衡觉等"①。本节讨论的"感觉"是狭义的概念,指由感官(如眼、耳、鼻、舌、皮肤等)接受外界刺激而产生的感觉,即通常所说的"五觉"——视觉、听觉、嗅觉、味觉、触觉。在"五觉"中,"情绪"类双音复合词构词语素的来源范畴主要是触觉和味觉。

(一)触觉

认知心理学认为,人们通常会把自己对身体结构的认知映射到对其他物体和事物的认知理解上,把自己熟悉的身体经验当作抽象认知的基础和出发点。皮肤是人体最大的器官,是辨别物体的机械特性和温度特性的感觉器官。根据多数人的语言使用习惯,我们通常将皮肤感觉称作触觉,使之与听觉、视觉、嗅觉、味觉并列。触觉是人与被感知物近距离或直接接触产生的结果,是外界事物对人体影响的直接体现。皮肤受外界刺激而产生的触觉包括痛觉、温度觉和触压觉等。

1. 痛觉——"痛""楚"

有机体受到伤害性刺激所产生的感觉被称为"痛觉"。痛觉可以引起有机体的防御性反应,从而促使其趋利避害以实现自我保护。但是,过于强烈的痛觉也会给有机体带来伤害。表示身体疼痛的词语可用来转指心理上的伤痛,"痛入心脾""痛不欲生"等成语均用来形容心情极度悲伤。"痛心""悲痛""惨痛""痛楚""伤痛"等"悲"类情绪

---

① 朱智贤主编:《心理学大词典》,北京师范大学出版社 1989 年版,第 210 页。

词都含有"痛""楚"等表示痛觉的语素。

"痛":"痛,病也。"(《说文解字·疒部》)"痛"即"疼痛",表示由疾病引起的身体难受的感觉,后进一步泛指身体的疼痛。"痛"的原因除了疾病外,还可以是来自外界的击打、损伤等。如:

(18)班固:"蚡(田蚡)疾,一身尽痛,若有击者。"(《汉书·灌夫传》)

"楚":"楚,丛木。一名荆也。"(《说文解字·木部》)"楚"本指"荆"这种矮小丛生的木本植物。在古代"楚"常用作责打别人的刑杖,后来逐渐有了动词"打"的用法。抽打引起了身体的痛苦,于是"楚"又衍生出"痛苦"义。如:

(19)司马迁:"夫刑至断支体,刻肌肤,终身不息,何其楚痛而不德也,岂称为民父母之意哉!"(《史记·孝文本纪》)

在这里,"痛"与"楚"已经组合在一起使用了。在表示肉体疼痛的基础上,"痛""楚"逐渐表示内心的伤悲。

(20)司马迁:"寡人思念先君之意,常痛于心。"(《史记·秦本纪》)

(21)潘岳:"终皓首兮何时忘,情楚恻兮常苦辛。"(《哭弟文》)

例(20)"痛"是因思念先皇而内心伤悲,例(21)"楚"是对自己辛酸、悲苦的人生遭遇感到伤心难过。

温格瑞尔(F. Ungerer)指出:"范畴必须放在它们的概念语境中,以更大的认知模型为背景来考察,这些认知模型很显然有时就必须包括时间顺序。"① 我们根据他提出的"情感情节"的分析方法②，用图来展示"身体疼痛"与"心情悲伤"两个认知模型间的相似情节，如图 2 - 1 所示。

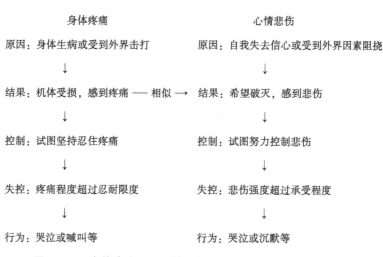

图 2 - 1 "身体疼痛"认知模式与"心理悲伤"认知模式

　　一个词语的意义就是一个特定的认知模式，它由若干因素组合而成，但这些因素的地位是不同的。如在"身体疼痛"这一认知模式中，"结果"是其核心因素，即感觉的"本质"，其他因素如"原因""控制""行为"等则是与"本质"有关的背景因素。一个认知模式中的背景因素是人们具体可感的生活经验，当该认知模式（如"身体疼痛"）的背景因素与另一个抽象事件（如"心情悲伤"）的背景因素具有相似关系时，则该认知模式的核心因素会自然投射于抽象事件的核心情节，如"疼痛"隐喻为"悲伤"。具体到一个词，则表现为该词

　　① ［德］弗里德里希·温格瑞尔、［德］汉斯－尤格·施密特：《认知语言学导论》（第二版），彭利贞、许国萍、赵微译，复旦大学出版社 2009 年版，第 160 页。

　　② ［德］弗里德里希·温格瑞尔、［德］汉斯－尤格·施密特：《认知语言学导论》（第二版），彭利贞、许国萍、赵微译，复旦大学出版社 2009 年版，第 161 页。

产生了新义，如"痛""楚"引申出"悲伤"义。

2. 温度觉——"寒""冷""凄""凉"

温度既是一种客观存在的现象又是一种综合的主观感觉。温度觉是人的身体感知器官受到外界环境温度变化的刺激而产生的感觉，有冷觉与热觉两种极限。在日常生活中，人们对温度的感觉不像物理学、气象学那样有一个科学量化的判定标准，而是因人而异，主观性强。语言是社会经历、生活体验在人类心理认知中的投射，受主观认知的影响，表温度觉的词的意义界限不十分明确，且常用来指称许多非温度觉范畴的概念，如情绪概念。现代汉语"情绪"类双音复合词中有4个来源于该范畴的构词语素——"寒""冷""凄""凉"，它们的构词能力较强，构成的复合词有"寒心""心寒""胆寒""凄冷""凄凉""凄惨""凄楚""凄苦""凄怆""凄迷""凄切""悲凄""苍凉""悲凉"。

"寒"与"冷"：二者的意义十分接近，与"热"相对。"冷，寒也。"（《说文解字·仌部》）"寒，冻也。从人在宀下，以茻荐覆之，下有仌。"（《说文解字·宀部》）段玉裁注："冻当作冷。"[①]

"凄"：古多作"淒"。"淒，云雨起也。"（《说文解字·水部》）"淒，寒凉也。……通作凄。"（《正字通·水部》）

"凉"：古多作"涼"。"涼，薄也。"（《说文解字·水部》）段玉裁注："许（慎）云薄也，盖薄下夺一酒字，以水和酒，故为薄酒。……引申之为凡薄之称……薄则生寒，又引申为寒，如'北风其凉'是也。至《字林》乃云'凉，微寒也'。"[②]"凉"有"微寒"义，是介于冷、

---

① （汉）许慎撰，（清）段玉裁注：《说文解字注》七篇下《宀部》，上海古籍出版社1988年版，第341页。

② （汉）许慎撰，（清）段玉裁注：《说文解字注》十一篇上二《水部》，上海古籍出版社1988年版，第562页。

暖之间较低的温度。

这几个词（或语素）在表示温度低时虽在语义程度上有些差异，但都可表示人的悲伤情绪。根据上文分析，汉民族习惯于将人的"心"看作心理感知的器官，通过"心"感受到"寒"的温度来隐喻指人的心情悲凉。如：

（22）"吴人加敝邑以乱，齐因其病，取欢与阐。寡君是以<u>寒心</u>。"（《左传·哀公十五年》）

"寒心""心寒"凝固为复合词保留到现代汉语中继续使用。

"冷"与"寒"意义接近，也表示温度极低。在语义发展中，"冷"逐渐引申表示环境、氛围的冷清，进而表示内心的失落伤感。如：

（23）杜甫："诸公衮衮登台省，广文先生官独<u>冷</u>。"[《醉时歌（赠广文馆博士郑虔)》]

"凄"由表示温度的寒凉逐渐衍生出景象的凄凉、冷落义。如：

（24）苏轼："乱叶和<u>凄</u>雨，投空如散丝。"（《送胡掾》）

环境的凄凉易引起内心的伤悲，因此，"凄"又表示悲凉的情绪，"凄然"即悲伤的样子。如：

（25）李白："美人结长想，对此心<u>凄然</u>。"（《折杨柳》）

在典籍文献中，"凉"多与"秋"连用。气温的降低、万物的凋零往往使人睹物思人，故古代文人多有"悲秋"情结。"凉"由环境的萧索逐渐衍生出悲怆、愁苦义。如：

（26）江淹："巡曾楹而空掩，抚锦幕而虚凉。"李善注："凉，悲凉也。"①

"气温寒凉"与"心情悲伤"之间也有着相似的情节过程，如图2-2所示。

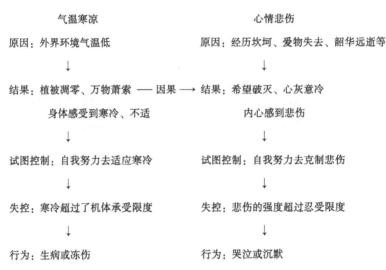

图2-2 "气温寒凉"认知模式与"心情悲伤"认知模式

在以农业生产为主的社会背景下，气温变化对人的生产生活有着极大影响。气温低导致树木凋零、风雪交加、动物冬眠，同时造成居民生活不便、身体不适，这与生活经历坎坷、失去所有物、计划失败等导致心理上的希望破灭、失望气馁、心灰意冷等有着相似的过程和结果。此外，随着气温降低，万木凋零，凄凉的残败景象容易使人感受到韶华远逝、青春不再，这本身也是导致心情悲伤难过的一个原因。于是，"温度寒冷"这一源域便投射于"情绪悲伤"的目标域，使我

———————

① （梁）江淹：《别赋》，载（梁）萧统编，（唐）李善注《文选》卷16，上海古籍出版社1986年版，第2册，第750页。

们对"悲"类情绪的感知更为形象丰满。

3. 触压觉——"重""轻"

"触压觉"是皮肤受到触或压等外界刺激所产生的感觉，如外界事物给人以轻重、软硬、松紧等的感受。触压觉的产生必须符合两个条件：一是有外界事物对人体施压，二是身体有健全的感受压力的神经系统。现代汉语"情绪"类双音复合词中来源于触压觉的构词语素主要是"重"和"轻"，它们参与构成的复合词分别是"沉重"和"轻快"。

人类思维经常将"忧愁"看作一种有重量的具体事物，因此，"忧愁"便成为一种可以用"轻重"来衡量的物质。如：

（27）李清照："只恐双溪舴艋舟，载不动许多愁。"（《武陵春》）

（28）石孝友："春愁离恨重于山，不信马儿驮得动。"（《玉楼春》）

上述二例中，词人都将无形的愁思化作有重量的东西，由虚化实。"重"本用于形容事物重量大，这一本身就较为抽象的概念可用事物重力图示来展示，如图 2-3、图 2-4 所示。

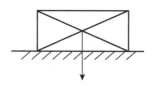

图 2-3 一般重力图式

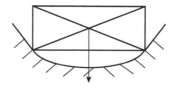

图 2-4 超重重力图式

图 2-3 是物体放置于平面之上受到重力的一般图示，而当物体的重力超过平面的承受能力后，平面受到挤压便会被迫发生变形，如

图 2-4 所示。人们对客观事物的认识，总是习惯于借助自身体验。我们将图 2-4 中的平面狭义地理解成人体的肌肤，则物体的重量加在身体之上时，人体肌肤及其软组织受压便会发生不同程度的变形，从而产生一种不舒适的压迫感。而物体对人体的触压与忧愁对心情的侵扰有着相似的语义认知过程。

> 事物有轻重——情绪有好坏
>
> 分量重的物体对人体有压力——忧愁的情绪对心理有影响
>
> 压力使身体受压——压力使心理变化
>
> 身体受压时不舒适——心中忧愁时不舒服

我们将"重量大的物体"隐喻为忧愁情绪，相对应地，"无重量或重量小的物体"自然就隐喻为"安恬""喜悦"等积极类情绪。如形容一个人过分高兴、得意的样子为"轻飘飘"，表示生活自在无压力为"轻松""轻闲"，表示心情愉快为"轻快"，等等。

(二) 味觉

人在饮食过程中，食物被唾液酶分解后会对口腔内的味觉器官产生刺激，这种刺激通过神经冲动传到大脑的味觉中枢，从而产生一种主观感觉，即味觉。汉民族传统上将人的味觉概括为五大类，俗称"五味"——酸、甜（甘）、苦、辣（辛）、咸。人的生理感觉与心理感觉往往彼此相通，生理上的感觉有时会引起情绪上的相应体验，如上文分析的触觉与心理感受间的关系。同样，人类味觉范畴的认知域也会向情绪范畴的认知域投射，通过具体的味觉体验来认知、表达较为抽象的情绪感受。通过对"情绪"类双音复合词的考察，我们发现来源于味觉范畴的语素有"苦""酸""辛""涩""甜"，它们也都衍生出不同的心理感受义。

"苦""酸"：二者本属于味觉名物范畴，它们表示的都是含有某种典型味道的食物。"苦，大苦，苓也。"（《说文解字·艹部》）"苦"即为"苦菜"；"酸，酢也。从酉夋声。关东谓酢曰酸。"（《说文解字·酉部》）"酸"即"酢"，也就是"醋"。人们对事物的认知不断抽象化，逐渐将表示某类食物的词用来指称该类食物含有的独特味道。如：

（29）黄连，味苦寒。主热气，目痛，眦伤，泣出，明目……（《神农本草经》卷一）

（30）苏轼："客来茶罢空无有，卢橘杨梅尚带酸。"（《赠惠山僧惠表》）

"辛""涩"：二者都属于味觉性质范畴。"辛，辣也。"（《玉篇·辛部》）"辛"即辣的味道。"涩"（澀）本指不滑润、不光滑。"涩，所立切，不滑也。"（《玉篇·水部》）后特指味道不甘滑，该味道像不熟的柿子或明矾那样使舌头感到麻木干燥。如：

（31）白居易："瓮揭开时香酷烈，瓶封贮后味甘辛。"（《咏家酝十韵》）

（32）李咸用："秋果楂梨涩，晨羞笋蕨鲜。"（《和吴处士题村叟壁》）

上述二例中，"甘辛"指家酿美酒甜而微辣，体现了酒味醇正，"涩"形容的是秋天山楂、梨子的味道。

在古典文献中，"苦""酸""辛"所指的具体味道虽有些差异，但它们作为味觉范畴词其隐喻投射的方向是一致的，即隐喻为"忧""悲"等消极类情绪。如：

（33）孟子："乐岁终身<u>苦</u>，凶年不免于死亡。"（《孟子·梁惠王》上）

（34）曹植："仓卒骨肉情，能不怀<u>苦辛</u>?"（《赠白马王彪》）

（35）陆机："矧余情之含<u>瘁</u>，恒睹物而增<u>酸</u>。"（《感时赋》）

"苦""酸""辛"表示情绪的意义沿用至今。"涩"在语义发展中逐渐引申出"说话、写文章迟钝""道路险阻"等义，消极情绪义体现得不够明显。不过在现代汉语中，"涩"有时与"酸""苦"等并举也可表达忧伤情绪。如：

（36）王愿坚："卢进勇看着这情景，眼睛里像揉进了什么，一阵<u>酸涩</u>。"（《七根火柴》）

"苦""酸""辛""涩"都可隐喻为消极类情绪，这种心理感受与这4种味觉给人的生理感觉是相一致的："苦"是一种不被大多数人青睐的味道，含有苦味的东西一般与药材有关，不易入口，苦味往往使人联想到毒物、疾病等消极事物；"酸"多为食物腐烂、发酵或果实不熟的味道，发酸的食物除非经过特殊处理，一般味道不美或不宜吃；"辛"对人的味觉及各部位的刺激特别强烈，常给人以火辣、火热甚至难以忍受的痛觉；"涩"使人的舌头感到麻木干燥，活动起来不够灵活、滑润。可以看出，这4个词所指称的味觉都会使人产生某种不适感，而这种不适的感觉跟人内心悲痛、忧愁的情绪是相似的。它们有类似的情节顺序，如图2-5所示。

此外，味觉作为一种生理感觉，与人的心理感受是相通的。味觉的不舒适也是引起心情不舒畅的一个原因，因此，以上两种感觉又有着因果关系。

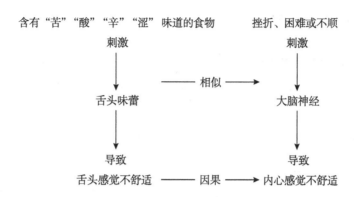

图2-5 味觉生理感觉过程与人的心理感受过程

"苦""酸""辛""涩"隐喻指称情绪,并逐渐与其他表示情绪的单音节词自由组合。许多组合固定下来沿用至今,成为现代汉语"情绪"类双音复合词,如"苦闷""愁苦""痛苦""苦涩""悲苦""苦楚""悲酸""辛酸""酸楚"等。

"甜"(甘):是与"苦"相对立的一种味觉。与"苦"的隐喻过程相似,"甜"(甘)也投射到情绪范畴,并与"苦"隐喻的情绪类别相对立,表示喜悦、幸福等积极情绪,参与构成的复合词有"甜蜜""甜美"等。

总之,感觉是客观事物的某一属性作用于人类感官而产生的结果,是人们对客观事物认识的最基本形式,一切较高级和较复杂的心理活动都是在感觉基础之上进行的。与其他范畴比较起来,感觉范畴与情绪范畴的关系最为密切,二者都是人类思维主观认知的结果。此外,视觉、听觉、触觉、味觉等生理感觉还是情绪产生的重要原因。因此,在语义表达上,许多表述感觉范畴的词都可用来指称人的情绪活动。

四 性状范畴

状态是事物矛盾运动变化表现出来的形态。"所谓状态，其一，是指事物在矛盾运动过程中出现的两种状态，即相对地静止的状态和显著地变动的状态；其二，系指事物在其运动过程中每个阶段的具体变化状态。"① 性状特征是事物本身所具有的与其他事物不同的属性，既具有事物客观性又具有人为主观性。事物本身表现出多种多样的性状特征，但人们对事物性状的认识总会根据自己的主观心理进行判断。在人类与客观外界互动接触的过程中，那些反复出现的性状特征便会被抽象出来，储存在人们的记忆中成为一种特定经验，并用来隐喻更为抽象的范畴或概念。在现代汉语"情绪"类双音复合词中，来源于性状范畴的语素在表义上多具有相对性或相似性，如"畅"与"郁"，"满"与"虚"，"阴"与"苍"，"奇"与"怪"，等等。

（一）"畅"与"郁"

表示事物性质状态的"畅"与"郁"意义相对，其中"畅"表示通达的状态，而"郁"表示阻碍的状态。

"畅，达也，通也。"（《玉篇·申部》）"畅"即"通畅"，通畅无阻则远望无虞，若树木"蔽之"，则视线不畅而无法远望。如：

> （37）韩非子："隰斯弥见田成子，田成子与登台四望。三面皆畅，南望，隰子家之树蔽之。"（《韩非子·说林》上）

"郁"的古体字是"鬱"。"鬱，木丛生者。"（《说文解字·木部》）"郁"本指植被繁茂的样子。树木繁密茂盛、郁郁葱葱，则枝叶

---

① 郑闻：《"过程与状态"是一对哲学范畴吗?》，《四川师范大学学报》（社会科学版）1986年第5期。

紧连，内部气流不通。如：

（38）"鴥彼晨风，<u>郁</u>彼北林。"毛传："郁，积也。"孔颖达疏："郁积而茂盛者，彼北林之木也。"①

根据中医理论，人体是一个统一的整体，所谓"通则不痛"，气理通畅是保证整个机体健康的关键。运行畅通是一切生命活力的象征，传统文化中保留的许多至理名言，如"流水不腐，户枢不蠹""问渠那得清如许，为有源头活水来"等都说明了活动、通畅的重要性。因此，运动畅通这一性质可隐喻为某些积极感受，而运动受阻则隐喻为某些消极感受。具体于情绪上，则主要体现为"喜"类情绪与"忧"类情绪的对立。

道路通畅可使人顺利通达，视线通畅可让人极目远望，气息、血液通畅可叫人身体康健舒适，总之，事物运动不受阻碍能给人带来轻松愉悦的感受。因此，"畅"衍生出"舒畅""欢快"义。如：

（39）薛戎："悠然<u>畅</u>心目，万虑一时销。"（《游烂柯山》）

"畅"表达的愉快情绪多体现为无拘无束、自由放松的状态。与之相反，气流不畅易使人产生憋闷的感觉，这种感觉与忧愁、气愤等积聚在心不得发泄的感觉相似。于是，与"畅"相对的"郁"逐渐衍生出愁闷义。"郁，愁思也。魏乐府：'中心何怫郁'。"（《正字通·鬯部》）如：

（40）刘向："愿假簧以舒忧兮，志纡<u>鬱</u>其难释。"王逸注：

---

① 《十三经注疏》整理委员会整理，李学勤主编：《十三经注疏（标点本）·毛诗正义》卷6《秦风·晨风》，北京大学出版社1999年版，上册，第429页。

"郁，愁也。"①

"郁"表示的情绪是积聚在内心难以发泄的，因此，"郁"在表示愁苦之情时侧重指内心承受时间较长，且往往难以消除。如：

(41) 司马迁："顾自以为身残处秽，动而见尤，欲益反损，是以独郁悒而无谁语！"(《报任安书》)

顺畅与否与情绪好坏之间的对应关系，如图 2 - 6 所示。

图 2 - 6 顺畅、阻塞与愉快、忧愁关系情况

(二)"满"与"虚"

1979 年 Michael J. Reddy 提出的"传导隐喻"(Conduit Metaphor) 是概念隐喻的滥觞。② "传导隐喻"指出"发送和接收物品"与"语言交际"这两个概念隐喻之间存在系统对应关系，在语言交际中，"观念"被看作通过容器发送和接收的"物品"。以传导隐喻为基础形成的另一隐喻概念是"心灵是容器"，该概念通过"将物体送进容器"来隐喻"观念进入大脑"。汉语中的"满"与"虚"即体现了这一隐喻概念。

"满，盈溢也。"(《说文解字·水部》)"满"的造意是"水充满容

---

① (宋) 洪兴祖撰，白化文、许德楠、李如鸾等点校：《楚辞补注》卷16《九叹》，中华书局1983年版，第300页。

② Michael J. Reddy, "The Conduit Metaphor: A Case of Frame Conflict in Our Language about Language", in A. Ortony, ed., *Metaphor and Thought*, Cambridge: CUP, 1979, pp. 165 - 201.

器",其本义即"充满""没有余地"。如:

(42) 庄子:"在谷满谷,在坑满坑。"成玄英疏:"至乐之道,无所不遍,乃谷乃坑,悉皆盈满。"①

根据人们的生活体验,食物足够才不会忍受饥饿,衣服足够就不会遭受寒冷,关怀足够则不会感到寂寞孤独,等等。不管是物质还是精神,凡是需要的东西足够多,心中意愿得到满足,内心就会感到平和、喜悦。因此,"满"又衍生出"满足"义。如:

(43) 班固:"莽一朝有之,其心意未满,狭小汉家制度,以为疏阔。"(《汉书·食货志》)

上例王莽摄政后,心意却并没有得到满足。成语"心满意足"及复合词"满意""满足"等体现的均是此衍生义。

与"满"相对的是"虚"。"虚"的本义是"土山"。"虚,大丘也。"(《说文解字·丘部》)"虚"的这一意义逐步扩大,表示区域、一块地方,后特指有人住过但后来荒废的地方。这几个意义后被写作"墟",现在还有"废墟"一词。废墟无人居住,于是"虚"又衍生出"空"的意思。"虚,空也。"(《广雅·释诂》三)如:

(44) 荀子:"中而正,满而覆,虚而欹。"(《荀子·宥坐》)

欹器是古代一种能盛水的倾斜的器具,欹器只有在不空不满的时候才能中正直立,否则便会倾斜。器具中空无填充物容易倾斜,话语虚假无真实内容会被人揭穿,内心缺乏勇气则易害怕踌躇。于是,

---

① (清)郭庆藩撰,王孝鱼点校:《庄子集释》卷5《天运》,中华书局1961年版,第二册,第505页。

"虚"又逐渐衍生出"虚假""勇气不足"等义,"心虚""胆虚"等词都表示人因做错事情,内心没有把握而恐惧害怕的心理。

可以看出,在汉民族思维中,心理活动的主体通常由身体器官充当,如"心""胆"等。它们被看作一个容器,若所需要的东西能够进入该容器使其处于充盈满足的状态,则内心便会感到充实快乐;若所需要的东西并没有完全进入该容器,内在不够充足,心情便会不踏实,甚至会感到害怕恐惧。

(三)"阴"与"苍"

在由视觉观察到的物体的各种信息中,色彩与人的视觉关系最为紧密。颜色在客观世界中无处不在,可以说,凡是进入人类视觉的事物都是有颜色的。人们在观察事物获取信息时,视觉神经对色彩的反应最快。

"明度",即视觉明暗程度,是颜色的一个构成要素,具有由低到高这一变化过程。根据人类学的研究成果,在人类蒙昧时代,昼夜交替是人们对世界认知的最深刻体验。人们充满着对白天光明的向往,而面对黑暗的夜晚会产生恐惧,于是"光"便成为生命根源的象征。在先民朴素的认知经验中,明度高的颜色能给人带来明亮、希望,使人产生愉快、乐观等感受;而与之对应的阴沉、灰暗等明度低的颜色则会使人联想到危险、失望、严肃,使人产生忧郁、悲伤、庄重等情感。在颜色明暗程度的变化范围内,"黑色""灰色"表示的色彩明度低,常与人的低落情绪相联系,如汉语形容一个人心情不好时有"心情黯淡""黯然失色""心灰意冷"等;而与其对应的红色等明度高的色彩常与人的高涨情绪相联系,如"红运当头""红喜事"等都表示吉庆祥和的意思。颜色明度与情感的对应关系如图2-7所示。

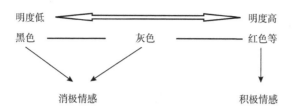

图2-7 颜色明度与情感的对应关系情况

汉语中有许多表示颜色明度低的词，如"阴""苍"等，它们在使用时逐渐衍生出悲伤、忧愁义。

"苍"由特指草的颜色逐渐引申为泛指青黑色。"苍，草色也。"（《说文解字·艹部》）段玉裁注："引申为凡青黑色之称。"① 如：

（45）悠悠苍天，此何人哉！（《诗经·王风·黍离》）

此外，"苍"还或指灰白色，或指浅青色。如：

（46）杜甫："少壮能几时，鬓发各已苍。"（《赠卫八处士》）

（47）"在色为苍，在音为角，在声为呼。"王冰注："苍谓薄青色，象木色也。"②

无论是青黑还是灰白，抑或是浅青，它们都属于一种明度极低的颜色。"苍"在文献中一般不单独表示情绪、情感，而是与其他相关语素组成复合词后，在描写环境苍凉的基础上进一步引申表示内心凄惨。如：

（48）叶适："既历三纪，苍凉成翁；百闻满臆，千虑填胸。"

----

① （汉）许慎撰，（清）段玉裁注：《说文解字注》一篇下《艸部》，上海古籍出版社1988年版，第40页。

② （唐）王冰：《黄帝内经素问》卷2《阴阳应象大论篇》，人民卫生出版社1963年版，第37页。

(《祭黄观复文》)

再比如"阴"。"阴，暗也。水之南，山之北也。"(《说文解字·阜部》)水的南面、山的北面是背阳的位置，没有阳光照射的地方往往是阴暗不明的。此外，"阴"在一些注疏中还被释为"浅黑色"。"阴白杂毛，骃。"郭璞注："阴，浅黑。"[①] 现代汉语中，"阴"作为单音节词逐渐衍生出与情绪有关的意义。如：

(49) 王润滋："瘦老汉不肯走，使胖同志大为不悦，脸一下子阴了。"(《卖蟹》)

上例通过描写脸色阴沉来表示内心不悦的样子。"阴"作为语素参与组成的复合词"阴郁"也表示"忧"类情绪。

(四)"奇"与"怪"

"奇""怪"都表示事物的特别、不同寻常，进而引申表示人们看到不同寻常事物时的惊奇心理。

"怪，异也。"(《说文解字·心部》)"怪"常用来形容奇异、特殊、不寻常的事或物。如：

(50) 郦道元："绝巘多生怪柏，悬泉瀑布，飞漱其间。"(《水经注·江水》)

后"怪"进一步指人们对这些特殊、不寻常的事或物感到惊奇。如：

(51) 墨子："子墨子南游使卫，关中载书甚多，弦唐子见而

---

① 《十三经注疏》整理委员会整理，李学勤主编：《十三经注疏（标点本）·尔雅注疏》卷10《释畜》，北京大学出版社1999年版，第338页。

怪之。"(《墨子·贵义》)

大意为墨子出使途中载有很多书的情形与众不同，这让弦唐子不能理解。"奇"与"怪"的意义接近。"奇，异也。"(《说文解字·可部》)"奇"也指事物的特别、不同寻常。如：

(52) 丧服、凶器不入官，潜服、贼器不入官，奇服、怪民不入官。(《周礼·天官·阍人》)

上例中"奇服"即特别、不合正统的衣服，与"怪民"对举。"奇"还可表示出人意料、难以想象义，如成语"出奇制胜"。在此基础上，"奇"进一步指人们对不同寻常、出乎意料的事或物感到惊异。如：

(53) 司马迁："秦始皇帝游会稽，渡浙江，梁与籍俱观。籍曰：'彼可取而代也。'……梁以此奇籍。"(《史记·项羽本纪》)

上例中项梁认为项羽和平常人不一样，有对他另眼相看的意思。可以看出，"奇""怪"作为来源范畴的意义与"惊"类情绪义之间体现为一种因果关系。

综上，这些表示事物性质、状态的词（或语素）在发展过程中逐渐表示情绪。事物的性质、状态虽是客观的，但人类对它们的认知具有主观性。人们往往将对客观事物性质、状态的认知迁移到对自我心理感受的认识上，从而赋予这些来源于事物性状范畴的词（或语素）以情绪义。

五 活动范畴

运动是物质的固有属性和存在方式，因此，表示事物活动的范畴是一类重要的语义范畴。"情绪"类双音复合词的构成语素有许多来源于活动范畴，根据其所指动作的性质，我们可将其分为两类，一类是表示具体动作行为的，有"抑""吃""揪""担""含""煎""熬""开""切"等；另一类是表示抽象活动行为的，有"沉""得""失""丧""断""伤""害""发""异""生""过""犯""上""动""冒"等。在现代汉语中，这些来源于活动范畴的构词语素一般都不独立表示某类情绪，而多是通过与另一语素的组合共同指称情绪。

（一）具体动作

在现代汉语中，"抑""吃""揪""担""含""煎""熬""开""切"等表示具体动作行为的语素均为成词语素，仍作为动词独立使用。它们不像上文"苦""凄""郁"等感觉范畴语素那样直接引申表示情绪，而是发展出较为抽象的意义，通过与其他语素的组合来表示情绪。这些语素之所以能参与构成复合词表示情绪，归结于其本身所指具体动作行为的某一特征。

"抑"：在现代汉语中，"抑"本没有消极情绪义，但与"郁"组成并列式双音复合词"抑郁"后，可与之引申表示人们情绪的忧愁、低落，该语言现象应属于"组合同化"，即"源自词语组合关系的词义衍生现象"①。并非所有并列式组合中的义位都能发生"同化"反应。一个义位能因"组合同化"产生语义衍生现象，虽不像词义引申那样完全来自词义系统的内部构成，但被"同化"的那个义位仍需具备一定的语义认知特征。

作为单音节词，"抑"的常用义中含有"下降"这一动态过程。"抑，损也，按也。"（《玉篇·手部》）"抑"本作"归"。"归，按也。"（《说文解字·卩部》）甲骨文字形是 ，其左边像手，右边像跪着的

---

① 张博：《组合同化：词义衍生的一种途径》，《中国语文》1999 年第 2 期。

人，义为用手按人使之下跪，抽象指按压义。施春宏认为，"语义的演变从根本上说就是特定认知模式通过隐喻的方式转换"①。"抑"的语义认知模式可分解为以下组合因素。

特定状态：（1）有一个物体存在。（2）有一个平面存在（比如地面）。

关系：（3）该物位于平面上。

工具：（4）一只手。

动因：（5）这只手对这个物体施加向下的压力。

结果：（6）物体因受压力而降低或变形。

在一个事件中，动作往往居于核心地位，是人们关注的焦点，而施事、受事、原因等都是围绕动作的内容，一般居于背景地位。基于这种认识，在以上关于"抑"的认知模式中，（5）应是核心因素，而最容易迁移扩散的是（1）（2）（4）。"物体"和"手"表示一种具体的施受关系，当不需要指明特定的施受双方时，"抑"就有可能从"用手向下按物体"这个具体动作抽象指"外界因素对某种事态、趋势、感觉等的压制"。

可以看出，"抑"的动态结果最终体现为一种基本的位置关系，即"高—低"的对立状态。心理学家认为，情感体现在人体上是一种垂直的上下运动，如人在悲伤哭泣时会表现为低头啜泣、嘴角向下的状态，而在兴奋愉快时会表现为手舞足蹈、嘴角上扬的状态。借助对"上—下""里—外""前—后""左—右""高—低"等空间位置关系的基本经验去理解情感、情绪等抽象的心理活动，认知语言学称其为"方位隐喻"。"上—下""高—低"等基本概念直接来源于日常生活体验。

---

① 施春宏：《词义的认知模式与词义的性质及构成——兼谈成语的性质》，《辞书研究》2002年第6期。

尽管没有原型事物、动作那样具体，但是作为对事物活动状态的观察结果，它们以一种图式的形式储存在人们心里，并不断隐喻为更加抽象的概念。在这种抽象的位置对立中，"高"往往是高级的、积极的，而"低"则是低级的、消极的。

"吃"：现代汉语中"吃"参与构成的"情绪"类双音复合词是"吃惊"。"吃，言蹇难也。从口，气声。"（《说文解字·口部》）即通常所说的"口吃"。最初表示"把食物放到嘴里经过咀嚼后咽下去"的应该是"喫"。"喫，食也。从口，契声。"（《说文解字新附·口部》）"喫"表示一个基本的行为动作，所搭配的对象也主要是可以咀嚼的食物类。

"吃"是人类维持生存的基本方式之一，也是人类最基本的生活体验。中国有着深厚的饮食文化，"吃"的引申用法很多，如表示获取——"吃回扣""吃利息"，表示来源——"吃父母""吃低保"等。根据经验，"吃"的动作往往隐含许多背景信息，如吃的食物质量如何，吃食物的场所如何，吃下食物之后身体感受如何，等等。人们对消极感觉往往印象深刻，若吃的食物质量不好，所处场所不当，吃下食物后身体不舒服，等等，内心会产生痛苦的消极感受。于是，"吃"又衍生出"遭受""承受"义，侧重表示受到了某些不幸或损害，与之搭配组合的对象也多为表示消极意义的抽象名词（或语素），如"吃惊""吃亏""吃批评"等。

"揪"："揪"参与构成的"情绪"类双音复合词是"揪心"，表示"忧"类情绪。"揪，手揪。"（《字汇·手部》）"揪"表示的是一种紧紧抓住对象并拉扯的动作，该动作涉及两个过程，首先是抓住某物，其次是往下拉扯。人在做"揪"的动作时，手指并拢以使物体固定于手中，因此，"揪心"传递给人的不仅是心被拉扯的疼痛，还有被紧握或紧捏的压抑感，从而引申表示内心的忧虑不安。

"担"："担"是"擔"的简化字，本义为用肩挑或用肩扛，其意义决定了搭配对象应具有［＋重量］这一语义特征。随着词义的发展，"担"逐渐衍生出"担负""承担"这一抽象意义。作为一种消极情绪，忧愁让人烦恼苦闷，影响了人们的正常生活，可以说，"忧愁"是心理的一种负担，因此，"忧"可受"担"的支配，与之构成"担忧"一词。根据"担"的动作本义，人们对"忧"进行了从抽象到具体这一逆向认知过程分析，即将"忧"物化为有重量、可对人施加压力的一类物体，该认知过程如图2－8所示。

具体： 担 ＋ 有重量的物体

抽象： 担 ＋ 忧

图2－8 "担＋忧"的认知过程

"含"："含"是指东西放在嘴里，既不咽下也不吐出的动作。口腔为使所含东西不被吐出而处于合拢包裹的状态，因此，"含"逐渐衍生出"包容"义，并进一步抽象指心中怀有某种思想感情。在现代汉语中，"含"与表示某种情绪、情感的语素组成的复合词有很多，如"含怒""含悲""含恨""含羞"等。"含"这一动作导致的结果是口中东西不被吐出，以这个模式为基础，"含"侧重指内心怀有某种感情而并不完全表露出来，有强迫忍受的意味。因此，"情绪"类双音复合词"含悲""含怒"在使用时常与表示忍受的词并举。如：

（54）愚妄人怒气全发，智慧人<u>忍气含怒</u>。①

---

① 本书在没有特殊说明的情况下，所引用的语料全部来自北京大学现代汉语语料库，对于语料中的错别字，我们直接进行了改正。后文不予赘注。

（55）大伙迎上去，又<u>含悲忍泪</u>地随着棺材，慢慢地走进屯子，走过横贯屯子的公路。

以上"忍气含怒""含悲忍泪"都体现了情感主体对愤怒、悲伤等消极情绪的隐忍不发。

"煎""熬"："煎，熬也。"（《说文解字·火部》）"煎"即把食物放进锅里加热，使汤汁慢慢熬干。"熬，干煎也。"（《说文解字·火部》）"熬"即用文火久煮或煎干。可见，"煎""熬"指的是两种相似的烹饪方法，都强调用火对食物进行较长时间的加热。古典文献中，"煎""熬"常并列使用。如：

（56）曾巩："调挠遵古书，<u>煎熬</u>需日力。"（《合酱作》）

对食物进行煎熬需要的时间较长，且经过煎熬后食物性状往往会发生变化，这种情形与人在生活中受尽折磨、备受苦楚的状况相一致。因此，"煎熬"逐渐引申指人经过很长时间的折磨而内心焦虑痛苦。如：

（57）王逸："我心兮<u>煎熬</u>，惟是兮用忧。"（《九思·怨上》）

"开"："开"即将门开启、打开义。"开，张也。"（《说文解字·门部》）杨树达注："古文从一从収。一者，象门关之形。……从収者，以两手取去门关，故为开也。"① 后"开"由表"开门"义逐渐泛指事物的"打开"，并进一步抽象引申，用以形容心智乃至心情的通达顺畅、开朗舒适。如：

---

① 杨树达：《积微居小学述林》卷3，中国科学院出版社1954年版，第83页。

（58）杜甫："不辞万里长为客，怀抱何时得好<u>开</u>。"（《秋尽》）

"开"的语义特征与"畅"相近，与"郁"相对。由"开"参与构成的"情绪"类双音复合词是"开心"，该词最初表示"开通思想，启发智慧""开露心意，坦诚相待"等义，后逐渐用来形容心情舒畅。如：

（59）普天下的妇道，第一件<u>开心</u>的事无过丈夫当着他的面赞他自己养的儿子。（《儿女英雄传》第三十三回）

（二）抽象动作

在现代汉语中，参与构成"情绪"类词、表示抽象动作行为的语素有"沉""得""失""丧""断""伤""害""发""异""生""过""犯""上""动""冒"等。其中有许多不成词语素，一般不能单独使用，而是以构词语素的形式存于复合词中。这些语素表示的内容多为自然界中的客观活动，一般不体现具体的动作过程。我们试举几例分析。

"**沉**"："湛，没也。"（《说文解字·水部》）段玉裁注："古书浮沈字多作湛。湛、沈古今字。沉又沈之俗也。"[①] "沉"的古字是"湛"，"湛"即"沉没"义。如：

（60）岳珂："与其子相泣，自<u>湛</u>于湖，时人哀之。"（《桯史》卷六）

"沉"的语义认知结构的组合因素可做以下分析。

---

① （汉）许慎撰，（清）段玉裁注：《说文解字注》十一篇上二《水部》，上海古籍出版社1988年版，第556页。

特定状态：（1）有一个水面存在；（2）有某物存在。

关系：（3）该物存在于水面之上。

动因：（4）该物有一定的重量；（5）地球引力在起作用。

以致：（6）该物从水面向水底降落。

结果：（7）该物沉没到水底。

在这个语义认知模式中，各因素的地位也是不同的，其中（6）是最核心因素，是其他因素动态发展的结果。因素（1）与因素（2）可以是具体的，也可虚化为抽象事物。在隐喻过程中，"沉"的物质主体逐渐失去了重量的物理特性，而仅仅表示一种可以自上而下降落的抽象力量。这样，在认知模式并未发生根本变化的前提下，"沉"的语义发生了演变，抽象表示低落的情绪，其参与构成的"情绪"类双音复合词有"沉重""沉郁"等。

Lakoff 和 Johnson 认为，本体隐喻（Ontological Metaphor）是把事物、活动、情感、想法等看成实体和物质的一种隐喻形式，其中最重要的一种方式便是"容器隐喻"。[①] 根据物理现象和经验认知，物体放在容器中，表示容器处于"有"的状态；反之，容器处于"无"的状态。如果将人的思想看作一个容器，那么外界某种情况、行为若符合自己的心意，就意味着人处于精神满足的状态；若外界情况不符合自己心意，则意味着人处于精神失落的状态。在现代汉语中，体现该隐喻概念的一对"情绪"类双音复合词是"得意"与"失意"。

"得"："得，行有所得也。"（《说文解字·彳部》）即得到、获得。得到的东西可能是具体的物体，也可能是某种抽象的观念，因此，在古代汉语中，"得意"常用来表示"领会旨趣"。如：

---

① Lakoff, G., M. Johnson, *Metaphors We Live by*, Chicago: The University of Chicago Press, 1980, pp. 25 – 32.

（61）庄子："言者所以在意，<u>得意</u>而忘言。"（《庄子·杂篇·外物》）

此例是指用言语来传达思想，领会了真意却忘掉了表达它的语言。心中领会某种观点也即内心与某种观念相契合，因此，"得"又衍生出"投合""契合"之义。在现代汉语中，"得意"的常用义是"称心满意"，即指某事、某物与自己的心意相合。"得意门生"是指最符合自己心意的学生或弟子，"得意之作"是指符合自己心意的作品。心意相合自然心中愉悦，所以"得意"表达了一种积极情绪，侧重指某些言语举止、行为结果等符合自己的内心所想。

"失"："失，纵也。"（《说文解字·手部》）段玉裁注："纵者，缓也。一曰舍也。在手而逸去为失。"① "失"即遗失、丧失。同"得"的语义引申过程一致，失去的东西可以是具体的物件，也可以是抽象的心意，因此，"失"又衍生出"未达到愿望"义。与"得意"表示"领会旨趣"相对，"失意"表示"不遂心""不得志"。如：

（62）班固："宽饶自以行清能高，有益于国，而为凡庸所越，愈<u>失意</u>不快。"（《汉书·盖宽饶传》）

上例盖宽饶自以为行为廉洁正直，才能过人，有益于国家，结果却被平庸之辈超越，这种结果与预期不相符合，于是内心不够顺畅。不得志自然心情低落，因此，"失意"侧重指因外界不顺遂心意而伤心难过。

"丧"：与"失"意义相近的是"丧"。"丧，亾也。"（《说文解

---

① （汉）许慎撰，（清）段玉裁注：《说文解字注》十二篇上《手部》，上海古籍出版社1988年版，第604页。

字·哭部》）"亾"同"亡"，即逃亡义。逃亡是指被迫离开自己生活的地方，意味着失去家园，丢弃财产，因此，"丧"又衍生出"失去""丢掉"义。丧失所有物后心中必会伤心难过，"丧"又衍生出悲伤、失落义。如：

（63）"狂夫之乐，贤者丧焉。"（《商君书·更法》）

与"失意"认知途径相似，"丧"的不仅是物还可以是志向、意愿、理想等。因此，我们常用"丧气"来形容一个人因失败或不顺利而萎靡不振、情绪低落。

"断""伤"：二者都具有使完整事物遭到破坏的意义。"伤，创也。"（《说文解字·人部》）"伤"本指使身体皮肉受到破损。"断，截也。"（《说文解字·斤部》）"断"指将长形的东西分成两段或几段，也含有破坏之义。汉民族常将心、肠、胆、肝等身体器官当作情绪的感知器官，用人体器官受到损害来表示心情的悲伤难过。在现代汉语中，"断""伤"参与构成的"情绪"类双音复合词大多属于"悲"类情绪词，如"断肠""伤心""伤怀"等。这些词的字面意义都是身体部位受损，在语义认知中，所指的受损对象由身体转移到精神，将生理感受投射于心理感受中，用以表示人极度思念或悲痛。

"害"："害，伤也。"（《说文解字·宀部》）"害"作为动词，表示对人体造成创伤或对事态造成影响。在语义发展过程中，"害"逐渐衍生出"祸患"（如"灾害"）、"妨碍"（如"危害"）、"杀害"（如"谋害"）等多个意义。这些语义所指多是消极的，令人感到恐惧和厌恶，后衍生出"害怕"义。如：

（64）司马迁："魏相田需死，楚害张仪、犀首、薛公。"（《史记·魏世家》）

此外,"害"的语义逐渐抽象化,进一步与表示某种令人不安的情绪的语素相结合,如现代汉语双音复合词"害怕""害羞""害臊"等,都与消极的心理活动有关系。

"发":"发,躲发也。"(《说文解字·弓部》)"发"即将箭射出去,后该词进一步衍生出"出发""派出""兴起"等义。"兴起"体现了一种从无到有的过程,因此,"发"又进一步发展出"显现""显露"等义,强调事物从隐藏于内转变为显露于外。在现代汉语中,"发"可参与构成"发火""发怒""发愁""发慌""发毛"等"情绪"类双音复合词,均体现了内在情绪感受向外发散的特点。

综上,"沉""得""失""丧""断""伤""害""发"等由具体动作义衍生出更为抽象概括的意义。在现代汉语中,它们的构词能力一般都较强,参与组成的一系列"情绪"类双音复合词也往往具有相似或相关的语义特征。

第三节 本章小结

本章对"情绪"类双音复合词构词语素的语义来源情况进行了分析,对其语素来源范畴进行了概括整理,见表2-1。

表2-1 "情绪"类双音复合词构词语素的来源范畴

情绪范畴		非情绪范畴					
		意念范畴	感觉范畴	事物范畴	性状范畴	活动范畴	其他
喜	快、乐、愉、欢、喜、悦、欣、恢、怡	意、怀	痛、甜	心、蜜	高、满、畅、轻	得、开	兴
怒	愤、怒、慨、恼、懑、忾、愠、嗔	感	—	气、火	—	生、发、上、动、冒、含	—

续表

情绪范畴	非情绪范畴					
	意念范畴	感觉范畴	事物范畴	性状范畴	活动范畴	其他
悲　悲、哀、惨、怆、戚、恸、悱、恻	难、感、迷、神、怀、魂	痛、楚、凄、凉、辛、涩、酸、寒、冷、苦	心、肠	苍	伤、过、煎、熬、断、切、含	—
忧　忧、虑、闷、愁、惆、怅、惘	意	—	心	重、郁、阴	沉、担、发、抑、失、揪、犯	—
惊　惊、讶、诧、愕、骇	—		—	奇、怪	吃、异	
恐　怕、恐、惧、慌、怯、畏、惶、悸、悚	—	寒	胆、心、毛	虚	害、发、丧	—

关于该类词的语素来源情况，我们可得出以下几条结论。

第一，在现代汉语"情绪"类双音复合词的构词语素中，来源于情绪范畴的语素比来源于其他范畴的语素数量多。在我们考察的155个"情绪"类双音复合词中，一共有108个构词语素，其中来源于情绪范畴的语素有46个，占总量的40%以上。这些来源于情绪范畴的语素大多产生时代久远，如"喜""欢""怒""悲""愁""惧""怯""惊"等都已被收录于《说文解字》。

来源于意念范畴、感觉范畴、事物范畴、性状范畴、活动范畴的语素分别为7个、11个、7个、11个、24个。来源于意念范畴、事物范畴、活动范畴的大多数语素本身并不直接表示情绪，而是通过与其他成分的组合以整词的形式表示情绪；与之相反，来源于感觉范畴、性状范畴的语素多直接隐喻为情绪。

在这些感觉范畴的构词语素中，来源于触觉、味觉范畴的语素最多。"五觉"虽都是人体至关重要的生理感觉，但相对于视觉、听觉、嗅觉，触觉与味觉更强调人体的直接参与。触觉是外界事物触压皮肤所产生的感觉，味觉是口腔细胞对食物味道的感知，使人们产生触觉或味觉的事物都与人体直接进行了接触，这与视觉、听觉、嗅觉的产生途径是不同的。因此，在语言发展过程中，表示触觉和味觉的概念更倾向隐喻为情绪。

第二，许多来源于性状范畴、活动范畴的语素是成组存在的，它们在语义上往往具有相对性，由它们参与构成的"情绪"类双音复合词所表示的情绪也多处于对立状态。如"开心"与"揪心"，"得意"与"失意"，"畅快"与"郁闷"，"甜蜜"与"苦涩"，"满意"与"心虚"，等等。它们分别表示不同类别的情绪，体现了"愉快—不愉快"这一情绪维度。

当然，也有不对称的情况。如"寒"表示凄凉、悲伤，但与之相对的"热"常用来指称心理上的温暖、热情，而不一定是喜悦等情绪。词义引申的内在机制源于语言使用者的认知思维，尽管"寒"与"热"的本义都属于温度范畴，但在语义发展过程中，二者采取的是不同的引申路径："寒"使人联想到恐惧、失望、心痛等各类消极情绪；而"热"使人联想到焦灼、激动、积极等情绪，并进一步引申为对别人的态度热情。也正基于此，二者在与"心"组合成词后，也呈现出不同的语义内容，"寒心"指"因失望而痛心"，"热心"指"有热情，有兴趣，肯尽力"。词义的引申途径与词义系统的内部调整有关。"冷"的出现分担了"寒"原有的许多意义，衍生出"对人态度冷漠"等含义。"冷"与"热"语义对立，导致"寒"与"热"呈现出截然不同的语义引申途径和组合特性，进而造成"寒心"与"热心"的语义不对称性。

第三，人们为表达一种情绪可以借助多种主观体验和感受，因此，表示某一类情绪的复合词的构词语素可有多个来源范畴。如在表示"悲"类情绪的双音复合词中，"悲哀""悲惨""悲怆""悲恸""悱侧"等的构词语素都直接来源于情绪范畴，而"痛苦""苦痛""痛楚""酸楚""苦楚""凄楚""凄苦"等词中的"痛""楚"来源于痛觉范畴，"苦""酸"来源于味觉范畴，"凄"来源于触觉范畴等。这些来源于不同范畴的语素错综组合，共同表示该类消极情绪。

尽管来源于非情绪范畴的语素可隐喻为情绪，但其隐喻投射的类别并不均衡。其中，表示"忧"类和"悲"类情绪的语素数量最多，"喜"类和"怒"类次之，"惊"类与"恐"类最少。"忧""悲"两类情绪都属于人类的消极情绪，相对于积极情绪，人们对消极情绪的感受更为敏感，表达欲望也更为强烈。尤其在一些诗文著作中，我们会发现许多表达内心不快与惆怅的语句，有的甚至是"为赋新词强说愁"。为了表达贴切或措辞新颖，这些文学创作会自觉地借用其他范畴概念的词来表达该类情绪。许多作品不断被传唱、流传，有些组合固定下来便成为今天的"忧"类或"悲"类复合词。

第四，表示情绪的双音复合词及其构词语素在语义生成过程中，常受制于人类思维的普遍认知规律。比如人们可借助触觉、味觉、痛觉等生理感觉去表达内心情感。同时，人们也常用表示性状范畴的概念去隐喻心理感受。此外，对情绪的表达又深受我国传统文化的影响。比如我国有着源远流长的饮食文化，"酸""甜""苦""辛"等味觉词都可用来表示人的情绪。另外，将"气"隐喻为"怒"类情绪是受了我国传统阴阳五行学说的影响。将"火"隐喻为"怒"类情绪的语义认知现象虽也存在于英语等其他语言中，但"火"在表示愤怒时还结合了中医文化，现代汉语中的"上火""肝火""心火"等双音复合词也都来源于中医术语。

第三章 "情绪"类双音复合词构词层面的语义组合分析

构词，即在词的层面上语素与语素组合。从语言演变的角度看，汉语的构词过程往往体现为单音节词的组合过程。现代汉语双音复合词不论是由古代汉语的短语等非词形式"降格"词汇化而来，还是在复合词构词规律的影响下由语素组合而成，其内部成分的组合搭配一般都不是任意的，而是具有一定的理据性的。

根据构词语素的语义情况，现代汉语"情绪"类双音复合词大体可分为以下三类：第一类，由两个表示情绪的语素组合而成，这一类词最多，共有100个，如"欢乐""愤怒""悲哀""痛苦"等。这些复合词的两个语素要么直接表示情绪，要么通过引申等方式间接表示情绪，两个语素的地位一般相等，共同表示所构成的复合词的意义。第二类，复合词所表示的情绪义并非由语素义直接体现，而是在整词原有意义的基础上进一步引申发展而来的，这类词共有9个，如"苦涩""沉重""凄凉"等。该类"情绪"类双音复合词的构词语素与所要表达的情绪没有直接关系，但是间接对词义产生了影响。第三类，由一个直接表示情绪的语素与另一个不表示情绪的语素组成，共有46个，如"发怒""生气""害怕"等。"发""生""害"等语素并不表示情绪，它们在复合词中辅助"怒""气""怕"等表示情绪义，强化了词义的动态性。具体到复合词的结构形式，其中前两类体现为并列式结构，后一类体现为主谓式、动宾式等其他结构。

本章我们将分别对并列式"情绪"类双音复合词、非并列式"情绪"类双音复合词的语素组合情况进行考察，以期发现不同结构形式中语素的组合规律及特点。

第一节　并列式"情绪"类双音复合词的语素组合分析

在我们统计的现代汉语"情绪"类双音复合词中，并列式结构的数量最多，共有 106 个。从历时角度考察，现代汉语并列式"情绪"类双音复合词多是由古代汉语的并列短语词汇化而来，且构成并列短语的两个单音节词一般地位相同，意义相近、相关或相对。从共时角度分析，这些并列式"情绪"类复合词构词语素的组合受到了语义来源范畴、语义特征等多种因素的影响。

一　语素来源范畴对语素组合的影响

词的语义范畴是对众多具体词义概括出来的类，同一语义范畴的词在意义上倾向于有一个共同的类别义。根据上一章分析，现代汉语"情绪"类双音复合词的语素来源共涉及两大语义范畴：情绪范畴与非情绪范畴。这些不同的语义范畴对语素组合产生了一定的影响。

通过对"情绪"类双音复合词构词语素来源范畴的观察，我们发现构词语素来源于同一语义范畴的复合词一共有 69 个，在整个并列式"情绪"类双音复合词中约占 65%。其中属于情绪范畴内语素组合的复合词最多，共有 55 个，分别为快乐、愉快、欢乐、喜悦、欢喜、欣喜、欢快、愉悦、欢欣、欢愉、欢悦、喜乐、怡悦、愤怒、愤慨、恼怒、愤懑、愠怒、嗔怒、悲哀、悲惨、悲怆、悲戚、悲恸、悱恻、哀恸、哀戚、忧虑、忧愁、惆怅、怅惘、愁闷、忧闷、惊讶、惊愕、惊诧、惊骇、恐惧、恐慌、畏惧、惶恐、惧怕、畏怯、惶悚、惊喜、忧惧、惊慌、惊惶、惊恐、惊惧、惊悸、忧愤、悲愤、悲愁、哀愁。

另外，感觉范畴内语素组合而成的复合词有 11 个，性状范畴内的语素组合而成的复合词有 2 个，活动范畴内语素组合而成的复合词有 1 个。来源于不同范畴的语素组合而成的复合词共有 37 个。在语言的长期使用过程中，这些来源于不同范畴的语素不断发展，互相影响，形成了多种多样的组合情况。这些组合分别有情绪范畴与事物范畴、情绪范畴与性状范畴、情绪范畴与感觉范畴、情绪范畴与活动范畴、意念范畴与感觉范畴、感觉范畴与性状范畴、感觉范畴与活动范畴、性状范畴与活动范畴等。

来源于情绪范畴的语素组合而成的复合词数量最多，占并列式"情绪"类双音复合词的一半以上。构成这些复合词的语素多表示同一情绪类别，它们在构词中受到了语义特征等多种因素的影响，后文我们将重点讨论，这里不予赘述。本节我们将着重分析情绪范畴语素与非情绪范畴语素的组合情况以及非情绪范畴之间的语素组合情况。

（一）情绪范畴语素与非情绪范畴语素组合情况

在并列式"情绪"类双音复合词的构词语素中，来源于情绪范畴的语素的构词能力较强，可以与来源于性状范畴、感觉范畴、事物范畴、活动范畴的许多语素组合成词，具体有以下组合情况。

1. 情绪范畴语素与事物范畴语素组合

来源于这两个范畴的语素组成的复合词有气愤、恼火、气恼。

这几个词都表示"怒"类情绪，其中来源于客观事物范畴的"气""火"都是通过隐喻的认知方式来指称怒气，与"愤""恼"的语义接近。

2. 情绪范畴语素与性状范畴语素组合

来源于这两个范畴的语素组成的复合词有畅快、轻快、欢畅、忧郁、郁闷、惊奇。

根据上一章分析，作为古代汉语的单音节词，"轻""畅""郁""奇"都表示事物的性状，在后来发展过程中它们的语义发生了变化，逐渐引申指称"喜""忧""惊"等各类情绪。

3. 情绪范畴语素与感觉范畴语素组合

来源于这两个范畴的语素组成的复合词有悲痛、惨痛、悲凉、凄惨、哀痛、凄怆、悲凄、悲酸、苦闷、悲苦、愁苦、苦恼、悲楚。

这些词主要指称"悲"类情绪。其中，"痛""楚"表示痛觉，"凉""凄"表示温度觉，"酸""苦"表示味觉，它们都通过隐喻手段表示情绪。

4. 情绪范畴语素与活动范畴语素组合

来源于这两个范畴的语素组成的复合词有惊异、诧异、骇异、忧伤、悲伤、哀伤、悲切、伤悲。

在这几个词中，来源于活动范畴的语素所隐喻的情绪类别都与其组合对象所指称的情绪类别相同。如"异"与"惊"义相近，表示"惊"类情绪；"伤""切"与"悲"义相近，表示"悲"类情绪；等等。

受语义认知规律的影响，许多来源于非情绪范畴的语素具有可以引申指称情绪的潜在能力，作为古代汉语单音节词时，它们就已经发展出情绪义。这些词与单音节"情绪"类词并列使用，又受到了情绪义的标注而发生"同化作用"，从而可以与之凝固并词汇化，共同表示情绪义。

（二）非情绪范畴语素组合情况

通过上一节的分析可以看到，随着词义的引申发展，许多来源于非情绪范畴的词表示的情绪义在文献中固定下来，逐渐脱离了来源范畴的制约而可以与情绪范畴的词并列使用，其组合逐渐凝固，成为双音节复合词。除此之外，还有一些"情绪"类双音复合词，它们的语素均来源于非情绪范畴。根据语素来源情况，我们将这部分词分为同一范畴的语素组合和不同范畴的语素组合两类情况进行讨论。

1. 同一范畴的语素组合

由来源于同一范畴的语素组合而成的"情绪"类并列式双音复合词主要涉及感觉范畴、性状范畴和活动范畴。因两个构词语素均属于同一个非情绪范畴，许多复合词仍保留着构词语素来源范畴的意义，在现代汉语中体现为一词多义的特点。

（1）感觉范畴内的语素组合

来源于感觉范畴的语素组成的复合词有凄凉、辛酸、凄冷、痛苦、苦涩、苦痛、凄苦、痛楚、酸楚、凄楚、苦楚。

根据上一章分析，随着语言的运用与发展，"苦"表示一种植物（即"苦菜"）的意义已经不再使用，而是与"痛""涩""酸""凄"等组合表示"悲"类情绪，这是在其味觉义的基础上发展而来的。与"苦"相似，"楚"本也表示一种植物（即"荆条"），后逐渐引申表示人的痛觉。该语素表示植物的意义在现代汉语中也已不再使用，它与表示味觉的"酸""苦"、表示痛觉的"痛"、表示温度觉的"凄"组合而成的复合词"酸楚""苦楚""痛楚""凄楚"都只表示情绪义，而不再体现其他语素的原有义。

在现代汉语中，"凄""凉""冷"仍表示温度觉，复合词"凄凉""凄冷"在表示情绪时仍旧保留温度义用以称说环境,如"景物凄凉""凄冷的夜晚"等。"辛""酸""苦"仍表示味觉,其构成的复合词"辛酸""苦涩"也都保留了味觉义,如"辛酸的味道""苦涩的滋味"等。另外,"痛"在现代汉语中依然是表示痛觉的常用词,参与构成的"痛苦""苦痛"在表示"悲"类情绪的同时,仍表示身体的疼痛。

(2)性状范畴内的语素组合

来源于性状范畴的语素组成的复合词有阴郁、奇怪。

"阴""郁"都表示光线阴暗不明,用以引申指称"忧"类情绪;"奇""怪"都表示事物的不同寻常,用以引申指称"惊"类情绪。"阴郁""奇怪"在表示情绪的同时,仍旧保留着语素来源范畴的意义,用以描写客观事物的状态或性质,如"阴郁的天气""奇怪的东西"等。

(3)活动范畴内的语素组合

来源于活动范畴的语素组成的复合词有煎熬。

作为单音节词,"煎""熬"本都表示一种烹饪方式,二者并列使用的情况较多。"煎""熬"经常组合在一起使用,后凝固成词,整词由表示一种烹饪方式逐渐发展出"悲"类情绪义,表示痛苦、忧虑等。如:

(1)李白:"名利徒煎熬,安得闲余步。"(《古风》二十)

2. 不同范畴的语素组合

(1)意念范畴语素与感觉范畴语素组合

来源于这两个范畴的语素组成的复合词有凄迷。

该词的构词语素"凄"属于感觉范畴,表示温度低;"迷"属于意念范畴，义为困惑、迷乱。在现代汉语中，该词既可以表示构词语素所体现出的"凄凉模糊"义，用以描写外界环境，又可以表示这种环境给人带来的悲凉心境。

（2）感觉范畴语素与性状范畴语素组合

来源于这两个范畴的语素组成的复合词有苍凉。

"苍"属于颜色词，表示一种青黑色或灰白色，颜色明度较低；"凉"表示温度较低。"苍""凉"组合，渲染了一种缺乏生机活力的萧瑟氛围。该词表示的意义与"凄凉"义接近，多用在文学作品中，用以形容环境给人的一种悲凉情绪。

（3）感觉范畴语素与活动范畴语素组合

来源于这两个范畴的语素组成的复合词有伤痛、凄切。

"伤"的动作义、"痛"的感觉义在现代汉语中仍存在，二者构成的复合词"伤痛"既可以表示语素本来的意义，即身体上的痛苦；又可以引申表示心理上的痛苦。在现代汉语中，"切"作为动作的意义虽也使用，但其由原义引申表示情绪义这一路径我们很难找寻。"凄切"一词在现代汉语中表示"悲"类情绪，多通过形容声音的凄凉来渲染内心的悲哀。

（4）性状范畴语素与活动范畴语素组合

来源于这两个范畴的语素组成的复合词有沉重、抑郁、沉郁。

根据上一章分析，"沉""抑"表示的动作都体现了一种自上而下的状态，虽属活动范畴，却体现出一种性状特征。它们与表示性状的"重""郁"组合在一起，表示"忧"类情绪。"沉""重"在现代汉语中仍表示事物的分量大，因此，"沉重"一词在表示"忧"类情绪的同时，还保留着原有范畴的意义。

综上，"情绪"类双音复合词的两个构词语素除了可以来源于同一情绪范畴外，还可以来源于两个不同的语义范畴。两个语素之所以能组合成复合词，在很大程度上归因于它们所表内容之间具有某种逻辑关系。如"苍凉"一词，"苍"表示的青色与"凉"表示的寒冷温度都能给人以清冷的感受，尽管它们不属于同类语义范畴，但人们在主观意识中容易将两者联系起来。修辞中的"通感"可作为此类构词现象的佐证。

在表示情绪的同时，许多由来源于非情绪范畴的语素组成的并列式复合词仍继续保留着构词语素来源范畴所体现的意义。我们甚至可以这样认为，这些复合词的情绪义是由整词语义引申而来的，而非由单个语素所赋予的，语素对该类词表示情绪义只起到了间接的影响作用。如"沉重"在现代汉语中仍表示分量大或者程度深，如"箱子很沉重""家庭变故带来沉重的打击"等。同时，该词还引申表示人的心情忧郁、不愉快，如"心情特别沉重"。可见，后者是在前者整体语义的基础之上发展衍生而来的。

当然，在现代汉语中，这些"情绪"类双音复合词也并非全都保留语素来源范畴的意义。我们认为，它们能否继续体现构词语素原有的范畴义，主要取决于两个因素，即在现代汉语中这两个构词语素所承担的意义以及所指概念间的逻辑关系。若两个构词语素在现代汉语中仍保留着来源范畴的意义，且彼此之间有一定的逻辑关系，如"凄冷"中的"凄""冷"在现代汉语中仍旧表示温度，且"凄"与"冷"之间并列的逻辑关系明确，则该复合词既可以表示语素原义，又可以表示情绪义；若复合词中的一个语素发生了变化不再保留原义，如"苦楚"中"楚"的痛觉义已不再使用，或二者虽保留原义但彼此之间的逻辑关系不明晰，如"凄切"中"切"表示动作的意义与"凄"表示温度的意义之间关系模糊，则该复合词只表示情绪义，而不再体现来源范畴的意义。

二 语素义特征对语素组合的影响

组合关系和聚合关系是语言学中一对十分重要的概念。"符号和符号组合起来的关系称为符号的组合关系。""在链条的某一环节上能够互相替换的符号具有某种相同的作用,它们自然地聚集成群。它们彼此的关系叫做聚合关系。"① 语素与语素的组合、词与词的搭配体现为一种组合状态,而构词语素及复合词又会因语法、语义、语用等某些共同特征而聚集在一起,体现为一种聚合关系。

语义类聚中的成员并非一盘散沙,而是有着一定层级性的:"感情"类聚下可分为"情绪"和"情感"两个次类,而"情绪"类聚下又分为"喜"类、"怒"类、"悲"类、"忧"类、"惊"类、"恐"类等不同次类。这些次类层级内部又可根据语义强度、侧重内容等不同维度分为更小的类别。如在古代汉语中,"喜"类词中的成员"欢""快"等属于语义程度较强的类别,而"愉""惬"等则属于语义程度较弱的类别。本节将着重讨论现代汉语并列式"情绪"类双音复合词来源于情绪范畴的构词语素的语义特征,以及语素义特征对语素组合的影响。

(一) 同一义类的语素组合

我们称表示同一语义类别的词组成的聚合为一个"义类",许多并列式"情绪"类双音复合词的两个构词语素来源于同一个义类。如"愤怒"的构词语素"愤""怒"同属于"怒"类,"惆怅"的构词语素"惆""怅"同属于"忧"类,"欢欣"的构词语素"欢""欣"同属于"喜"类,等等,这类组合为同一义类内的语素组合。来源于同

---

① 叶蜚声、徐通锵:《语言学纲要》,北京大学出版社 1997 年版,第 33 页。

一义类的语素组合成词有以下几种情况。

第一，句法中的并列使用。古汉语中单音节词占优势，现代汉语"情绪"类双音复合词的构词语素，在古汉语中多为表示情绪的单音节词。同一义类的词所反映的情绪往往有着紧密联系，彼此意义相关或相近。在句法使用中，属于同一义类的词并列出现的概率较大。如：

(2) 哀而不愁，乐而不荒。(《左传·襄公二十九年》)

(3) 丧乱既平，既安且宁。(《诗经·小雅·棠棣》)

(4) 薛逢："欲识普恩无远近，万方欢忭一声雷。"(《元日楼前观仗》)

随着语言的运用发展，这些短语结构慢慢发生词汇化，一些并列短语逐渐凝固成并列式双音复合词，如"哀愁""安宁""欢忭"等。此外，文献中一些并举的词也容易凝固成双音复合词。如：

(5) 曲直作酸，从革作辛，稼穑作甘。(《尚书·洪范》)

这里"辛"与"酸"相对，"辛酸"一词也是现代汉语中常用的"情绪"类双音复合词。可见，同一义类的语素组合成词与它们作为单音节词时在语言中的具体使用情况有关。句法中的并列结构稳固下来发生词汇化，成为含有两个意义相同或相近的构词语素的并列式复合词，如"愉快""喜悦""忧愁""惆怅""惧怕"等。

第二，训诂中的"同义为训"。在古汉语中，意义相近的两个单音节词往往能够互相训释，古代字书中采用互训方式进行释义的例子比比皆是。如见于《说文解字》的"煎，熬也""惶，恐也""愁，忧也"等。张世禄曾提出，训诂学的"同义为训"与"同义并行复合词"具有紧密关系，"构词上的'化单为复'，把构词成分结合起来，实际就象训诂上训释词和被训释词的关系一样，有互相注释的作用"①。许德楠也指出，"汉语词语的意义系统，是一个封闭系统"，"系统的封闭性要求词的'双音化'和'四音式'的若干环节，语素义、词义有某种自我补助功能"。② 我们认为，这种词义的"自我补助功能"是产生并列式双音复合词的一个重要原因。该方式既可以满足扩大词义信息量、避免同音词干扰的要求，又可以保证复合词的词义纯正，减少多余信息甚至是干扰信息的掺入。

在现代汉语"情绪"类双音复合词中，由同一义类的语素构成的"情绪"类双音复合词占了多数。该类词的词义与语素义的关系可简单概括为"词义≈语素义1≈语素义2"。

在现代汉语视角下，"情绪"类双音复合词中来源于同一情绪类别的若干语素在意义上差别并不明显，组合方式也比较随意。但在古汉语中，这些语素作为单音节词在语义特征、语体色彩、搭配对象、适用语境等方面却存在诸多不同。为充分研究，我们分别对"喜""怒""悲""忧""惊""恐"6类双音复合词及其构词语素的意义进行分析讨论。

1. "喜"类复合词的语素及其组合情况

当外界情景或客观事物满足主体的需求或愿望时，人们内心会产生一种积极、肯定的情绪，即"喜"类情绪。现代汉语"喜"类并列式双音复合词共有16个，分别为快乐、愉快、欢乐、喜悦、欢喜、欣喜、欢快、愉悦、畅快、欢欣、欢愉、欢悦、欢畅、喜乐、怡悦、轻快。

这些复合词的构词语素"欢""乐""欣""畅""喜"等的核心

① 张世禄：《"同义为训"与"同义并行复合词"的产生》，载张世禄《张世禄语言学论文集》，学林出版社1984年版，第554页。
② 许德楠：《并列式词语在构词中的自补自注功能》，《语言教学与研究》2000年第2期。

意义都与"喜"类情绪有关。但在古汉语中，这些语素作为单音节词使用时，其语义强度、表现形式、侧重内容等却有所不同，彼此的组合情况也各有差异。

（1）"喜"类复合词语素的语义特征

构成"喜"类并列式双音复合词的语素有 10 个，它们分别为欢、喜、乐、欣、快、悦、愉、怡、畅、轻。作为单音节词时，它们表示的"喜"类情绪各有侧重，我们分别予以分析。

"欢"："欢，喜乐也。"（《说文解字·欠部》）"欢"（歡）与"嘩"（讙）同源，二者音同义通。"讙，譁也。"（《说文解字·言部》）"讙，众声也。"（《篇海类编·人事类·言部》）"嘩"含有众人喧嘩之义。如：

（6）荀子："此君义信乎人矣，通于四海，则天下应之如嘩。"杨倞注："嘩，喧也。言声齐应之也。"①

与"嘩"意义相通的"欢"侧重指众人的一种快乐的情绪状态，体现为若干人集体性的热烈欢呼。如：

（7）杜甫："安得广厦千万间，大庇天下寒士俱欢颜，风雨不动安如山。"（《茅屋为秋风所破歌》）

（8）潘岳："乐声发而尽室欢，悲音奏而列坐泣。"（《笙赋》）

上述二例中"欢"的主体分别是"天下寒士"和"尽室"（之人）。"欢"突出的是一种集体性的表现，所表示的愉快程度较高，体现为一种外扬的、抑制不住的情绪状态。现代汉语"欢聚一堂""欢天

---

① （清）王先谦撰，沈啸寰、王星贤点校：《荀子集解》卷 4《儒效》，中华书局 1988 年版，上册，第 120 页。

喜地"等成语体现的也是该类语义。综上，"欢"突出的语义特征为〔+积极〕〔+集体〕〔+外显〕〔+程度高〕①。

"喜"："喜，乐也。从壴，从口"。"歖，古文喜从欠，与欢同。"（《说文解字·喜部》）朱骏声注："闻乐则乐，故从壴；乐形于谭笑，故从口。"② "喜"的义域较广，一方面体现了内心的愉快感受。如：

（9）菁菁者莪，在彼中沚。既见君子，我心则喜。（《诗经·小雅·菁菁者莪》）

（10）孟子："子路，人告之以有过则喜。"（《孟子·公孙丑》上）

另一方面凸显了情绪的外在表现状态，表示流露在外、使别人能够明显觉察到的快乐。如：

（11）杜甫："却看妻子愁何在，漫卷诗书喜欲狂。"（《闻官军收河南河北》）

现代汉语"喜上眉梢""喜形于色"中的"喜"强调的便是喜悦情绪的外在表现状态。因此，"喜"在表示情绪时突出的语义特征可概括为〔+积极〕〔+表情〕〔+外显〕。

"乐"："乐"的本义是音乐，"乐，五声八音总名。"（《说文解字·木部》）古代行礼、祭祀要奏乐，音乐能使人受到感染，引起内心的强烈共鸣，因此，表乐器之"乐"逐渐有了"哀乐"之"乐"义，

---

① 为展现同一"情绪"类词内各语素（词）的异同，在分析语义特征时，我们侧重于每个语素（词）与同类语素（词）的区别性特征，而不再将其所属的情绪类别——罗列出来，因此，这里不标记〔+情绪〕〔+喜悦〕等概念性的语义特征，下同。

② （清）朱骏声：《说文通训定声》卷5《颐部》，武汉市古籍书店1983年影印本，第180页。

侧重指由外界事物引起的内心愉快感受，表示的愉快程度较高。如：

（12）子曰："有朋自远方来，不亦乐乎！"（《论语·学而》）

在这里，人因朋友从远方来而内心快乐。又因乐声由乐器外扬，故"乐"引申出的"哀乐"之"乐"又兼有外露、外泄之义。如：

（13）孟子："曰：'独乐乐，与人乐乐，孰乐？'曰：'不若与人。'曰：'与少乐乐，与众乐乐，孰乐？'曰：'不若与众。'"（《孟子·梁惠王》下）

这里梁惠王的"不若与人""不若与众"之答，可折射出"乐"体现出的外在特征。现代汉语中"乐"还衍生出"笑"的用法，是上述语义的进一步发展。综上，"乐"突出的语义特征为［＋积极］［＋外显］［＋程度高］。

欣："欣，笑喜也。从欠，斤声。"（《说文解字·欠部》）"笑喜"指因喜而笑，笑中含喜，侧重指一种喜悦表情。"欣"与"熙""嬉""僖""娭"是一组同源词①，语义上十分接近。如：

（14）众人熙熙，如享太牢，如春登台。（《老子》第二十章）
（15）嬉，戏也，游也。（《正字通·女部》）
（16）僖，乐也，戏也，笑也。（《龙龛手镜·人部》）
（17）娭，戏也。（《说文解字·女部》）

上述几个词都具有"嬉戏"的词源义。嬉戏时的欢乐是外露张扬的，体现为情绪的外在表现形式。"欣"在使用时常以"欣然"的形

---

① 王力：《同源字典》，商务印书馆1982年版，第88页。

式出现，且多与表示"笑"或"笑脸"的词语连用。如：

（18）孟子："百姓闻王钟鼓之声、管籥之音，举<u>欣欣然</u>有喜色而相告曰……"（《孟子·梁惠王》下）

（19）班固："及壮，坐法黥。布<u>欣然</u>笑曰：'人相我当刑而王，几是乎？'"（《汉书·黥布传》）

"欣"的这些用法都凸显了人因心情快乐而展现出的心满意足、眉开眼笑的表情状态。因此，"欣"突出的语义特征可概括为［＋积极］［＋表情］［＋外显］。

"快₁"①："快，喜也。从心，夬声。"（《说文解字·心部》）谷衍奎指出："（快）篆文从心，从夬（钩弦射箭），会心气畅行之意。……本义当为心气畅行，舒畅。"② "快₁"在表示喜悦义时突出了内心的舒畅、通达，表示的愉快程度较高。如：

（20）孟子："抑王兴甲兵，危士臣，构怨于诸侯，然后<u>快</u>于心与？"（《孟子·梁惠王》上）

（21）范晔："凡举事无为亲厚者所痛，而为见仇者所<u>快</u>。"（《后汉书·朱冯虞郑周列传》）

这两例中的"快₁"都侧重表达了人们发自内心的痛快舒畅。现代汉语"拍手称快""大快人心"中的"快"侧重体现的也是该特征。综上所述，"快₁"的语义特征可概括为［＋积极］［＋内在］［＋程度高］。

---

① 在"喜"类双音复合词中，"快"是一个多义语素，"快乐"之"快"与"轻快"之"快"的具体所指不同，在分析中，我们将其分别记为"快₁""快₂"。

② 谷衍奎编：《汉字源流字典》，语文出版社2008年版，第507页。

"悦"："悦"最初写作"说"，是"说"的分化字。"说，说释也。"（《说文解字·言部》）段玉裁注："说释，即悦怿。说、悦，释、怿，皆古今字。许书无悦怿二字也。说释者，开解之意，故为喜悦。"①"说"有劝说别人之义，为人——分解以致明晰，闻见之者豁然，遂心喜，故"说释"犹"悦怿"。因此，"说"（悦）侧重表示被别人的言辞说服、感动。如：

（22）秦伯说，与郑人盟。（《左传·僖公三十年》）

秦伯"悦"乃烛之武劝说的结果，成语"心悦诚服"之"悦"即为此义。由于"悦"（说）最初表示因言语、说解而喜悦，后虽意义扩大，表示对人或物的喜悦，但表示的愉快程度没有"欢""乐"等高，侧重指因与外界事物产生共鸣而心中满意。如：

（23）司马迁："书奏，二世悦。"（《史记·李斯列传》）

（24）子兴以上无所献，颇不悦，故谗言得以间之。（《明实录·明太祖高皇帝实录》）

例（23）秦二世喜悦的原因是看到李斯的奏疏，例（24）郭子兴不悦是因为"上无所献"。总之，"悦"突出的语义特征可概括为［＋积极］［＋内在］［－程度高］。

"愉"："愉，薄也。从心，俞声。《论语》曰：'私觌，愉愉如也。'"（《说文解字·心部》）段玉裁注："《论语》郑注云：'愉愉，容色和也。'正薄乐之义。"②"愉"与"忧"对举相反。如：

---

① （汉）许慎撰，（清）段玉裁注：《说文解字注》三篇上《言部》，上海古籍出版社1988年版，第93页。
② （汉）许慎撰，（清）段玉裁注：《说文解字注》十篇下《心部》，上海古籍出版社1988年版，第509页。

(25) 荀子："说豫娩泽，忧戚萃恶，是吉凶忧愉之情发于颜色者也。"(《荀子·礼论》)

"愉"侧重表示一种安恬闲适的情绪。"愉，乐也。"(《尔雅·释诂》)邢昺疏："愉者，安闲之乐也。"[1] "愉，颜色和悦貌。"(《字汇·心部》) 常用来形容人的表情。如：

(26) 孝子之有深爱者，必有和气；有和气者，必有愉色；有愉色者，必有婉容。(《礼记·祭义》)

可见，"愉"所表现的"喜"类情绪不像"欢""乐"那样富有强烈的外在表现力，而是平和舒适、和颜悦色的。综上，"愉"突出的语义特征为 [+积极] [+内在] [+表情] [-程度高]。

"怡"："怡"倾向于指一种平和舒畅的心境。"怡，和也。"(《说文解字·心部》) "怡，悦也，乐也。"(《玉篇·心部》) 成语"怡然自得""心旷神怡"等都体现了这种愉快、舒适的心情。"怡"侧重表现人们和颜悦色的表情状态。如：

(27) 子曰："切切偲偲，怡怡如也，可谓士矣。朋友切切偲偲，兄弟怡怡。"马融注："怡怡，和顺之貌。"[2]

可见，"怡"突出的语义特征与"愉"相似，可概括为 [+积极] [+内在] [+表情] [-程度高]。

"畅"："畅"原本并不表示情绪义，它的情绪义是通过隐喻的认

---

① 《十三经注疏》整理委员会整理，李学勤主编：《十三经注疏（标点本）·尔雅注疏》卷1《释诂》第一，北京大学出版社1999年版，第14页。
② 程树德撰，程俊英、蒋见元点校：《论语集释》卷27《子路》下，中华书局1990年版，第三册，第942页。

知手段产生的。"畅,达也,通也。"(《玉篇·申部》)"畅"由"畅通"义逐渐衍生出"舒畅""欢快"义。如:

(28)薛戎:"悠然畅心目,万虑一时销。"(《游烂柯山》)

"畅""长""涨""漾""蔼"等属于一组同源词,"长"指空间距离长,"涨"表示水向上涨,"漾"表示水源远流长,"蔼"表示植被茂盛,它们都含有"不受限制"的深层意义。王凤阳认为,"畅"所表达的多是人的心境,形容摆脱掉委屈郁结、不称心、不痛快的处境或情绪,人的内心得以自由发挥和尽情延展①,这与其"不受限制"的词源意义是一致的。可知,"畅"所表达的"喜"类情绪多表现为无拘无束、自由放松的状态,表示的愉快程度较高,体现了内心酣畅痛快的感觉。"畅"突出的语义特征可概括为〔+积极〕〔+内在〕〔+程度高〕。

"轻":"轻,轻车也。"(《说文解字·车部》)段玉裁注:"轻本车名,故字从车。引申为凡轻重之轻。"②在语义发展过程中,"轻"并未衍生出情绪义,而是侧重指行动灵巧轻便,用力小。因此,与其他表示"喜"类情绪的语素相区别,该语素的语义特征可概括为〔-情绪〕〔+力度小〕。

"快₂":根据上文分析,"快"本用来表示人的情绪,指心情的高兴、畅快。约在南北朝时期,"快"转指"迅速"义,与"疾"义相近。如:

(29)此马虽快,然力薄不堪苦行。(《晋书·王湛传》)

---

① 王凤阳:《古辞辨》,吉林文史出版社 1993 年版,第 808 页。
② (汉)许慎撰,(清)段玉裁注:《说文解字注》十四篇上《车部》,上海古籍出版社 1988 年版,第 721 页。

与"快$_1$"的本义相区别,我们将该义记作"快$_2$",其语义特征可概括为 [−情绪] [＋迅速]。

总体来看,以上构词语素作为单音节词在表现"喜"类情绪时,其语义强度、凸显特征等异中有同、同中有异。许多语素存在某一共同的语义特征,如"欢""喜""乐"突出人们喜悦情绪的外在表现;"喜""欣""愉""怡"侧重强调人们喜悦时的表情状态;"快$_1$""悦""畅"侧重指人们喜悦时的内心感受;"欢""快$_1$""畅"表示的愉快程度较高,而"愉""怡"表示内心平和适意,程度较低;"轻""快$_2$"本身不表情绪义;等等。

(2)"喜"类复合词的语素组合

依据上文对"喜"类复合词构词语素语义特征的分析,我们考察的这16个"喜"类并列式双音复合词的语素组合情况大致可分为两大类:一类是由具有某一相同语义特征的语素组合成的复合词,另一类是由具有不同语义特征的语素组合成的复合词。

第一类:语义特征相同的语素组合而成的词

a. 具有 [＋外显] 特征的语素构词

具有 [＋外显] 语义特征的语素有"欢""喜""欣""乐"等,它们参与构成了5个"情绪"类双音复合词:"欢喜""欢乐""欢欣""欣喜""喜乐"。受构词语素的影响,这几个词在表达"喜"类情绪时大多突出表现了 [＋外显] 这一特征。

"欢"除具有 [＋程度高] [＋外显] 这一语义特征外,还具有 [＋集体] 的特征。受此影响,其参与构成的复合词"欢乐""欢喜""欢欣"一方面突出喜悦时眉飞色舞、手舞足蹈的外在表现,另一方面侧重指参与的主体众多,营造出一种热闹欢乐的场面或氛围,具有 [＋积极] [＋集体] [＋程度高] 的特点。如:

（30）孙中山此时所在的上海，完全变成了一片欢乐的海洋。

（31）全国人民都得到太子布施的深恩厚德，口碑载道，皆大欢喜。

（32）台湾同胞鸣放鞭炮，欢欣鼓舞，祭告祖先，庆祝回归祖国怀抱的伟大胜利。

在体现［＋外显］这一语义特征的同时，"欣""喜"还着重表现了［＋表情］这一特征。受此影响，"欣喜""欢喜"在表现愉悦感受时，侧重于人们喜悦的外在表现状态。如：

（33）战争结束的喜讯传到阿塔曼村，人们欣喜若狂，雀跃欢呼，互相亲吻拥抱，载歌载舞，庆祝胜利。

"喜乐"一词的书面语色彩较浓，使用频率较低，通过对语料的考察，我们发现该词的适用范围较为狭窄，具有一定的宗教色彩。如：

（34）你们不要忧愁，因靠耶和华而得的喜乐是你们的力量。

另外，该词主要用以指称"喜"类情绪，构词语素［＋外显］［＋表情］的语义特征表现得不够明显。

b. 具有［＋程度高］特征的语素构词

具有［＋程度高］语义特征的语素有"欢""畅""快$_1$""乐"，它们参与构成的"情绪"类双音复合词有"畅快""欢畅""欢快""欢乐""快乐"等。在表达"喜"类情绪时，这几个词也体现了［＋程度高］这一语义特征。

在复合词"欢畅"中，"欢"的［＋集体］的语义特征被消解，而"畅"［＋内在］的语义特征得到了彰显，整词表现出［＋积极］［＋内在］［＋程度高］的语义特点，而不局限于描写集体性的行为状态。如：

(35) 她心中<u>欢畅</u>而激动，整个面庞都发起光来。

与"欢畅"语义相近，"畅快"表示的愉快程度也较高，多指一种没有掩饰的痛快、舒服的心理感受，展现出［＋积极］［＋内在］［＋程度高］的语义特征。如：

(36) 顾客心里如同喝了蜂蜜一般，<u>畅快</u>无比，欢天喜地地去了。

"快乐""欢快"也具有［＋积极］［＋内在］［＋程度高］的语义特征。"快乐"是现代汉语中"喜"类情绪的核心词，义域较广，多用来指称该类情绪。该词既可以用来修饰人，也可以用来修饰令人愉快的事物；既可以表达内在的畅快心情，也可以表达外在的状态。与之不同，"欢快"的适用范围有限，侧重修饰让人心情舒畅的事物或氛围，如旋律、节奏、乐曲等。如：

(37) 我觉得<u>快乐</u>是相对的，绝对的<u>快乐</u>只有在小说或者虚幻的东西里面才有。

(38) 踏着<u>欢快</u>的鼓点，一位身着紧身蓝裙的埃及姑娘飘然出场。

c. 具有［－程度高］特征的语素构词

"愉悦""怡悦"二词由"愉""悦""怡"3个语素参与构成。这3个语素在表达"喜"类情绪时，都体现了［－程度高］这一特征，多强调内心平和舒适的心情，所指情绪持续时间一般都较长。

受构词语素的影响，"怡悦"多用于书面语，指一种满足的、快乐的心境，重点突出主体的内在体验，表现出［＋积极］［＋内在］［－程度高］的语义特点。如：

（39）展卷读了这两行，不由莞尔一笑，为之心情怡悦，很愿意把整个夜晚的余暇，消融在这本书上了。

"愉悦"侧重指内心平和舒适的快乐体验，其书面语色彩较淡，与"怡悦"相比，该词表现的快乐程度要更高一些。如：

（40）有教养的女人是令人尊敬的，让人愉悦的，使人感到如沐春风。

d. 具有［－情绪］特征的语素构词

复合词"轻快"的构词语素"轻"与"快₂"都不表示"喜"类情绪，"轻"指行动灵巧轻便、用力小，"快₂"表示速度迅速。"轻快"一词本指动作不费力气，后在此基础上衍生出轻松愉快义。因此，"轻快"一词在表示"喜"类情绪时对语境的依赖性较强，侧重从修饰肢体动作或节奏旋律的角度来表现主体的愉快心情。如：

（41）士兵度过愉快的周末尚在酣睡，电台播送着轻快的音乐，一切都是那么和谐宁静。

第二类：语义特征不同的语素组合而成的词

由不同语义特征的语素组成的"喜"类并列式双音复合词主要有"愉快""喜悦""欢愉""欢悦"4个。其中"悦""愉"着重体现内心的一种舒适感受，表示的愉快程度较低；而"欢"突出众人喜悦的氛围，"快"展现出内心的痛快舒畅，二者表示的愉快程度都较高。

"喜悦""愉快"两个词在现代汉语中的使用频率较高，常在口语中使用。在表达特点上，"喜悦"突出"悦"所侧重的内心开释的感受，"喜"的［＋表情］［＋外显］的语义特征并不明显。"愉快"

突出"愉"所侧重的平和舒适的感觉,"快₁"的[＋内在][＋程度高]的语义特征也不明显,整词侧重表达一种内心平和适中的情绪体验。

"欢愉""欢悦"两个词在现代汉语中的使用频率较低,具有浓厚的书面语色彩。与"喜悦""愉快"相似,在表达特点上,"欢愉""欢悦"中"欢"的[＋外显][＋程度高]的语义特征不够突出。"欢愉"一词突出了"愉"所侧重的平和舒适的情绪体验;"欢悦"一词突出了"悦"所侧重的内心开释的感受。

2. "怒"类复合词的语素及其组合情况

"怒"类情绪是一种消极情绪,产生的原因有多种,个人愿望得不到实现、事业发展受到阻碍、自身受到贬低或不敬等都会产生愤怒情绪。现代汉语"怒"类并列式双音复合词有 9 个,分别为愤怒、愤慨、嗔怒、愤懑、气恼、气愤、恼火、恼怒、愠怒。

(1) "怒"类复合词语素的语义特征

构成"怒"类并列式双音复合词的语素有 9 个,分别为懑、愤、怒、气、慨、恼、火、愠、嗔。这些语素的核心意义都与"怒"有关,但作为单音节词使用时,它们在语义强度、语义侧重等方面有所不同,我们分别予以分析。

"懑":"愤""闷""烦""懑""满"等同源,这几个词都具有"内部充塞不通"的深层义。其中,"愤""懑""闷""烦"经常用来互训,如:"愤,懑也。"(《说文解字·心部》)"闷,懑也。"(《说文解字·心部》)"烦,愤闷,烦乱也。"(《玉篇·页部》)它们都含有愤懑之情郁结于心的语义特点。根据上章分析可知,"闷"既指生理感觉上的呼吸不畅、憋闷窒息,又指心理感觉上的烦恼、委屈不得发泄。"懑"所表示的情绪感受与"闷"所指的心理感觉相似。"懑,烦也。从心,从满。"(《说文解字·心部》)段玉裁注:"烦者,热头痛也。

引申之，凡心闷皆为烦。"① 烦闷积聚到一定程度会转变成一种愤怒情绪，因此，"懣"又进一步指烦躁愤怒之情积于心中。如：

（42）庄忌："幽独转而不寐兮，惟烦懣而盈匈。"（《楚辞·哀时命》）

综上，"懣"的语义特征可概括为［－积极］［＋内在］［＋程度高］。

"怒"："怒，恚也。"（《说文解字·心部》）即生气、愤怒。"怒"在单独使用时凸显了愤怒情绪引起的外在表现，多形容人生气时的样子。如：

（43）阿母得闻之，槌床便大怒。（《玉台新咏·古诗为焦仲卿妻作》）

（44）刘安："人之性，有侵犯则怒，怒则血充，血充则气激，气激则发怒，发怒则有所释憾矣。"（《淮南子·本经训》）

例（43）中"阿母"大怒的表现是"槌床"，例（44）中"释憾"是"发怒"后的举动。通过这些怒后表现也可看出，"怒"表示的愤怒程度十分强烈。如：

（45）司马迁："相如因持璧却立，倚柱，怒发上冲冠。"（《史记·廉颇蔺相如列传》）

此例夸张地表示怒气可以使头发竖立。"怒"倾向于指人的情绪冲动、火气强盛，后逐渐引申表示一种雷霆大发、不可遏制的磅礴气势。如：

---

① （汉）许慎撰，（清）段玉裁注：《说文解字注》十篇下《心部》，上海古籍出版社1988年版，第512页。

（46）庄子："春雨日时，草木<u>怒</u>生。"（《庄子·外物》）

"鲜衣怒马""百花怒放"等词体现的也都是"怒"含有的这种旺盛气势义。总体来看，"怒"的语义特征可概括为［－积极］［＋外显］［＋程度高］。

"愤"："愤，懑也。"（《说文解字·心部》）"愤"最初与"懑"义接近，表示"郁结于心"。郁结在心的情绪有多种，不一定都是愤怒。如：

（47）子曰："不<u>愤</u>不启，不悱不发。"朱熹注："愤者，心求通而未得之意。"①

此例中的"愤"指的是内心百思不得其解的堵塞感。后来"愤"特指郁结在心中的怒气。如：

（48）孔稚珪："风云凄其带<u>愤</u>，石泉咽而下怆。"（《北山移文》）

受本义的影响，"愤"与"怒"表示的"怒"类情绪特征不同，"愤"是隐而不发的。如：

（49）陈子昂："徒手奋呼谁救哉？含<u>愤</u>抗怒志未回。"（《国殇文》）

尽管"愤"表示的怒气隐而不发，其愤怒程度却十分强烈。如：

---

① 程树德撰，程俊英、蒋见元点校：《论语集释》卷13《述而》上，中华书局1990年版，第二册，第449页。

（50）宋玉："壮士<u>愤</u>兮绝天维，北斗戾兮太山夷。"（《大言赋》）

"愤"而"绝天维"，可见其程度强烈。综上，"愤"的语义特征可概括为［－积极］［＋内在］［＋程度高］。

"慨"："慨，忼慨，壮士不得志也。"（《说文解字·心部》）"慨"侧重指因心中不平、不得志而激昂、愤激。如：

（51）潘岳："于是染翰操纸，<u>慨</u>然而赋。"李善注："《字林》曰：慨，壮士不得志也。"[①]

"慨"表示的愤怒之情较为强烈，常促使人通过一定手段加以发泄。如：

（52）司马迁："（郭解）少时阴贼，<u>慨</u>不快意，身所杀甚众。"（《史记·游侠列传》）

此例中郭解"慨不快意"的发泄方式是"身所杀甚众"。由上，"慨"的语义特征可概括为［－积极］［＋不得志］［＋外显］［＋程度高］。

"恼"："'恼'同'嫐'，'嫐'，今作'恼'。"（《正字通·女部》）"恼"本身既可表示烦恼的情绪，如：

（53）将终，曾无痛<u>恼</u>，但西向坐，正念，云"一切空寂"。（《陈书·姚察传》）

---

① （晋）潘岳：《秋兴赋（并序）》，载（梁）萧统编，（唐）李善注《文选》卷13，上海古籍出版社1986年版，第2册，第586页。

又可表示愤怒的情绪，如：

（54）我忍不住恼怒，一杖打死，原是一个猴精。（《西游记》第五十八回）

总体而言，"恼"特指郁结在心的一种不满情绪，强调内心的不舒服或不畅快，一般还达不到失控爆发的程度，这一点与"愤"相似。但"恼"表示的愤怒程度没有"愤""怒"等强烈，现代汉语"恼羞成怒"一词体现了由"恼"到"怒"的情绪变化。可知，在情绪的程度量级上，"恼"是次于"怒"的。"恼"的语义特征可概括为［－积极］［＋烦恼］［＋内在］［－程度高］。

"愠"："愠，怒也。"（《说文解字·心部》）"愠，恚也，怒也，恨怨也。"（《四声篇海·心部》）"愠"侧重指内心的不满和不平，这种不满的情绪或存于内心，或显露在脸色上，但还未达到爆发的程度。如：

（55）司马迁："草创未就，会遭此祸，惜其不成，是以就极刑而无愠色。"（《报任安书》）

这里"无愠色"，并非指不愤怒，而是指将愤怒之情隐于内心，不去表露。"愠"侧重指包孕于内心的不满情绪，其表示的愤怒程度较低。如：

（56）子曰："人不知而不愠，不亦君子乎。"《朱子语类》："不愠不是大怒，心中略有不平之意便是愠。"①

---

① 程树德撰，程俊英、蒋见元点校：《论语集释》卷1《学而》上，中华书局1990年版，第一册，第9页。

综上，"愠"的语义特征可概括为 ［－积极］［＋不满］［＋内在］ ［－程度高］。

"嗔"："嗔""謓"是一组异体字，意义相同。"嗔，盛气也。" （《说文解字·口部》）段玉裁注："嗔，今俗以为謓恚字。"① "謓，恚 也。"（《说文解字·言部》）与"嗔""謓"同源的一个词是"瞋"。 "瞋"表示发怒时瞪大眼睛的样子，"嗔"（謓）表示愤怒时语气强盛 的状态，都含有"盛大"的深层义。因此，"嗔"在表现"怒"类情 绪时，突出愤怒情绪引发的外在表现，表示的愤怒程度十分强烈。如：

（57）公主自向官前，见其嫂嫂怒气嗔嗔，二人对与争吵。 （《明成化说唱词话丛刊·石郎驸马传》）

"嗔"的语义特征可概括为 ［－积极］［＋外显］［＋程度高］。

"气"：根据上一章分析，"气"通过隐喻手段表示"怒"类情绪。 "气"本指一种抽象事物，具有从容器中向上、向外冲的抽象特征。因 此，在表示"怒"类情绪时，"气"也突出愤怒之情欲从内心向上、 向外发泄的状态。其语义特征可概括为 ［－积极］［＋外显］［＋程度 高］。

"火"：与"气"相似，"火"也是通过隐喻的认知手段表示"怒" 类情绪。"火"具有熊熊燃烧、发光发热的特点，体现为一种热烈躁动 的气势。因此，"火"表示的愤怒情绪十分强烈，突出表现了人在愤怒 情绪下焦灼、暴躁的感受及欲将心中愤怒发泄出来的状态。如：

（58）李群玉："中夜恨火来，焚烧九回肠。"（《自澧浦东游

---

① （汉）许慎撰，（清）段玉裁注：《说文解字注》二篇上《口部》，上海古籍出版社 1988年版，第58页。

江表，途出巴丘，投员外从公虞》）

"火"的语义特征也可概括为［－积极］［＋外显］［＋程度高］。

总体来看，构成"怒"类并列式双音复合词的语素在单独使用时可根据不同的语义特征组成不同的类别："愤""怒""恼""懑""慨"等直接表示"怒"类情绪，而"气""火"通过隐喻的认知手段表示情绪。在表现情绪的强度上，"愤""怒""火""慨""懑""嗔""气"表示的程度量级较高；"恼""愠"表示的程度量级较低。在情绪的表露方式上，"怒""慨""嗔""气""火"等突出人们发怒时的外在表现；而"懑""愤""恼""愠"等则强调人们愤怒时的内心感受。

（2）"怒"类复合词的语素组合

依据构词语素的语义特征，我们也将"怒"类并列式双音复合词分为两大类：一类由具有某一相同语义特征的语素组合而成，另一类由不同语义特征的语素组合而成。

第一类：语义特征相同的语素组合而成的词

a. 具有［＋程度高］特征的语素构词

"愤""怒""慨""嗔""懑"在表示"怒"类情绪时都具有［＋程度高］这一语义特征，它们组成的复合词有"愤怒""气愤""愤懑""嗔怒""愤慨"等。

"愤怒""气愤"是典型的"怒"类情绪词。在独立使用时，"怒""气"与"愤"的语义侧重点不同，"怒""气"侧重体现［＋外显］的语义特征，而"愤"表现为［＋内在］的语义特征。受构词语素彼此制约的影响，复合词"愤怒""气愤"不过分突出［＋外显］或［＋内在］的语义特征，义域较广，成为表示"怒"类情绪的范畴化词。

"愤懑"倾向于指人因感到不满而内心抑郁不平，这种愤怒之情非常强烈，是怒气憋在心中即将爆发还未发的一种心理状态。因此，"愤懑"体现出［－积极］［＋内在］［＋程度高］的语义特征。如：

（59）大革命失败后，他编《战线》，满腔愤懑无处发泄，篇篇补白都成了对敌人的有力控诉。

与"愤""懑"不同，"嗔""怒"还突出了［＋外显］的语义特征。受此影响，"嗔怒"侧重指对愤怒情绪的发泄，尤其体现为言语的责骂、埋怨等。如：

（60）郁青青的脸一下子红了，嗔怒道："胡说什么。不该你管的事儿不要乱插嘴！"

在"愤慨"一词中，"愤"的［＋内在］的语义特征有所削弱，而"慨"的［＋外显］特征得到了突出，整词所指的愤怒程度较为强烈，且多形容主体通过语言等形式来发泄心中不满，针对的对象多为社会、政治行为等。如：

（61）中国政府和人民对此表示极大愤慨，并向美国政府提出强烈抗议。

b. 具有［－程度高］特征的语素构词

"气恼"的构词语素"气""恼"在表示"怒"类情绪时都具有［－程度高］的语义特征，受此影响，与"愤怒""气愤"等相比，该词表示的愤怒程度较低。此外，受到"恼"的［＋内在］［＋烦恼］的语义特征的影响，"气恼"在表示"怒"类情绪时还隐含内心烦躁的意味。如：

（62）他本来要开口，但又<u>气恼</u>地摇摇头，一言不发地转身站在坦尼斯身边。

第二类：语义特征不同的语素组合而成的词

由不同语义特征的语素组成的"怒"类并列式双音复合词主要有"恼火""恼怒""愠怒"。每个复合词的构词语素都体现了［＋外显］［＋程度高］与［＋内在］［－程度高］的对立。

与"气恼"相比，"恼火""恼怒"表示的愤怒程度更强烈一些，烦恼中带有怒气。"愠怒"表示的愤怒程度也较强，在口语中很少使用，其书面语色彩较浓，经常出现在一些现代作品和翻译作品中。如：

（63）译员施密特暗想，这下元首可能会沉默不语并暗暗<u>愠怒</u>了。

3. "悲"类复合词的语素及其组合情况

当面对现实生活中的挫折、穷苦、疾病、死亡等不幸时，或心理预期不能实现、自身需求得不到满足时，人们内心往往会产生悲伤的情绪。"悲"类情绪是典型的消极情绪。怀有"悲"类情绪的人对现实失望悲观，内心渴望倾诉和发泄。因此，表达该类情绪的词是所有"情绪"类词中数量最多的一类。我们考察的现代汉语"悲"类并列式双音复合词共有 38 个，分别是痛苦、悲哀、悲痛、悲惨、凄凉、悲伤、苦涩、苦痛、辛酸、煎熬、惨痛、苍凉、悲凉、凄惨、痛楚、伤痛、悲怆、酸楚、哀伤、苦楚、凄楚、悲苦、哀痛、凄苦、悲戚、悲恸、凄怆、悲切、凄迷、悱恻、凄切、悲凄、悲酸、哀恸、哀戚、悲楚、凄冷、伤悲。

（1）"悲"类复合词语素的语义特征

构成"悲"类并列式双音复合词的语素有 23 个，根据其来源情况，可将它们分为两类。

一类是直接表示"悲"类情绪的语素，分别为悲、哀、惨、怆、戚、恸、悱、恻。

一类是通过引申等间接方式表示"悲"类情绪的语素，分别为凄、凉、冷、辛、酸、苦、楚、煎、熬、痛、伤、切、迷、涩、苍。

第一类：直接表示"悲"类情绪的语素

"哀"："哀，闵也。"（《说文解字·口部》）"闵"即"悯"，"哀"用"闵"训释，侧重指对别人的不幸或痛苦感到哀伤、怜悯。如：

（64）柳宗元："君将哀而生之乎？则吾斯役之不幸，未若复吾赋不幸之甚也。"（《捕蛇者说》）

"哀"在许多字书中也被释为"悲伤""悲痛"等，如："哀，痛也。"（《广雅·释诂》二）"哀，哀伤。"（《玉篇·口部》）"哀"表示的是内心深处的痛苦，程度极强，常用来指因亲人死去或身遭不幸而流露出巨大悲伤，并伴随哭泣等外在状态。如：

（65）哀哀父母，生我劳瘁。（《诗经·小雅·蓼莪》）

（66）有妇人哭于墓者而哀。（《礼记·檀弓》下）

例（65）中"哀哀"是痛哭时发出的悲声，例（66）"妇人"之"哀"通过"哭于墓"体现出来。由上，"哀"的语义特征可概括为［-积极］［+外显］［+程度高］。

"恸"："恸，大哭也。"（《说文解字新附·心部》）"恸，哀极也。"（《玉篇·心部》）"恸，恸哭，哀过也。"（《广韵·送韵》）与"哀"义相近，"恸"表示的悲伤程度极强，常表现为号啕大哭的状态。如：

（67）颜渊死，子哭之恸。马融注："恸，哀过也。"①

（68）李延寿："及薨，步从丧还宫，至殡，水浆不入口，每哭辄恸绝。"（《梁书·萧统传》）

例（67）孔子因自己最喜欢的学生去世而伤痛欲绝；例（68）萧统因丧母而哀伤过度，不思饮食。因此，"恸"的语义特征也可概括为［－积极］［＋外显］［＋程度高］。

"悲"："悲，痛也。"（《说文解字·心部》）"悲，慼也。"（《正字通·心部》）"悲"即伤心、难过，其表示的内心伤感多源于外界事物。如：

（69）荀子："哭泣之声，使人之心悲。"（《荀子·乐论》）

这里"哭泣之声"引起了心中悲伤。"悲"的义域很广，所表示的悲伤程度较"哀""恸"等低一些，但是较后文分析的"慼""伤""凄"等要高一些，是古汉语中表示"悲"类情绪的核心词。其语义特征可概括为［－积极］［±程度高］。

"怆"："怆，伤也。"（《说文解字·心部》）"怆，悲也，伤也。"（《玉篇·心部》）"怆"表示的悲伤程度较高，多表示极度悲痛难过。如：

（70）范晔："时式出行适还，省书见塞，怆然感之，向坟揖哭，以为死友。"（《后汉书·独行列传》）

该例中范式看到亡友留下的书信和坟墓，内心伤痛不已，痛哭作

---

① 程树德撰，程俊英、蒋见元点校：《论语集释》卷22《先进》上，中华书局1990年版，第三册，第759页。

揖。"怆"的语义特征可概括为［－积极］［＋程度高］。

"戚"："戚，戉也。"(《说文解字·戉部》)"戚"本指一种武器，后假借为"慽"表忧伤义。如：

（71）"心之忧矣，自诒伊<u>戚</u>。"毛传："戚，忧也。"①

该义也被记作"慼"或"慽"。"慼，悲也。"(《广雅·释诂》三)"慽，忧也。"(《说文解字·心部》)"慽，同慼。"(《正字通·心部》)后来"慼""慽"又简化为"戚"。"戚"表示由不顺心的事情引起内心悲伤和烦恼，与"悲"相比，其所指悲伤程度较低，且含有忧愁义。因此，"戚"的语义特征可概括为［－积极］［＋忧愁］［－程度高］。

"悱"："悱，口悱悱也。"(《说文解字新附·心部》)"悱"即想说而说不出的样子。如：

（72）子曰："不愤不启，不<u>悱</u>不发，举一隅不以三隅反，则不复也。"朱熹注："悱者，口欲言而未能之貌。"②

"悱"侧重指某些感受郁结于心而不得排遣，其意义接近于"忧"类情绪，悲伤程度较"哀""恸""怆"等低。由上，"悱"的语义特征可概括为［－积极］［＋忧愁］［－程度高］。

"恻"："恻，痛也。"(《说文解字·心部》)"恻，悲也。"(《广雅·释诂》三)据王凤阳，"恻"与"怆"意义相近，但"恻"常用于为

---

① 《十三经注疏》整理委员会整理，李学勤主编：《十三经注疏（标点本）·毛诗正义》卷13《小雅·小明》，北京大学出版社1999年版，中册，第803页。

② 程树德撰，程俊英、蒋见元点校：《论语集释》卷13《述而》上，中华书局1990年版，第二册，第449页。

所闻所见等境况而动情伤痛，很少表示因自身遭遇而伤痛。① 如：

（73）"井渫不食，为我心恻。"孔颖达疏："井渫而不见食，犹人修己全洁而不见用，使我心中恻怆，故曰'为我心恻'也。"②

这里"心恻"是因看到了"井渫不食"的情况而联想到自身遭遇。由上，"恻"的语义特征可概括为［－积极］［＋境况］［＋程度高］。

"惨"："惨，毒也。"（《说文解字·心部》）"惨"有"狠毒""厉害"义，现代汉语中还有"惨无人道""惨绝人寰"等使用情况。"惨"在表示"悲"类情绪时，侧重指由外界残酷环境引发的痛彻心扉的感受，表示的悲痛程度十分强烈。如：

（74）杜甫："悲笳数声动，壮士惨不骄。"（《后出塞》）

（75）白居易："醉不成欢惨将别，别时茫茫江浸月。"（《琵琶行》）

例（74）战士出征关塞，远离亲人，心中自然悲伤不已；例（75）诗人官场失意，且又与友人离别，如此境况下的内心感受异常痛苦。综上，"惨"的语义特征可概括为［－积极］［＋境况］［＋程度高］。

第二类：间接表示"悲"类情绪的语素

通过引申等手段间接表示"悲"类情绪的语素有痛、伤、凄、凉、冷、辛、酸、苦、楚、煎、熬、切、迷、涩、苍。这些语素大都在"悲"类复合词中体现为多义性，即有时表示来源范畴的意义，有时表示"悲"类情绪义，我们需具体分析。

---

① 王凤阳：《古辞辨》，吉林文史出版社 1993 年版，第 836—837 页。

② 李学勤主编：《十三经注释（标点本）·周易正义》卷 5《井卦》，北京大学出版社 1999 年版，第 200 页。

一类是在"悲"类复合词中保持来源范畴（即非情绪范畴）的语素，有凄$_1$①、凉$_1$、冷$_1$、辛$_1$、酸$_1$、苦$_1$、涩、迷、苍、煎、熬等，这些语素彼此组合成复合词，以整词的形式表示情绪；一类是在"悲"类复合词中表示情绪的语素，有痛、伤、苦$_2$、辛$_2$、酸$_2$、楚、凄$_2$、凉$_2$、切等，这些语素在单独使用时已引申出情绪义，它们直接与情绪范畴的语素组合成词。下面重点讨论这类在单独使用时便已引申出"悲"类情绪义的语素。

"痛"："痛"表示的苦痛情绪发于内心，程度较为强烈。"痛"往往与"悼""哀"并举。如：

（76）尹儒学御三年而不得焉，苦痛之。高诱注："痛，悼也。"②

（77）三年之丧，二十五月而毕，哀痛未尽，思慕未忘。（《礼记·三年问》）

有时"痛"与表示"喜"类情绪的"快$_1$"相对，表示的悲伤程度较高。如：

（78）凡举事无为亲厚者所痛，而为见仇者所快。（《后汉书·朱冯虞郑周列传》）

综上，"痛"的语义特征可概括为［－积极］［＋程度高］。

"伤"："伤"本指身体皮肉受到外界破坏而受损。后所指事物由身体转移到精神，引申指心灵受到外界创伤而悲痛。"伤，悼也，痛也，感也，忧思也。"（《篇海类编·人物类·人部》）"伤"在表示

---

① "凄凉"之"凄"与"悲凄"之"凄"的具体所指有所不同，前者表示温度，我们记做"凄$_1$"；后者引申表示"悲"类情绪，我们记做"凄$_2$"，后文"凉""苦""冷""辛""酸"等同理。

② 王利器：《吕氏春秋注疏》卷24《博志》，巴蜀书社2002年版，第四册，第2931页。

"悲"类情绪时侧重指内心的悲痛是由外界境况刺激引发的，表示的悲伤程度与"怆"相近。如：

（79）庾信："孙子荆之伤逝，怨起秋风。"（《周赵国公夫人纥豆陵氏墓志铭》）

上例"伤逝"因"秋风"而起。综之，"伤"的语义特征可概括为 ［－积极］［＋境况］［＋程度高］。

"凄₂""凉₂"：根据上一章分析，作为单音节词使用时，"凄₂""凉₂"由表示环境温度低逐渐引申表示景象凄凉、冷清、不热闹。在此基础上，二者的修饰对象逐渐由环境转为人，用以表示人的悲凉情绪。它们在表现悲伤情绪时侧重描述当时的处境状况，如声音、环境等，表示的悲伤程度较"哀""痛"等低，其语义特征可概括为 ［－积极］［＋境况］［－程度高］。

"苦₂""酸₂""辛₂""楚"：这几个语素也是通过隐喻的认知手段表现内心的悲伤感受，表达方式含蓄委婉，不及"悲""恸""哀"等直接强烈。与"凄₂""凉₂"比较，这几个语素侧重描述社会生活给人们带来的苦痛经历和感受。它们的语义特征也可概括为 ［－积极］［＋境况］［－程度高］。

"切"：与"凄₂""凉₂"等接近，"切"所指的悲伤程度较低，侧重指外界环境带给人的悲凉感受。如：

（80）杜甫："新亭举目风景切，茂陵著书消渴长。"（《十二月一日三首》）

在使用中，"切"还常用来形容乐器或鸟虫的声音。如：

（81）柳永："寒蝉凄切，对长亭晚，骤雨初歇。"（《雨霖铃》）

上例中蝉的凄切叫声映衬出词人的悲伤情绪。同样，"切"的语义特征也可概括为［－积极］［＋境况］［－程度高］。

总体来看，以上语素在单独使用时可根据语义特征构成不同的类聚："悲""哀""恸""惨""怆""恻"等直接表示情绪，而"痛""伤""苦₂""楚""凉₂""凄₂"等都是通过隐喻的方式间接表示情绪。在程度级别上，"哀""惨""痛""恸""怆"等表示的悲伤程度要高于"苦₂""凄₂""楚""戚""悱"等。另外，"惨""凄₂""凉₂""切"等还侧重描写主体所处境况。

（2）"悲"类复合词的语素组合

根据构词语素的特点，"悲"类复合词也可分为两大类：由具有某一相同语义特征的语素组合而成的词和由具有不同语义特征的语素组合而成的词。

第一类：语义特征相同的语素组合而成的词

由某一相同语义特征的语素组成的复合词在"悲"类情绪词中占大多数，它们分为以下几种情况。

a. 具有［＋程度高］特征的语素构词

这类复合词有"哀痛""哀恸""惨痛""悲哀""悲怆""悲惨""悲恸""悲痛""悲伤""伤悲"，它们由"恸""哀""痛""惨""怆""悲"等语素参与构成。

"哀"表示的悲伤程度十分强烈，且多与人的生离死别、身遭不幸等有关联。受构词语素的影响，"哀痛""哀恸"体现的悲伤程度都较高，往往直接表示人们面对巨大变故时的悲痛情绪，具有［－积极］［＋程度高］的语义特征。如：

（82）杨业战死的消息传到东京，朝廷上下都为他哀痛叹息。

（83）陈嘉庚闻讯哀恸，恨不得立即飞回母亲灵前。

构词语素"悲"表示的悲伤程度处于"哀""痛"与"凄""凉"等之间，在汉语词汇由单音节向双音节发展的趋势下，"悲"逐渐成为"悲"类情绪复合词的核心构词语素，其义域较广，构词能力较强，可以与具有各种语义特征的语素组合。由"悲"参与组成的"悲哀""悲怆""悲痛""悲恸""悲惨"等，表示的悲伤程度也较高。

此外，因"哀"具有怜悯义，"悲哀"在表示悲伤情绪时还含有怜悯、同情的意义。如：

（84）我为这些无辜的生灵感到悲哀。

"惨"在表示"悲"类情绪时，还侧重对所处境况的描写。受此影响，"悲惨"主要用来描写主体所处境况的不堪，如"悲惨世界""悲惨的生活"等。"惨痛"侧重指重大事件、经历、灾难等给人带来的沉痛感受，如"惨痛的教训""惨痛的历史"等。

受"恸"的语义特征的影响，"悲恸"与"哀恸"义近，侧重表达人们因亲人去世、生活惨遭不幸等重大变故而产生的心理上的巨大痛苦。如：

（85）待找到3岁的男孩，发现他掉入泥淖中已无声息，妻子当场晕厥过去，丈夫悲恸欲绝。

"伤"并非直接表示情绪，而是经过"使之疼痛"这一环节具有了"悲"的含义。"悲伤"在表示"悲"类情绪时经过了认知转化过程，表示的悲伤程度不及"哀痛""悲恸"等强烈。"伤悲"与"悲伤"是一组同素逆序词，但与"悲伤"相比，"伤悲"的书面语色彩较浓，使用频率也较低。

b. 具有［−程度高］特征的语素构词

这类复合词有"悲戚""悲切""悲苦""悲酸""悲楚""苦楚""酸楚""悲凄""悲凉""凄苦""凄楚"等。参与构词的语素有"戚""切""伤""苦$_2$""酸$_2$""楚$_2$""凄$_2$""凉$_2$""悱",它们都具有［−程度高］的语义特征。其中，"悲"的义域较广，可与上述多个语素组合成词。

受构词语素的影响，"悲戚""悲切"表示的悲伤程度较低，且都具有一定的书面语色彩。在表示悲伤情绪的同时，二者还含有一定的忧愁、哀怨的意味。如：

（86）他在想，那歌声响起来之后，倘若蒙娜·丽莎的反应竟是悲戚与惆怅，那么他就彻底失败了。

（87）"法朵"悲歌是葡萄牙的国宝，歌声充满悲切、哀怨之情。

"苦$_2$""楚$_2$""酸$_2$"引申表情绪义，其参与构成的复合词"悲苦""悲酸""悲楚""苦楚""酸楚"等在表示"悲"类情绪时迂回委婉，措辞文雅，多表达生活中的不如意所带来的内心伤悲，表示的悲伤程度较低，书面语色彩较浓。如：

（88）这是一个小男孩般的爱情，带着清新和酸楚的气息。

"凄$_2$""凉$_2$"都是通过表示温度低来形容心情悲伤难过，所指的悲伤情绪多与主体所处的恶劣环境、社会遭际有关，体现为一种触景伤情的感受。因此，由这几个语素参与构成的复合词"悲凄""悲凉""凄苦""凄楚"也都突出体验主体周遭环境的特点。在现代汉语中，这几个词多存在于书面语，用以含蓄委婉地抒发人们内心的痛苦感受。如：

（89）每当我看到这番景象，热泪便一下子夺眶而出，心头顿时充满了凄苦和悲凉……

c. 具有［＋境况］特征的语素构词

"凄惨""凄切"都侧重描述引发人们内心伤悲的现实场景、景象或氛围等，但二者表示的悲伤程度不同。根据上文分析，"惨"表示的悲伤程度较"切"要高一些，受此影响，"凄惨"一词描述的环境氛围往往能使人产生更为强烈的悲伤情绪。如：

（90）他上有寡母，下有幼弟，数百里搬尸归葬，情景十分凄惨。

而"切"侧重表示引发主体内心悲伤的环境或事物，如笛声、蝉鸣等声音。由此，"凄切"一词一般不直接表示"悲"类情绪，而是多用于文学作品中，通过对周围境况的描述来展现人物的内心感受。如：

（91）空荡荡的大街安静已极，衬托得妻抑扬顿挫的哭叫声宏大而凄切。

d. 具有非情绪特征的语素构词

"辛酸""苦涩""凄凉""凄冷""凄迷""苍凉""煎熬"这几个复合词的构词语素都不直接表示情绪，它们以来源范畴的意义参与组词，整体引申表示"悲"类情绪。在现代汉语中，这些词一般都具有两个义项，其中一个是体现构词语素来源范畴的意义，另一个是在此基础上产生的情绪义。以《现代汉语词典》的收录为例。

【辛酸】辣和酸，形容痛苦悲伤：～泪｜～的往事。

【苦涩】①（味道）又苦又涩。②形容内心痛苦：～的表情｜他～地笑了笑。

【凄冷】①寒冷：～的夜晚。②凄凉：内心十分～。

【凄迷】〈书〉①（景物）凄凉而模糊：月色～。②悲伤；怅惘：神情～。

"辛酸""苦涩"都表示令人感觉不适的某种味觉。在此基础上，它们产生了情绪义，侧重形容使人悲伤难过的生活、经历等。如：

(92) 潘虹正是用一种独特的人生体验，用自己苦涩、辛酸的经历来升华自己的演技，升华角色的哲理高度。

"凄凉""凄冷""凄迷""苍凉"等词的本义是形容环境气温低，它们在表示情绪时，侧重突出引起人们孤独悲伤的环境或氛围。如：

(93) 老两口死了一个，另一个凤只鸾孤，其晚景就更凄凉了。

上述几个词表示的悲伤程度都不及"悲怆""哀痛"等强烈，且具有典雅的文学色彩，多用于书面语。

"煎""熬"本指两种烹饪方法，都强调用火对食物进行较长时间的加热，二者经常结合在一起使用。如：

(94) 曾巩："调挠遵古书，煎熬需日力。"（《合酱作》）

受语素本义的影响，"煎熬"表示的悲伤程度较强烈，多突出人因长期遭受外界环境的折磨而痛苦。如：

（95）一年以来，他经受了生活、情感、贫困的煎熬，只和以酒浇浇愁。

第二类：语义特征不同的语素组合而成的词

由不同语义特征的语素组成的"悲"类并列式双音复合词主要有"痛苦""苦痛""痛楚""伤痛""哀戚""哀伤""悱恻""凄怆"。

"痛苦"是"悲"类复合词中词频最高的一个词，适用范围较广，口语语体、书面语体皆常用。该词既表示身体方面的疼痛也表示心理方面的痛苦，且无论指身体还是心理，其程度都较高。"苦痛"是"痛苦"的同素异序词，语义侧重与"痛苦"相差不大。

"楚""伤"与"痛"一致，所表示的悲伤义都来源于"身体疼痛"，但"楚""伤"引申表示悲伤情绪的过程较"痛"要曲折，带有更浓厚的书面语色彩。受此影响，"痛楚""伤痛"也多用于书面语，表示的悲伤程度不及"痛苦"强烈。

"哀戚""哀伤"中的构词语素"哀"表示的悲伤程度很高，但受构词语素"戚""伤"的制约，整词表示的悲伤程度同"悲戚""悲伤"等接近。

"悱恻"一词受"悱"的影响，比较接近"忧"类情绪，表示的悲伤程度较低，持续时间较长，侧重指内心悲苦、抑郁而不能排遣。

"凄"本表寒凉，受此影响，"凄怆"在表示"悲"类情绪时突出了悲凉之义。

总体而言，除"痛苦"外，上述几个词在现代汉语中的使用频率都较低，多用于书面语体，文学色彩较浓。它们表示的悲伤程度都不是很强烈，倾向于描述内心的忧伤、悲凉。

4. "忧"类复合词的语素及其组合情况

"忧"类情绪与"悲"类情绪相近，也是一种消极情绪。产生该类情绪的原因往往是担心既定目标在实现的过程中遇到外界阻力，或已经遇到了阻碍而无力克服。与"悲"类情绪相比，"忧"类情绪持续时间往往较长，感情刺激程度相对较弱，消极中并非完全丧失希望。我们考察的现代汉语"忧"类并列式双音复合词共有 12 个，分别是忧虑、忧愁、郁闷、抑郁、沉郁、惆怅、怅惘、沉重、阴郁、忧闷、忧郁、愁闷。

（1）"忧"类复合词语素的语义特征

"忧"类并列式双音复合词的构词语素有 12 个，分别为忧、闷、愁、沉、郁、怅、惘、阴、惆、抑、虑、重。其中，"抑""沉""重"独立使用时并未产出情绪义，而是参与构成复合词后整体隐喻表示情绪。其他语素可直接表示"忧"类情绪，所体现的忧伤程度相差不大，但侧重方面有所不同。

"忧"："忧，心动也。从心尤声，读若祐。"（《说文解字·心部》）此"忧"读去声。今"忧"（繁体为"憂"）本写作"𢝊"。"𢝊，愁也。"（《说文解字·心部》）朱骏声注："经传皆以憂为之，而𢝊字废矣。"[1]"忧"的义域很广，有时不带宾语，表示忧愁的情绪体验，常与"乐""惑"等并用。如：

（96）子曰："知者不惑，仁者不忧，勇者不惧。"（《论语·子罕》）

有时又带有宾语，表示因顾虑、担心某事而忧愁。使人忧愁的既可以是人，也可以是事或物。如：

---

① （清）朱骏声：《说文通训定声》卷6《孚部》，武汉市古籍书店 1983 年影印本，第 264 页。

（97）王谠："德宗叹曰：'卿理虢州而忧他郡百姓，宰相才也。'"（《唐语林·补遗》）

（98）白居易："可怜身上衣正单，心忧炭贱愿天寒。"（《卖炭翁》）

综上，"忧"的语义特征可概括为［－积极］［＋思虑］。

"虑"："虑，谋思也。"（《说文解字·思部》）指为一定的事情谋划、思考。如：

（99）子曰："人无远虑，必有近忧。"（《论语·卫灵公》）

需要人们去谋划的事情往往是已经或即将会出现的各种难题或忧患，因而"虑"逐渐产生出"忧"的意思。如：

（100）孙膑："兵强人众自固，三军之士皆勇而无虑。"（《孙膑兵法·十问》）

（101）赵至："悬罄陋宇，则有后虑之戒。"（《与嵇茂齐书》）

"虑"侧重强调人在面对各种难题、灾难、祸患时的思量顾虑。因此，"虑"与"忧"相近，其语义特征也可概括为［－积极］［＋思虑］。

"愁"："愁"有二义：其一是表示忧虑、忧愁。"愁，憂也。"（《说文解字·心部》）"愁"与"忧"的用法接近，可表示忧愁这一情绪体验，也可表示对不确定事态的担心忧虑。如：

（102）哀而不愁，乐而不荒。（《左传·襄公二十九年》）

（103）李绅："家家玉帛弃泥土，少女娇妻愁被虏。"（《莺莺歌》）

其二是形容因忧愁而容色改变的样子。如：

（104）"晋如，愁如，贞吉。"（《周易·晋卦》）陆德明注："愁，变色貌。"①

后来此义被写作"愀"，成为"愁"的分化字。"愀，色变貌。或书作愁。"（《集韵·小韵》）因此，"愁"在表示忧愁情绪时侧重表现人的外部表情，"愁眉不展""满面愁容"等词即体现了"愁"的外显特征。综上，"愁"的语义特征可概括为［－积极］［＋思虑］［＋表情］。

"闷"："闷，懑也。从心，门声。"（《说文解字·心部》）"门"兼表义，表示关闭。"闷"表示的情绪义具有明显的形象色彩。一方面，它指生理上由于气候、疾病引起的呼吸不畅的感觉（现读mēn），如：

（105）风者善行而数变，腠理开则洒然寒，闭则热而闷。（《黄帝内经·素问·风论篇》）

另一方面，它又指抑郁、烦恼、委屈之情积满心中，因气不通畅而心中不快的感觉（现读mèn）。如：

（106）嵇康："所谓达能兼善而不渝，穷则自得而无闷。"（《与山巨源绝交书》）

（107）孟郊："商听饶清耸，闷怀空抑噫。"（《雨中寄孟刑部几道联句》）

---

① （唐）陆德明：《经典释文》卷2《周易音义》，中华书局1983年版，第25页。

由上，"闷"的语义特征可概括为 [－积极] [＋郁积]。

"怅"："怅，望恨也。"（《说文解字·心部》）段玉裁注："望其还而不至为恨也。"① "怅，惆怅失志也。"（《玉篇·心部》）"怅"体现了一种因不得志、不如意而自怨自责、懊悔遗憾的失落心情。如：

（108）屈原："怨公子兮怅忘归，君思我兮不得闲。"（《楚辞·九歌》）

与"怅"并列组合的多是表示懊悔悲叹的词，如"恨""惋"等：

（109）司马迁："辍耕之垄上，怅恨久之。"（《史记·陈涉世家》）

（110）张怀瓘："高尝许人书一屏障，逾时未获。其人乃出使淮南，临别大怅惋。"（《书断·高正臣》）

因此，"怅"的语义特征可概括为 [－积极] [＋失意]。

"惆"："惆，失意也。"（《说文解字·心部》）"惆"与"怅"意义接近，也表现为一种失望、懊悔的情绪。如：

（111）荀子："案屈然已，则其于志意之情者惆然不嗛，其于礼节者阙然不具。"杨倞注："惆然，怅然也。"②

"惆"单独使用的情况较少，常与"怅"并列，共同表示因失意而感伤。如：

---

① （汉）许慎撰，（清）段玉裁注：《说文解字注》十篇下《心部》，上海古籍出版社1988年版，第512页。
② （清）王先谦撰，沈啸寰、王星贤点校：《荀子集解》卷13《礼论》，中华书局1988年版，下册，第376页。

（112）陶渊明："既自以心为形役，奚<u>惆怅</u>而独悲?"（《归去来兮辞》）

（113）宋玉："廓落兮羁旅而无友生，<u>惆怅</u>兮而私自怜。"（《楚辞·九辩》）。

由此，"惆"的语义特征也可概括为 ［－积极］［＋失意］。

"惘"："惘，怅然失志貌。"（《正字通·心部》）"惘"与"惆""怅"的语义接近，也侧重指人失意、感伤的样子。如：

（114）吴质："精散思越，<u>惘</u>若有失，非敢羡宠光之休。"（《答东阿王书》）

"惘"还指人在失意时精神恍惚、无精打采的状态。据张希峰考证，"惘"与"荒""茫"等同源。① "荒"属晓母阳部字，表示野草茫茫无际；"茫"属明母阳部字，表示洪水邈远无际；"惘"也属明母阳部字，表示茫然失志。它们都有"恍惚不清"的深层含义。综上，"惘"的语义特征可概括为 ［－积极］［＋失意］［＋恍惚］。

"郁$_2$"②：根据上一章分析，"郁"通"鬱"，本指树木繁茂的样子，后通过引申方式间接表示内心积聚愁闷而不得发泄的感受。"郁"的语义特征可概括为 ［－积极］［＋郁积］。

总体来看，根据不同的语义特征，"忧"类复合词的构词语素可分为以下几类：第一，"忧""虑""愁"在表示忧愁的基础上侧重内心的担忧与思虑；第二，"惆""怅""惘"主要体现出失意、懊悔的心境；第三，"郁""闷"在表达忧愁的同时突出愁绪郁结于心。

---

① 张希峰：《汉语词族三考》，北京语言大学出版社 2004 年版，第 232 页。
② "阴郁"之"郁"与"郁闷"之"郁"在词中的意义不一样。前者是本义，我们记作"郁$_1$"；后者是引申的情绪义，我们记作"郁$_2$"。

（2）"忧"类复合词的语素组合

根据构词语素的情况，"忧"类并列式双音复合词也可分为以下两类。

第一类：语义特征相同的语素组合而成的词

a. 具有［＋思虑］特征的语素构词

"忧""虑""愁"均具有［＋思虑］的语义特征，它们参与构成复合词"忧愁""忧虑"。在现代汉语中"忧愁"逐渐成为表示"忧"类情绪的范畴化词，常用来指称这一情绪，表现出名词性功能。如：

（115）学习是一件快乐的事，它可摆脱烦恼，忘记忧愁。

"忧虑"倾向于指因心里牵挂着某人、某事或某物而担心忧虑，在句法中经常与担忧的对象同时出现。如：

（116）3年以后，钟观光怀着对祖国前途的忧虑，痛苦地离开了人世。

b. 具有［＋郁积］特征的语素构词

构词语素"郁""闷"都突出了愁闷郁结于心的特点。受此影响，"郁闷"一词表示愁绪积聚在心难以发泄，其愁苦之情往往持续时间较长，且难以消除。如：

（117）由于郁闷聚积，没有地方宣泄，她感到极度痛苦，最后竟然导致心脏病发作。

c. 具有［＋失意］特征的语素构词

"惆怅""怅惘"二词的意义较为接近，由具有［＋失意］特征的语素"惆""怅""惘"构成。这两个词都突出了人因理想受阻或无法实现而感到失意、失望，体现为一种淡淡的忧伤，具有典雅的文学色彩，多用于书面语。

d. 具有非情绪特征的语素构词

根据上一章分析，"阴""重""沉""郁₁"这几个语素并非表情绪义，由它们构成的复合词"沉重""阴郁"在保留语素本义的基础上衍生出情绪义，具体到现代汉语中，这两个词都至少含有两个义项，以《现代汉语词典》为例。

【沉重】①分量大；程度深：～的脚步｜这担子很～｜给敌人以～的打击。②（心情）忧郁，不痛快：他这两天的心情特别～。

【阴郁】①（天气）阴晦沉闷：～的天气。②（气氛）不活跃：笑声冲破了室内～的空气。③忧郁，不开朗：心情～。

受构词语素的影响，"沉重""阴郁"侧重指心中不易排遣的压抑和苦闷。

第二类：语义特征不同的语素组合而成的词

由具有不同语义特征的语素组成的"忧"类并列式双音复合词主要有"忧郁""忧闷""愁闷""抑郁""沉郁"。其中构词语素"忧""愁"侧重指担心思虑；而"闷""郁"侧重指内心压抑沉重；"抑""沉"为非情绪范畴语素，引申表示压抑、沉重的感受。

"忧郁"突出了"郁"的语义特征，整词侧重指郁结于心的愁闷情绪。这种情绪往往持续时间较长，稳定不易改变。因此，有时还用来指称一个人的性格或气质。如：

（118）忧郁的丹麦王子哈姆莱特成为一个人文主义者的代表，他赞美人生，崇尚理性……

"忧闷""愁闷"意义接近，二者都突出"闷"的语义特征，强调内心憋闷、苦恼。不过，"忧""愁"的［＋思虑］义在两词中体现得均不明显。

由上一章可知，"抑""沉"通过表示自上而下的状态参与构成复合词"抑郁""沉郁"，两词均突出压抑、沉闷、不得排解的语义特征。相比较而言，"抑郁"在现代汉语中较为常用，但"沉郁"多用于书面语，使用频次较低。"沉郁"有时还用来直接形容画作、书法、诗歌等作品的风格，间接体现创作者的内心情感。如：

（119）因为历来说杜诗者多着眼于沉郁悲愁，喜乐尚且未论，遑论诙谐。

5. "惊"类复合词的语素及其组合情况

"惊"类情绪是指人们在受到突然刺激或看到异于寻常的事物时，内心产生的紧张感受。该类情绪是人们的一种即时反应，持续时间往往较为短暂。"惊"类并列式双音复合词共有 9 个，分别是奇怪、惊讶、惊奇、惊异、诧异、惊愕、惊诧、惊骇、骇异。

（1）"惊"类复合词语素的语义特征

构成"惊"类并列式双音复合词的语素有惊、讶、诧、奇、怪、异、愕、骇。对它们的语义特征分析如下。

惊："惊"（驚）原表示马因受到突然刺激而紧张害怕，行动失常。"惊，马骇也。"（《说文解字·马部》）"惊，惧也，马骇也，逸也。"（《玉篇·马部》）据李乐毅对"惊"（驚）字的探究，早在先秦时代，"惊"字已用于人，[①] 泛指人或动物紧张、惧怕的心理。后来汉

---

① 李乐毅：《简化字源》，华语教学出版社 1996 年版，第 133 页。

字简化,"驚"采用新造形声字的方式,简化为现在通用的"惊"。

"惊"表示人们感到意外的程度比较强烈,一方面指遇到出乎意料的事情而内心震动。如:

(120)司马迁:"至拜大将,乃韩信也,一军皆惊。"(《史记·淮阴侯列传》)

一方面指因意外事件或突发状况而感到恐惧。如:

(121)行者已到他肚腹之内……罗刹大惊失色。(《西游记》第五十九回)

此外,"惊"还具有使动用法。如:

(122)庄公寤生,惊姜氏。(《左传·隐公元年》)

张志毅、张庆云将"惊"类情绪看作一种中性情绪,即无积极、消极之分。① 但当表示"惧怕"义的时候,我们认为"惊"类情绪词(或语素)便有了消极特征。由上,"惊"的语义特征可概括为[－积极][＋程度高][＋意外][＋恐惧]。

讶:"讶"本同"迓",表迎接义。"讶,相迎也。"(《说文解字·言部》)后假借表疑怪义。"讶,嗟讶。"(《广韵·祃韵》)"讶,一曰疑也。"(《集韵·祃韵》)"讶"表示对出乎意料、意想不到的事情感到惊诧。如:

(123)天锡见其风神清令,言话如流,陈说古今,无不贯悉。又谙人物氏族,中来皆有证据。天锡讶服。(《世说新语·赏誉》)

---

① 张志毅、张庆云:《词汇语义学》(第三版),商务印书馆2012年版,第104页。

此例张天锡见到王僧弥的精神风貌、言行举止后，内心十分惊诧、叹服。与"惊"相比，"讶"不具有惧怕义，表示感到意外的程度也较低一些。"讶"的语义特征可概括为［±积极］［－程度高］［＋意外］。

"诧"："诧"本有"夸张失实"的意思。"诧，夸也。"(《集韵·祃韵》)"惊诧"义是"诧"后起的常用义。王凤阳认为，"诧"用于近代，可能是"讶"的音变，其义与"讶"相同。① 如：

（124）阅十数年，父子继为宰相，世诧其荣。(《新唐书·列传第二十四》)

此例中戴至德父子在几十年内相继做宰相，这份荣耀令世人难以想象，其中还含有惊叹羡慕之义。"诧"的语义特征可概括为［±积极］［－程度高］［＋意外］。

"奇""怪"：根据上一章分析，"奇""怪"在表示事物异于寻常、不易遇到的基础上，引申指人们对这些事物感到惊异，在此不予赘述。"奇""怪"的语义特征可概括为［±积极］［－程度高］［＋异常］。

"异"："异，分也。"(《说文解字·異部》)即"分开"义。事物因彼此不同而有所区分，因此，"异"进一步衍生出"与众不同""不同寻常"的意义。如：

（125）班固："太守闻其有异材，召见军。"(《汉书·终军传》)

此例"异材"即与众不同的才华。不常见或不同寻常的事、物会令人感到奇怪，"异"从而具有了"对某事或某物等感到惊异"义。如：

① 王凤阳：《古辞辨》，吉林文史出版社1993年版，第852页。

（126）陶渊明："忽逢桃花林，夹岸数百步，中无杂树，芳草鲜美，落英缤纷，渔人甚<u>异</u>之。"（《桃花源记》）

"异"的语义特征与"奇""怪"相近，也可概括为 [±积极] [−程度高] [+异常]。

"骇"："骇，惊也。"（《说文解字·马部》）"骇"与"惊"相似，最初也表示马突然被吓而受惊。如：

（127）荀子："马<u>骇</u>舆，则君子不安舆。"（《荀子·王制》）

（128）班固："马方<u>骇</u>鼓而惊之，系方绝又重镇之。"（《汉书·枚乘传》）

后"骇"由表示"马受惊"进一步扩展表示人感到惊讶、诧异。如：

（129）扬雄："于是事变物化，目<u>骇</u>耳回。"（《甘泉赋》）

（130）司马迁："一宫尽<u>骇</u>，以少君为神。"（《史记·孝武本纪》）

"骇"在表示突然受惊、感到诧异的同时，还指由突然受惊而慌乱害怕的心理，内心震动的程度较为强烈。如：

（131）蒲松龄："少年大<u>骇</u>，急解令休止。"（《聊斋志异·促织》）

"大骇"即非常恐惧。由上，"骇"的语义特征可概括为 [−积极] [+程度高] [+意外] [+恐惧]。

"愕"："愕，惊也。"（《广雅·释诂》一）"愕，错愕，仓卒惊遽

貌。"(《字汇·心部》)"愕"表示人们感到意外的程度较强,意在突出人在遇到突发状况时仓促紧张、无助发愣的神情状态。如:

(132) 荆轲逐秦王,秦王还柱而走。群臣惊愕,卒起不意,尽失其度。(《战国策·燕策》三)

该例中群臣看到荆轲追逐秦王,因这突如其来的事情而惊呆,大家都失去了常态。因此,"愕"的语义特征可概括为〔-积极〕〔+程度高〕〔+意外〕〔+神态〕。

综之,在"惊"的原因或来源上,"惊""讶""诧""骇""愕"侧重突发的事件或意想不到的事情;"奇""异""怪"侧重与众不同或不合常理的事、物、人等。在"惊"的程度上,"惊""骇""愕"表示的程度较高,而"讶""诧""奇""怪""异"表示的程度相对较低。

(2)"惊"类复合词的语素组合

根据语素组合情况,"惊"类并列式双音复合词也可分为以下两类。

第一类:语义特征相同的语素组合而成的词

a. 具有〔+意外〕特征的语素构词

这类词有"惊讶""惊诧""惊骇""惊愕"。其中,"惊讶"是"惊"类复合词的典型成员,使用频率较高;"惊诧"与"惊讶"意义接近,但具有明显的书面语色彩,在口语中的使用频率较低。

"惊""骇"的语义特征完全相同,受构词语素影响,复合词"惊骇"多侧重指因意想不到或突如其来的事情而感到惊讶、恐惧,情绪主体的心理震动较为强烈。如:

(133) 当蒋介石被扣西安、生死不明的消息传到奉化溪口时,蒋介卿正在溪口武山庙看戏，惊闻此讯，蒋介卿<u>惊骇</u>过度，当即中风跌倒，不省人事。

"愕"在表示内心惊讶、诧异的同时，突出主体惊愕、慌乱的外在表现。受此影响，复合词"惊愕"也侧重体现人们仓促间异常惊讶、发愣的神情状态，表示的惊讶程度也比较强烈。如：

（134）她<u>惊愕</u>地瞪大了眼睛，唰地一下红赤了脸，羞得抬不起头来了。

b. 具有 ［＋异常］ 特征的语素构词

"奇""怪"侧重指人、事、物等不同寻常，令人难以理解。二者构成的复合词"奇怪"在现代汉语中具有双重意义。一方面仍旧保留语素来源范畴的意义，用以描述事、物或人等非同一般的特征，如例（135）；另一方面指人们对这些具有非同一般、异乎寻常特征的事、物、人感到疑惑、好奇、惊讶等，如例（136）。

（135）这<u>奇怪</u>的景象在大自然中显得十分寥寞寂静。

（136）有时，医院都觉得<u>奇怪</u>，大娘的儿女老不露面，在一起生活的邻居倒跑得挺勤。

第二类：语义特征不同的语素组合而成的词

这类词有"惊奇""惊异""诧异""骇异"。古汉语中表示"惊"类情绪的单音节词数量较少，尽管它们的语义侧重点不同，但在后来的使用中，其义域逐渐扩大，彼此组合在一起并列出现的情况也较多。这几个词在表示"惊"类情绪时，"因惊而恐"的意义体现得不够明显，主要侧重指好奇、惊讶的心理感受。其产生动因可能是突如其来、不可预知的事情，如例（137）；也可能是异于寻常、不可思议的事、物或人，如例（138）。

（137）我们走向服务台，坐着的服务员抬头<u>诧异</u>地看我们。

（138）参加调查通古斯事件的科学家<u>惊异</u>地发现，通古斯爆炸和在广岛看到的有惊人的相似之处。

与另外 3 个词相比，"骇异"表示的惊讶程度要强一些，书面语色彩较浓，使用频率较低。

6. "恐"类复合词的语素及其组合情况

"恐"类情绪是一种消极情绪，是人们因周围有不可确定、不可预知或不能驾驭的因素而产生的一种无所适从的心理反应。"恐"类并列式双音复合词共有 7 个，分别是恐惧、恐慌、畏惧、惶恐、惧怕、畏怯、惶悚。

（1）"恐"类复合词语素的语义特征

"恐"类并列式双音复合词共有 8 个构词语素，分别是"恐""惧""慌""畏""怯""惶""怕""悚"。对它们的语义特征分析如下。

"恐"："恐，惧也。"（《说文解字·心部》）"恐"指对某人、某物或某事感到惧怕不安。如：

（139）荀子："星队（坠），木鸣，国人皆<u>恐</u>。"（《荀子·天论》）

在缺乏科学知识的情况下，古人看到大自然出现"星坠""木鸣"等异常天象，心中害怕不安。在表示此义时，"恐"一般很少带受事成分，否则，多为该词的使动用法，即"令人恐惧"。如：

（140）非然，则欲以天下之重<u>恐</u>王，而取行于王者也。（《战

国策·赵策》四)

王力先生认为"恐"与"凶"同源。① "凶，扰恐也。"（《说文解字·凶部》）"凶"特指人群受到惊吓之后的扰攘、嘈杂之声。如：

（141）"师迁焉，曹人凶惧。"杜预注："凶凶，恐惧声。"②

与"凶"义近，"恐"也突出指人在恐惧状态下着急、慌乱的状态。如：

（142）"后人有上书告诸医侍疾无状者，皆收系诏狱，劾不道。显恐事急，即以状具语光。"（《汉书·外戚传》）王念孙按："'急'上本无'事'字，'恐急'者，既恐且急，犹言'惶遽'耳。"③

另外，"恐"有时还指对可能出现的事情的忧虑，在表示此义时一般都后接受事成分。如：

（143）司马相如："夫以诸侯之细，而乐万乘之侈，仆恐百姓被其尤也。"（《上林赋》）

"百姓被其尤"这件事情还未发生，却令人忧虑不安。由上，"恐"的语义特征可概括为 ［－积极］［＋慌乱］［＋担心］［±受事］。

"惧"："惧"的繁体是"懼"。"惧，恐也。"（《说文解字·心部》）"懼"从心瞿声，瞿兼表义。"瞿，鹰隼之视也。从隹从䀠，䀠亦声。"（《说文解字·瞿部》）从古文字形我们可以发现，"䀠"像两只

---

① 王力：《同源字典》，商务印书馆 1982 年版，第 379 页。
② 《十三经注疏》整理委员会整理，李学勤主编：《十三经注疏（标点本）·春秋左传正义》卷 16《僖公二十八年》，北京大学出版社 1999 年版，上册，第 443 页。
③ （清）王念孙：《读书杂志》15 卷《汉书》，江苏古籍出版社 1985 年版，第 396 页。

瞪大的双眼，表示鸟类受到惊吓后恐惧的样子。"惧"在"瞿"的基础上，由鸟类瞪大双眼左右惊视的样子转指人与动物内心的恐惧之情，观察角度从物到人，由状态向内心。

"惧"侧重指内心惶恐不安，有时不带受事成分。如：

（144）子曰："仁者不忧，勇者不惧。"（《论语·子罕》）

（145）子曰："父母之年，不可不知也。一则以喜，一则以惧。"（《论语·里仁》）

有时又后接受事宾语。如：

（146）夫大国难测也，惧有伏焉。（《左传·庄公十年》）

（147）武松点头道："不须分付，我已省得了。再着两个来，也不惧他。"（《水浒传》第三十回）

上述二例中，"惧"的对象分别是"有伏（兵）"和"他（们）"，均指对未知事情的担忧。由此，"惧"的语义特征可概括为［－积极］［＋担心］［±受事］。

"怕"："怕"是现代汉语中表示"恐"类情绪的典型词，但"怕"最初本无"惧怕"义。"怕，无为也。"（《说文解字·心部》）此处"怕"应读 bó，是"恬淡"的意思。徐时仪认为，"怕"由"憺怕无为"义取代了"怖"的俗音（普嫁反），进而演变为表"畏惧""害怕"义的词。[1] 李华列举了《论衡》中的例子，认为"怕"的"恐惧""害怕"义在东汉时期既已出现。[2] "怕"在使用中常搭配表示令人害怕的受事成分。如：

---

① 徐时仪：《"忙"和"怕"词义演变探微》，《中国语文》2004 年第 2 期。
② 李华：《"怕"词义演变探微》，《大连大学学报》2012 年第 5 期。

（148）元稹："侠客不怕死，怕在事不成。"（《侠客行》）

（149）吴敬梓："只怕弟一出去，船就要开，不得奉候。"
（《儒林外史》第二十二回）

例（148）中"怕"的对象是"死"；例（149）中"怕"的对象是"弟一出去，船就要开，不得奉候"，此时，"怕"更倾向指"忧虑""担心"义。由上，"怕"的语义特征可概括为［－积极］［＋担心］［＋受事］。

"畏"：甲骨文中"畏"作 ，李孝定按："契文象鬼执杖之形，可畏之象也。"① 即像鬼拿着棍棒的状态。"畏，惧也。"（《广雅·释诂》二）与"惧""怕"等相比，"畏"侧重指对已存在的某事或某物产生恐惧，一般不表示对未知事情的忧虑，且"畏"的对象往往是明确的。如：

（150）民不畏死，奈何以死惧之？（《老子》第七十四章）

（151）虎不知兽畏己而走也，以为畏狐也。（《战国策·楚策》一）

现代汉语"畏首畏尾""畏敌如虎"中的"畏"也都指明了受事对象。因此，"畏"的语义特征可概括为［－积极］［＋受事］。

"怯"："怯"本作"㹤"。"㹤，多畏也。从犬，去声。……怯，杜林说，㹤从心。"（《说文解字·犬部》）"怯，惧也，畏也。"（《玉篇·心部》）"怯"在使用时常指出惧怕的对象。如：

（152）辛弃疾："黄花不怯秋风冷，只怕诗人两鬓霜。"

① 李孝定编述：《甲骨文字集释》卷9，（台北）"中央"研究院历史语言研究所1970年版，第2911页。

（《鹧鸪天》）

此例"怯"与"怕"相对，意义相近，其对象分别为"秋风冷""两鬓霜"。此外，"怯"还侧重指胆子小，遇事退却，常与"勇"相对。如：

（153）持节不恐谓之勇，反勇为怯。（《新书·道术》）

因此，"怯"的语义特征可概括为［－积极］［＋胆小］［＋受事］。

"慌"："慌"在早期无"恐惧"义，"慌，昏也。又慌惚不分明也。"（《字汇·心部》）据所见语料，"慌"表示"恐惧"义时间较晚，约出现于元明时期。如：

（154）（宋江）前殿后殿，相了一回，安不得身，心里发慌。（《水浒传》第四十二回）

据王力先生考证，"慌"与"駻"同源。[①]"駻，马奔也。"（《说文解字·马部》）通过二者的义符可知，"駻"形容马受惊而奔跑，而"慌"侧重形容人因惊慌而行动忙乱、急促不安。如：

（155）老舍："他切盼金三爷快快的来到，可是又后悔没有嘱咐儿媳不要走得太慌。"（《四世同堂》第三十四章）

"慌"一般作为形容词使用，不带受事宾语。因此，"慌"的语义特征可概括为［－积极］［＋慌乱］。

"惶"："惶，恐也。"（《说文解字·心部》）"惶"即"恐惧""害怕"义。如：

---

① 王力：《同源字典》，商务印书馆1982年版，第350页。

(156) 王符："孟贲狎猛虎而不惶。"（《潜夫论·卜列》）

此外，"惶"还侧重指人心中紧张不安，多体现为行动失常、手忙脚乱的状态。"惶，惑也，恐也，遽也，又仓惶。"（《字汇·心部》）如：

(157) 秦王之方还柱走，卒惶急不知所为。（《战国策·燕策》三）

该例中"惶急不知所为"形象地描写了秦王突遇刺客时行动慌乱、紧张害怕的状态。王凤阳认为，现代汉语借用"慌"字来写"惶"。① 可知二者语义相近。因此，"惶"的语义特征也可概括为［－积极］［＋慌乱］。

"悚"："悚"亦作"愯"。"愯，惧也。"（《说文解字·心部》）"悚，惧也。"（《玉篇·心部》）"悚"侧重指害怕慌张的状态，如：

(158) 潘岳："暾出苗以入场，愈情骇而神悚。"（《射雉赋》）
(159) 陈寿："顷闻二宫并绝宾客，远近悚然，大小失望。"（《三国志·吴书·吴主五子传》）

上述二例中"神悚""悚然"皆体现了神态惶恐不安的样子。"悚"的语义特征可概括为［－积极］［＋慌乱］。

总体看来，"恐""怕""畏""惧""怯"都作为动词使用，在指称"恐"类情绪时均侧重表现惧怕的具体对象；"惶""慌""悚"多作为形容词使用，侧重表示人受到惊吓后行动忙乱、慌张不安的状态。

(2) "恐"类复合词的语素组合

根据构词语素共有的某个语义特征，"恐"类并列式双音复合词可

---

① 王凤阳：《古辞辨》，吉林文史出版社 1993 年版，第 849 页。

分为以下几小类。

a. 具有［＋受事］特征的语素构词

该类词有"惧怕""畏惧""畏怯"。语素"惧""怕""畏""怯"都表示对现实生活中某人、某事的惧怕，在句法使用中常搭配受事成分。受构词语素的影响，复合词"惧怕""畏惧"都是及物动词，其宾语所指多为比情绪主体强大、主体无法与之抗衡的人或事等，如强权、法律、死亡、上帝、鬼神、战争等。如：

（160）歹徒扣动扳机，一声枪响，子弹擦耳飞过，宋华平毫不畏惧，将歹徒狠狠摔在地上擒获，人质安然无恙。

"畏怯"受语素"怯"的影响，侧重表示性格或心理上胆小害怕，一般不带宾语。如：

（161）约书亚摸透了亚摩利人畏怯的心理，为了尽量减少伤亡，他采取了智取的战术。

b. 具有［＋慌乱］特征的语素构词

该类词有"恐慌""惶恐""惶悚"。受构词语素的影响，这3个词都侧重体现了人因害怕而行为失去控制、慌乱失措的状态。较之于"恐慌""惶恐"，"惶悚"具有更为典雅的文学性，多用于书面语，使用频次较低。如：

（162）《挽歌》的艺术构思和主题的提炼，令人惶悚、迷惘。

c. 具有［＋担心］特征的语素构词

"恐""惧"都表示担心害怕、坐立不安的情绪，由它们构成的复合词"恐惧"也体现了这一语义特征。另外，"恐"还突出人在受到惊吓后忙乱紧张的状态，"惧"在使用中还常指出惧怕的对象，这些特征都影响了"恐惧"的意义及使用情况。在现代汉语中，"恐惧"的使用频率较高，义域较广，概括指对已存在或可能存在的困难、危险等产生紧张不安的心理状态。但与构词语素不同的是，该词一般不直接带宾语，恐惧的对象往往通过介词引入。如：

（163）患者刚进来时，都<u>对这个陌生的环境</u>感到<u>恐惧</u>。

此例通过介词"对"引入主体"恐惧"的对象"这个陌生的环境"。

通过上述分析，我们发现同一"情绪"类别的语素在组合成并列式双音复合词时，具有以下几个特点。

第一，表示某一情绪类别的语素可根据不同的语义特征组成多个更小的语义类聚，一个语素可因其不同的语义特征归属于不同的类别。如"恐""惶""慌"均具有［+慌乱］这一语义特征，这使其构成一个小的类聚，且彼此组合成复合词"恐慌""惶恐"，这两个复合词也表现出因恐惧而慌乱的语义特征。同时，"恐""惧"又因具有［+担心］的语义特征而可彼此组合，受构词语素影响，"恐惧"一词也表现出对即将出现的事情的担心、害怕。再比如，"欢"具有多个语义特征，可与"畅"组成"欢畅"，与"喜"组成"欢喜"，分别体现了［+程度高］和［+外显］的语义特征。

第二，各语素因表达情绪的强烈程度不同而可组成不同的复合词，同时，它们还对其构成的复合词的语义强度产生影响：由本义表示情绪的语素组成的复合词，其表示的情绪程度往往较为强烈；而通过隐喻等方式引申表示情绪的语素组成的复合词，所表示的情绪程度一般不够强烈。例如"悲"类情绪词，"悲哀""悲惨"的构词语素"悲""哀""惨"都直接表示情绪，不存在认知思维上的转换，这两个词表示的悲伤程度较为强烈；而语素"凄""凉""楚""苦"等本指触觉或味觉，因认知理据发生了变化，进而指称人的心理，其构成的复合词"凄凉""苦楚"表示的悲伤程度就弱一些。

第三，在每一个"情绪"义类中，都有一个构词能力极强的语素，这个语素几乎可与该义类中的任何一个语素组合成并列式复合词。如表示"喜"类情绪的"欢"，表示"悲"类情绪的"悲"，表示"惊"类情绪的"惊"，等等。尽管在古汉语中，这些单音节词具有区别于同类"情绪"词的语义特征，但随着语言的使用，这些词的义域逐渐扩大，成为所属"情绪"类词中的典型成员。在现代汉语中，它们表现出易于与具有各种不同语义特征的语素组合成词的特性。语素的这种组合特性既满足了双音节的韵律需求，又对一些义域较窄的语素起到了语义标注的作用。如"悲"与"惨"组合后，复合词"悲惨"一方面隐含了处境、境遇凄惨的语义特征，一方面又凸显出悲伤痛苦的心理感受。

第四，在现代汉语中，虽然具有相同语义特征的语素容易组合成复合词，但这种规律又不是绝对的。如"悦""愉""怡"的语义特征较为相似，尽管在古代文献中，可见到它们两两组合的诸多例证，但现代汉语中却只有复合词"愉悦""怡悦"，而几乎没有"愉怡"或"怡愉"的组合情况。与之相对，具有不同语义特征的语素也可组成复合词，如"愉"与"快"表示的愉快程度不同，但复合词"愉快"却较为常用。

这些具有不同语义特征的语素之所以能组成并列式双音复合词，我们认为其原因可归结为以下几点。

第一，与语义系统的协调性有关。由不同语义特征的语素组合成的并列式双音复合词在表示某类情绪时，并不完全将两个语素的特点全都呈现出来，而是有所取舍。在有些复合词中，具有不同语义特征的两个语素处于一种协调竞争的状态，其中某一语素的语义特征会受到另一语素的制约而有所削弱或凸显，使得整个复合词的语义体现为一种"中立"状态。如"愤怒"一词是现代汉语中典型的"怒"类复合词，其中"愤"所表示的内在抑制状态与"怒"所表示的外向爆发状态在复合词中受到彼此制约，整个词并不着意突出"情绪状态"这一特点，而是成为该类情绪的范畴化命名。在另外一些复合词中，具有不同语义特征的构词语素却体现为二者地位的不平等性，整词倾向于呈现其中某一个构词语素的语义特征。如"愉快"倾向于"愉"所体现的令人舒适平和的美好心境，而"快"的"痛快"义却展现得不够明显。

第二，与语言的历史发展有关。具有同一语义特征的语素在现代汉语中未以复合词的形式出现，并不代表它们在古汉语的某个阶段没有并列使用过，只是随着语言的发展，它们的这种并列关系并没有以整词的形式保留下来。如上文所述"愉""怡"具有较为相似的语义特征，二词在文献典籍中经常共同出现。《汉语大词典》也将"愉怡"与"怡愉"收录其中。如：

（164）欧阳修："子野为人，外虽愉怡，中自刻苦。"（《张子野墓志铭》）

（165）今天子兴教化，定邪正，海内皆欣欣怡愉。（《新唐书·列传第九十三》）

在现代汉语中，"愉""怡"却几乎不存在并列使用的情况。搜索北京大学现代汉语语料库，"愉怡"仅出现一条语例，"怡愉"无语例。

第三，与语言的使用习惯有关。语言是一种约定俗成的精神产物，是人们在长期使用中逐渐累积下来的，容易受到地理环境、民族文化、典籍传承、社会变动、个人习惯等多方面因素的影响。因此，我们在考察语义组合的理据性的同时，还应注意到它们约定俗成的一面。具有相同语义特征的语素容易组合成词，这是符合语言理据性的。但具有相同语义特征的语素未必能组合成词，而具有不同语义特征的语素也并非不能成词。总之，各种特征的语义类聚错综交织在一起，促使"情绪"类并列式双音复合词形成一个具有离散状态的语义网络。

（二）不同义类的语素组合

从生物进化的角度，心理学家将人的情绪分为基本情绪和复合情绪。基本情绪是人和动物共有的，而复合情绪是由基本情绪的不同组合派生出来的。反映到词汇上，即现代汉语中有一部分并列式"情绪"类双音复合词，它们的构词语素所表示的情绪并非同一类别，而是来源于不同的"情绪"类。

1. 不同义类的语素组合状况

单音节词在古汉语中占有优势，该类词往往以简单的形式承载着比双音节词更为复杂丰富的语义内容。《说文解字》《玉篇》等古代字书中收录的一些表示情绪的字，本身便体现为两种情绪的混合。

如"惴"。"惴"体现为"忧""惧"两种情绪的混合，"惴，忧惧也。"（《说文解字·心部》）该字在不同的字书或注疏中具有不同的释义，语境不同，所体现的情绪也各有侧重。有时表示"忧"类情绪，如：

（166）惴，忧心也。（《广韵·真韵》）

有时表示"恐"类情绪，如：

（167）孟子："自反而不缩，虽褐宽博，吾不惴焉。"赵岐注："惴，惧也。"①

再比如"忿""愠""怖"。"忿，恨也，怒也。"（《玉篇·心部》）"愠，恚也，怒也，恨也。"（《玉篇·心部》）"怖，恨怒也。"（《说文解字·心部》）这几个字表示的是"愤怒"与"怨恨"两种感情的融合。人们愤怒的情绪逐渐累积会转化为怨恨的情感，而受怨恨情感的支配，人们也易表现出愤怒的情绪，二者相互转化。

现代汉语由表示不同情绪类别的语素组成的"情绪"类并列式双音复合词主要有惊喜、忧惧、惊慌、惊惶、惊恐、惊惧、惊悸、忧愤、悲愤、愁苦、苦恼、忧伤、悲愁、哀愁。

这些由不同情绪类别的语素组合而成的复合词，其词义与语素义的关系可简单概括为"词义≈语素义1＋语素义2"。

人类的情绪、情感丰富多样，记录这些情绪、情感的语素或词的数量也较多。不同"情绪"类别的单音节词能否并存使用、语素能否组成并列式双音复合词，同样会受到语义的影响。根据构词语素涉及的情绪类别，我们分别予以分析。

a. "惊"类语素与"恐"类语素组合

"惊"类情绪体现出的精神紧张、行动失常的状态并无感情色彩上的差别。因为突如其来的刺激可以是令人惧怕、排斥的，也可以是叫人欢喜、乐意接受的，因此，张志毅认为"惊"类情绪属于中性情绪。作为语素，"惊"既可与表示积极情绪的"喜"类语素组合，如"惊喜"；也可与表示消极情绪的"恐"类语素组合，如"惊慌""惊恐""惊惶""惊惧""惊悸"。

---

① 《十三经注疏》整理委员会整理，李学勤主编：《十三经注疏（标点本）·孟子注疏》卷3《公孙丑》上，北京大学出版社1999年版，第74页。

"惊喜"即"又惊又喜",表示人们受到的心理震动是一种有利的刺激,是人们在没有预知的情况下,突然遭遇某件奇妙的事情,或获得某件心仪的物品。该词使用较早的例证如:

(168)范晔:"臣俊徒也,不得上书;不胜去死就生,惊喜踊跃,触冒拜章。"(《后汉书·袁张韩周列传》)

在拉塞尔的情绪分类环形模上,"惊奇"与"恐惧"均属于高强度维度,是相邻的两类情绪。恐惧情绪的产生有多种因素,其中重要的一个原因便是不可预料、不能确定的事物突然发生,即因惊而恐。古汉语中"惊"常与表示"恐"类情绪的词组合连用,现代汉语中"惊慌""惊恐""惊惶""惊惧""惊悸"等词都含有突然的刺激令人始料未及、心中惧怕的意思。这几个词的区别之处在于,"惊慌""惊惶"倾向于表现人们受到突然刺激后手足无措、慌乱无状的外在状态,而"惊恐""惊惧""惊悸"则侧重指人们受到惊吓后恐惧害怕的内在心理。

b. "悲"类语素与"忧"类语素组合

"悲""忧"两类情绪的界限不够明显,二者关系紧密,都属于人们对生活中各种不幸、不如意事情的消极感受。在表示消极程度、呈现状态上,"悲"类情绪词比"忧"类情绪词要强烈一些。尽管如此,这两类"情绪"词在古汉语中常并列使用。如:

(169)宋玉:"离芳蔼之方壮兮,余萎约而悲愁。"(《楚辞·九辩》)

(170)班固:"陛下秉至孝,哀伤思慕不绝于心。"(《汉书·匡衡传》)

现代汉语中由表示这两类情绪的语素构成的复合词有"哀愁""忧伤""悲愁""愁苦"等。《现代汉语词典》对这4个词的释义均采用"语素分析"的方式。

【哀愁】悲哀忧愁：～的目光。

【忧伤】忧愁悲伤：神情～ | 极度的～摧毁了他的健康。

【悲愁】悲伤忧愁：她成天乐呵呵的，不知道什么叫孤独和～。

【愁苦】忧愁苦恼：～的面容。

这4个词均表示悲伤兼忧愁，使用范围较广。此外，"愁苦"一词表示的情绪更为复杂，它在表示"忧"类情绪与"悲"类情绪的同时，还含有"烦恼"义。

c."忧"类语素与"恐"类语素组合

在单独使用时，表示"恐"类情绪的"惧"侧重指对可能出现的某种危险、困难感到提心吊胆、紧张不安；表示"忧"类情绪的"忧"倾向于表示人们对各种障碍、不幸等消极因素产生忧虑。二者语义接近，可并列出现。如：

(171) 韩非子："故劫杀死亡之君，此其心之忧惧，形之苦痛也，必甚于厉矣。"（《韩非子·奸劫弑臣》）

在现代汉语中，双音复合词"忧惧"侧重表示人们惴惴不安的心理，具有书面语色彩。如：

(172) 鞠文泰听得唐朝大军到来，忧惧不知所为，就此吓死。

d."怒"类语素与"悲""忧"类语素组合

"怒"类情绪的来源有多种，内心感到悲伤或忧愁是其中之一。在现实生活中，当愿望不能实现或行动受挫达不到目的时，人们首先会产生一种挫败感，这种挫败感有时会让人心情低落，产生忧愁、悲伤的情绪。但当这种挫败感积聚到一定程度后，情绪会转而走向更为低落的一面，即主体会对导致自己失败的因素产生不满或抵触心理，从而情绪激动，烦闷气躁。这种由悲转怒或由忧转怒的心理过程反映到语言层面，体现为对"悲愤""忧愤"等并列结构的使用。如：

（173）范晔："后感伤乱离，追怀悲愤，作诗二章。"（《后汉书·列女传》）

（174）范晔："会（荀）爽薨，颙以他事为卓所系，忧愤而卒。"（《后汉书·党锢列传》）

e. 其他情绪、情感类语素组合

如"苦恼"一词，表示的是痛苦与烦恼两种情绪的混合。人们面对发生的不幸、不可挽回的损失、无法控制的后果会产生悲伤的情绪；当遇到不如意的事情或众多事情亟待解决、正常生活频频被打扰时，人们内心又会产生烦恼的情绪。"悲""烦"这两类情绪的侧重点虽有不同，但都是因事与愿违、平静生活被打破而产生的消极情绪。"苦恼"使用较早的例证如：

（175）刘义庆："我家厕屋后桑树中有一狸，常作妖怪，我家数数横受苦恼。"（《幽明录·陈良》）

"常作妖怪"使生活受到影响，内心烦躁、痛苦。此外，由于情绪与情感是共通的，许多表示情绪、情感的语素也往往并列使用，如愤怒与羞愧（如复合词"羞愤"）、悲伤与憎恨（如复合词"哀怨"）等。这类双音复合词的数量虽然不多，却从侧面展现了情绪、情感等心理活动的彼此关联性。

2. 不同义类的语素组合动因

表示不同情绪类别的语素能够组合成并列式双音复合词，我们认为其动因可归结为以下两点。

首先，与情绪本身的复杂性有关。作为一种心理活动，情绪在日常生活中不易被量化分析。且受客观环境的影响，人类的情绪会随之变化，相关情绪之间也易发生转变。根据词义与客观事物之间的关系，情绪、情感彼此影响、转化的现象也会通过词的结构形式体现出来。在普拉切克的基本情绪模型中，惊奇、恐惧、忧愁（或痛苦）、厌恶、愤怒、预感（或警惕）、喜悦、赞同（或接受）8 种情绪次第相连，组合成一个圆形，相邻情绪之间的界限并不明确。受此影响，在词义系统中相邻语义类聚中的成员便有机会彼此组合，共同表示某种复杂的情绪感受。

其次，与人类的认知活动有关。人类对客观事物本质属性的认识反映到思维上，就形成了概念，概念内涵通过词义进行表达。可以说，词义是人们对客观事物现象的主观能动反映，包含人们对外界事物各种特点的认知。人类通过词义类聚表达不同概念类型，大致可按照两种方式，一种是依据外部世界某种固有的类别属性，另一种是根据人们主观认识上的习惯与感受。人们对情绪类别的划分便属于后者。这种人为划分的语义类别受主观影响而往往具有边界模糊性，张志毅、林杏光、亢世勇等几位先生对"情绪"类词的不同分类结果便可佐证。事实也证明，人们在交际中为了表达的需要，易将彼此有关联的两种情绪结合在一起称说，如"悲"类兼"忧"类（如"忧伤"），"怒"类兼"悲"类（如"悲愤"），"惊"类兼"恐"类（如"惊惶"），等等。

第二节 非并列式"情绪"类双音
复合词的语素组合分析

现代汉语复合词多由短语词汇化而来，许多复合词的语素构词规律往往与单音节词之间的组合规律相一致。在我们考察的"情绪"类双音复合词中，并列式结构的复合词数量最多，动宾式和主谓式复合词次之，偏正式和中补式复合词数量最少。本节将着重对动宾式和主谓式"情绪"类双音复合词的语素组合情况进行分析。

一 动宾式"情绪"类双音复合词的语素组合

在我们考察的"情绪"类双音复合词中，有 29 个词属于动宾式结构。根据构词语素的来源范畴，可将它们分为以下几类。

一是活动范畴与情绪范畴的语素组合：发[1]怒、动怒、含怒、含悲、担忧、发愁、犯愁、吃惊、害怕、发慌。

二是活动范畴与意念范畴的语素组合：得意、开怀、伤感、伤神、伤怀、断魂、失意。

三是活动范畴与事物范畴的语素组合：开心、生气、动气、动火、发火、发毛、上火、冒火、伤心、断肠、揪心、丧胆。

可以看出，每个复合词中的动词成分[2]都来源于活动范畴，而宾语成分可来源于情绪范畴，也可来源于意念范畴、事物范畴。下面我们分别对该类复合词中动词成分与宾语成分的语义进行分析。

---

① 标波浪线的语素为来源于活动范畴的语素。

② 为与短语构成成分相区别，我们依据董秀芳（2011），将动宾式复合词中的前后两部分分别称为"动词成分"与"宾语成分"，将主谓式复合词中的前后两部分分别称为"主语成分"与"谓语成分"。

（一）动宾式复合词动词成分的语义分析

董秀芳指出，动宾式复合词中动词成分的语义特点是"动作性弱"，即"不表示一个物理过程，没有一个外部的明显可见的动作"①。此外，该类成分在构词能力、使用条件等方面也有许多特殊表现。以"失意"一词的动词成分"失"为例。

汉语中表示"丢掉""失去"义的词除"失"外，还有"丢"，二者可构成同义并列结构"丢失"。但"丢"与"失"又存在诸多不同。

首先，"丢"表示的动作性较"失"要强一些，如"丢手绢"表示的是在游戏中将手绢放到别人背后这一具体动作，而这一特点是"失"所不具备的。"丢""失"表示的动作程度还可从彼此的受事成分中看出。"丢"的受事多指具体事物，如"丢垃圾""丢了钱包"等，"丢"也可与表抽象意义的成分搭配，但一般只限于与脸面有关的内容，使用范围较为狭窄，仅有"丢面子""丢脸"等。而"失"的受事成分抽象且多样，如"失宠""失恋""失和""失意""失望"等表示丧失某种情感或精神状态，"失聪""失忆""失明"等表示丧失人体器官的某些正常功能，"失效""失修""失调"等表示丧失某种控制能力，等等。

其次，"失"在现代汉语中一般不能单独使用，多以语素形式参与组成复合词。其构词能力较"丢"要强。仅以《现代汉语词典》为例，"失"作为"丢失"义构成的复合词约有100个，而"丢"参与构成的复合词只有12个。在单独使用时，"失"具有书面语色彩，适用的语境较为严肃庄重。如：

---

① 董秀芳：《词汇化：汉语双音复合词的衍生和发展（修订本）》，商务印书馆2011年版，第160页。

（1）东路罗衣考方面的暂五十五师已**失**联络，棠吉告急。

（2）周恩来总理勉励我们要做到："严肃认真，周到细致，稳妥可靠，万无一**失**"。

（3）在这种干燥、低温和密闭的条件下，古莲子过着长期的休眠生活，因而可以历经千年而不**失**其生命力。

而"丢"恰好相反，单独使用时的限制条件很少，适用语体多为口语语体。如：

（4）但更不幸的是我们的教练王非——输了比赛，还**丢**了工作。

（5）一对加拿大夫妇和一个美国人不幸在火灾中丧生，但这30名选手均毫发未损，只是不少人**丢**了球拍无法正常训练。

（6）现在，人们对**丢**了东西能否找回来的期望值已经大大降低。

通过比较可知，在现代汉语中"丢掉""失去"义主要通过"丢"来表达。"失"独立使用的功能已明显减弱，主要以构词语素的形式留存在现代汉语中。"丢"与"失"的全部语义特征可概括如下。

丢［＋失去］［＋动作性强］［－构词能力强］［＋可控性强］［－受事抽象］［－书面语］。

失［＋失去］［－动作性强］［＋构词能力强］［－可控性强］［＋受事抽象］［＋书面语］。

"失"体现的这些语义特征并非孤立，而是有着密切的内在联系。复合词中两个语素能够凝固结合，彼此紧密依赖，也恰恰说明参与组成复合词的各成分的独立性较差。一般情况下，动作性较强的词的独立性也较强，可以在句子中单独使用，充当句法成分，因而不易降格为语素参与构成复合词。而动作性较弱的动词属于非典型动词，独立使用的机会较少，从而容易以语素的身份与其他语素组合凝固成词。因此，相比较而言，动作性弱的语素，其构词能力反而要强一些。且动作性弱的动词本身表示的意义较为抽象，这促使其可控能力降低，从而更易于与同样表示抽象意义的成分结合。此外，在漫长的语言使用过程中，许多具有书面语色彩的词逐渐被同义的口语词代替，它们在口语使用中受到了种种限制，其独立使用的可能性变小。不过这部分词并没有完全消失，而是以复合词构词语素的形式保留了下来。

通过观察，我们发现"情绪"类动宾式复合词中动词成分的构词能力大多较强，其构词结果多是成系列的。如由"发"参与构成的"发慌""发怒""发愁""发毛"等都表示产生了一种消极情绪，由"害"构成的"害怕""害羞""害臊"等都表示产生了一种使人不安的感觉，由"动"参与构成的"动怒""动情""动气""动心""动人""惊动"等都表示使人的情感受到触动，等等。

在现代汉语中，还有一部分"情绪"类动宾式复合词，如"吃惊""含悲""含怒""担忧""揪心""开心""开怀"等，它们的动词成分"吃""含""担""揪""开"的常用义都表示具体行为动作，动作性都较强。但根据上一章分析，这几个"情绪"类双音复合词的动词成分的意义都已发生了变化，由具体转为抽象。人们习惯于"近取诸身，远取诸物"，以自己的身体体验去认识和理解世界，把已经具备的认知观念投射于未知的认知对象。动作是有机体全身或某一部分的活动，属于人类的日常行为。通过对动作行为的观察和联想，寻找它和其他事物、状态之间的相似之处，从而将其运用于其他的认知范畴，这符合人类认知的一般规律。

综上，"情绪"类动宾式复合词中动词成分的动作性都不强。当动词降格为语素参与构成"情绪"类双音复合词时，其意义发生了转化，所指由某种具体动作转为一种抽象行为。

（二）动宾式复合词宾语成分的语义分析

董秀芳曾指出，动宾式复合词中宾语具有"非具体性""非个体性和无指性"的特点。所谓"非具体性"指的是"名词所代表的事物不占据确定的空间"，所谓"非个体性和无指性"是指名词所表示的意义"不代表某个特定的实体而只着眼于某类实体的抽象属性"[①]。一般情况下，动宾式复合词的宾语成分是名词性语素。但通过分析，我们发现许多"情绪"类双音复合词的宾语成分并非只是名词性语素。根据意义内容和语法类别，我们将"情绪"类动宾式复合词的宾语成分分为以下两类。

1. 谓词性宾语成分

谓词性宾语成分大多是来源于情绪范畴的语素，我们将含有该类宾语成分的"情绪"类动宾式复合词记作"$V + O_1$"。它们分别是发慌、发怒、发愁、动怒、害怕、犯愁、含悲、含怒、吃惊、担忧、得意、失意。

这些词的宾语成分 O_1 直接表示情绪等心理活动，我们可直接通过其宾语成分明了该类词所表示的情绪类别，如"发怒"表示"怒"类情绪，"担忧"表示"忧"类情绪，等等。该类复合词在语义认知中大多包含从变化到状态的转换过程。以"发愁""发怒""发慌"等为例。"发"的本义是"发射"，即将箭射出去，所以"发"引申出"出发""启程""派遣"等义，都表示从一个具体位置离开前往某地。其形成路线可以简单用以下形式表示。

---

① 董秀芳：《词汇化：汉语双音复合词的衍生和发展（修订本）》，商务印书馆 2011 年版，第 162—164 页。

A━━━━━━━━━━━━━━▶......
A   B

在"发射"这个动作过程中，射箭有一个起始点 A，即弓箭的弦。箭搭在弦上受到弓的张力，当张力达到一定程度后，箭瞬间被发射出去，其前行的目标是箭靶 B。箭头能否达到预定目标未可知，但可以确定的是，发射出的箭头的状态发生了根本变化，即从一种静止状态转为一种活动状态，且该活动状态将会持续一段时间。在词义的发展过程中，"发"虽由表具体义引申表抽象义，但"发×"隐含的上述语义认知模式并未改变。"发慌""发怒""发愁"中的"发"语义较虚，抽象指因外界某种力量的作用而产生了某种情感或情绪，这种情感或情绪产生之后并没有立即停止，而是会不断地积累、持续。

除"发×"外，宾语成分是谓词性成分的其他动宾式"情绪"类复合词在语义认知上也突出了上述特点。如"动怒"表示因某种原因触动内心而产生怒气，进而作为一种情绪状态持续存在；"得意""失意"分别表示最终结果达到或未达到内心的预期目标，进而产生相应的喜悦、忧愁的情绪状态。根据沈家煊的"有界"与"无界"理论[①]，这部分带谓词性宾语成分的动宾式复合词虽表示了一个变化的起点，但并没有具体的终点，突出表示一种持续进行的状态，因而是"无界"的。因此，它们可以受到程度副词的修饰、限制，凸显所表示的程度量级，如"特别发慌""有点儿发愁""非常害怕""十分犯愁""太得意""很失意""万分担忧"等。

2. 体词性宾语成分

体词性宾语成分大多是来源于事物范畴、意念范畴的语素，我们

---

① 沈家煊：《"有界"与"无界"》，《中国语文》1995 年第 5 期。

将含有该类宾语成分的"情绪"类动宾式复合词记作"$V+O_2$"。这些词有发火、发毛、动气、动火、伤心、丧气、丧胆、生气、上火、冒火、断肠、揪心、开心、开怀、伤怀、伤神、断魂。

该类词在语义认知上侧重体现"变化"这一过程，表示某种力量触动或催生了某种事物。在语义认知过程中，该类词的动词成分体现为一个抽象的具有一段起止时间的动作过程。以"冒火"为例。"冒"表示液体或气体向上升、往外出，如"浓烟从烟囱里冒出来"。其中涉及了两个关键位置，一是烟囱底部，即浓烟产生的地方 A；二是烟囱顶端，即外口 B。浓烟从 A 点处喷发，经过烟囱的外口 B 最后冒出，该状态经过 B 处后一般不会结束，它还会因冲力从烟囱口 B 点向上空或四周方向持续蔓延。其形成路线可以简单用以下形式表示。

"冒火"的字面意思是火由内向外或由下向上喷出，表示内心的愤怒之情向外发泄，其中隐含着一个从开始到发展的变化过程。与带谓词性宾语成分的动宾式复合词相对，该类含体词性宾语成分的动宾式复合词是"有界"的，它们大多数不能受程度副词的修饰。如一般不能说"有点冒火""十分丧胆""特别断肠"等。因为它们本身侧重表示的是一个变化过程而非一种持续状态。

不过随着语义的发展，"气"在现代汉语中已用来表示"怒"类情绪，"心"用来泛指人的感情、思想。因此，含有这两个体词性成分的动宾式复合词，所体现出的语义特点与"$V+O_1$"类复合词所表示的语义认知过程相似，也表示一种持续存在的情绪状态，可受程度副词的修饰、限制，如"很生气""十分丧气""非常伤心""特别开心"等。

综之，"情绪"类动宾式复合词中的谓词性宾语成分——"愁""怒""慌""愤""怕"等都表示人的心理情绪，体现为一种持续状态；体词性宾语成分——"气""火""心"等指称的都是客观事物，表示的意义都较为抽象，空间性不强，且多为隐喻用法。

二 主谓式"情绪"类双音复合词的语素组合

在我们考察的"情绪"类双音复合词中，主谓式结构的复合词有8个。按照构词语素所属的语义范畴，可将它们分为以下两组。

一是事物范畴与感觉范畴的语素组合：心酸、心寒、胆寒、胆虚。

二是事物范畴与情绪范畴的语素组合：心虚、心慌、心悸、胆怯。

短语词汇化为复合词，首先需要其构成成分都逐渐模糊自己的独立特性，彼此之间的粘连性才能增强。董秀芳指出，主谓式短语要转为主谓式复合词，其主语成分和谓语成分都需要满足一定条件，以保证彼此组合关系的密切。其中，主谓式复合词的主语成分需要具有"无生命性""当事""无指性"三个语义特征，而谓语成分需要具有"非可控""非完成"两个语义特征，[1] 这是保证主谓式复合词形成的语义条件。"无生命性""当事""无指性"的语义特征限定了该类复合词的主语成分只能是非典型性名语素，"非可控""非完成"的语义特征限制了谓语成分是不及物动语素或形语素。

在上述8个"情绪"类双音复合词中，充当谓语成分的"酸""寒"表示两种生理感觉，"虚"表示一种客观状态，"慌""悸""怯"表示惊慌这一情绪感受。它们独立成词时都是形容词，体现为一

---

① 董秀芳：《词汇化：汉语双音复合词的衍生和发展（修订本）》，商务印书馆2011年版，第195—196页。

种持续状态，所指称的内容都不能受主体有意识的控制，这与董秀芳的论断相一致。

在这几个"情绪"类双音复合词中，做主语成分的名词性语素只有"心"和"胆"，它们都来源于事物范畴，均指称人体器官。"心""胆"在表示内脏时具有一定形状和功能，且占据一定空间。"心"可用来泛指具有上大下尖、桃状外形的物体；"胆"是囊状，可用来指称容纳水、空气等的工具等。泰勒（Taylor）把名词的典型特征依次归纳为离散的、有形的、占有三维空间的实体>非空间领域的实体>集体实体>抽象实体，[①] 由此，"心""胆"本属于典型性名词。但在参与表示情绪义时，二者使用的并非本义或常用义，而均采用了隐喻的认知手段表示抽象实体。

第（1）类：心、胆是生理感觉器官，如："心酸""心寒""胆寒"。

第（2）类：心、胆是容器，如："心虚""胆虚"。

第（3）类：心、胆是心理感受器官，如："心慌""心悸""胆怯"。

第（1）类借助舌头味蕾感觉到的酸味或皮肤细胞感受到的寒冷，来隐喻内心的悲伤难过；第（2）类借助容器内部的空洞、空虚来隐喻内心的不安、忐忑；第（3）类将"心""胆"看作思想感受体，直接陈述情绪感受。可见，在抽象表示思想感情时，"心""胆"都属于无生命的词，本身不具有控制力，只是被动接受谓语所表示的某种状态或变化，体现出"无生命性""当事""无指性"的语义特征。

---

① [英] 泰勒：《语言的范畴化：语言学理论中的类典型》，[英] 蓝纯导读，外语教学与研究出版社 2001 年版，第 191 页。

第三节　本章小结

通过本章分析，我们发现"情绪"类双音复合词的语素组合既符合复合词结构的一般规律，又具有其独特性。

首先，"情绪"类双音复合词在表示情绪时多运用隐喻手段。这不仅体现为许多并列式复合词的构词语素通过隐喻手段表示情绪，还体现在动宾式复合词的语义生成过程中。这种表达手段与情绪的特性有关。情绪是人类的一种心理活动，其概念具有抽象性，不易被描述。在词语的使用发展过程中，人们常常运用自身及周围具体可感的事物名称来隐喻抽象的事物或活动，这符合人类认知的一般规律。因此，作为一种普遍的语义认知模式和语言表达方式，隐喻手段成为"情绪"类双音复合词语义生成的一条重要途径。

其次，"情绪"类双音复合词具有明显的古今传承的特点。一方面体现为该类复合词及其构词语素产生时期大都较早。《汉语大词典》是目前通用的收录词条最多、引用文献最广的辞书。我们依据该词典，对每个语素"情绪"义项的第一个例证来源进行了统计，发现约有80%首例证来源的成书年代是在战国至魏晋南北朝时期，而首次出现在元代以后的寥寥无几。这可证明，现代汉语表示情绪义的语素多产生于上古、中古时期，它们存在时间久远，语义稳定，保留着作为单音词时的古义，成为构词能力较强的语素。在历史发展过程中，许多原本意义区分较大的词逐渐模糊彼此差别而呈现出意义相近的特点，这也是造成现代汉语各"情绪"类复合词数量较大、同一义类词的意义接近的一个原因。另一方面，现代汉语"情绪"类双音复合词中还有一些词仍旧保留着古汉语的句法格式，如"惬意""痛心""寒心""灰心""忧心"等，这些词的结构形式都是古汉语使动用法在现代汉语词汇中的遗留。

最后，在构词结构上，"情绪"类双音复合词的并列式结构最多，其数量大大超过了其他各类结构。并列式双音复合词的两个构词语素往往有互相注释的特点。从现代汉语的角度来看，一般情况下，若两个单音节语素的来源范畴相同、语义特征相近，它们会更容易凝固成词，所构成的复合词也体现出与这两个构词语素相近的语义特征。根据上文分析，现代汉语"情绪"类词的构词语素多产生于上古、中古时期，而这个时期正是并列式复合词不断增加、发展的时期。因情绪是人类的基本感情，稳定性极强，因此，许多"情绪"类并列式复合词便一直遗留到今天，造成了现代汉语"情绪"类并列式复合词数量较多的状况。但并列式复合词本身也有局限性，即由两个意义相同或相近的语素构成，所表示的只能是围绕着这两个语素所产生的新义，虽然能使意义更为精确化，却不能进一步扩充信息量来指称更多的概念和语义认知过程。随着人们对世界认识的不断深化、扩大，当大量的概念需要词语表达时，这种由两个相同或相近语素组成的复合词的表意能力便显得有些不足。因此，动宾式、主谓式等结构的"情绪"类双音复合词便起到了重要的补充作用。

第四章 "情绪"类双音复合词句法层面的语义组合分析

　　一个词在词典中的释义是该词静止、概括的意义，只有在一定的语境下或与其他词组合使用后，这个词才能表达出具体的意义。在对"情绪"类双音复合词的语素组合情况进行分析后，我们有必要讨论该类词在语篇中与其关联成分构成的局部语法型式，以及关联成分的语义类型、语义特征等，从而在句法层面进一步了解该类词的语义特点。

　　汉语与印欧语言最大的不同是，汉语属于意合型语言，汉语词汇在自然语言中的使用不仅受制于语法规则的制约，更受其内部语义特点的约束。袁毓林曾指出，只在中观层次用论元结构理论和配价语法是不足以揭示和描写汉语语法的意合机制的。要想有效地把握和刻画汉语语法的意合机制，"还应该在更底层的词库平面上建构和描述词语的物性结构（Qualia Structure）等基本的概念结构，在高层的构式（Construction）平面上描述构式的形式—意义配对关系"①。张磊、卫乃兴指出，局部语法研究聚焦特定的意义或话语功能，通过词汇与语

---

① 袁毓林：《汉语的意合特征和对外汉语教学》，北京大学对外汉语高级研讨班讲习材料，北京，2013年8月，第8页。

法共选关系的观察概括其局部意义及语法,形成了一种新的微观语言描述视角和路径。[①] 卫乃兴(2017)、李文中(2018)、张雪梅(2019)等以共现型式为操作单位提取数据,将功能范畴与型式成分——映射,对词的局部语法型式进行了分析实践。基于此,以某一词项为基本单位,考察、描绘与其共现成分的局部语法型式及语义组合特点,是我们了解汉语意合机制的重要一环。

第一节 "情绪"类双音复合词、语料及抽样方法的选取

《现代汉语常用词表》(第2版)对所收录的词汇全部进行了词频标记,序号按从1到56790流水号升级排列,频级越小,词频越高;频级越大,词频越低。囿于时间与精力,我们依据该词表中的词频统计,对每一类排在前30%的"情绪"类双音复合词进行分析。为了保证研究的同质性,避免词性对句法分析的干扰,我们排除了极个别的动词,从中提取出42个形容词作为分析对象。

"喜"类词:高兴、快乐、愉快、欢乐、得意、喜悦、开心。

"怒"类词:愤怒、气愤、愤慨、恼火、恼怒。

"悲"类词:痛苦、伤心、难过、悲哀、悲痛、悲惨、凄凉、悲伤、痛心、伤感、苦涩、苦痛、辛酸、惨痛。

"忧"类词:沉重、忧虑、忧郁、忧愁。

"惊"类词:惊讶、惊奇、惊异。

"恐"类词:恐惧、恐慌、胆怯、惶恐。

混合类:惊喜、苦恼、苦闷、惊慌、惊恐。

对于研究语料的选取,我们采用北京大学现代汉语语料库。原因

---

① 张磊、卫乃兴:《局部语法的演进、现状与前景》,《当代语言学》2018年第1期。

有以下几点。

首先，从语料规模上看，据"北京大学现代汉语语料库简介"，该语料库中的现代汉语语料超过 5.8 亿字，且都可以免费检索下载。这些语料的来源十分丰富，包括史传、应用文、报纸、杂志文摘、电视电影、网文、翻译作品、戏剧等各类内容。虽然我们不可能对检索所得的语料进行穷尽分析，但检索语料的来源越广泛，分析所得的结论就越可靠。

其次，从语体色彩上看，该语料库收录的语料倾向于书面语体，既包括小说、散文、剧本等文学作品，又包括新闻、行政公文、公关文书等应用文。"情绪"类双音复合词多用以描述主体的内在心理状态，许多词都带有明显的书面语色彩。因此，该语料库可为我们提供较为贴近"情绪"类双音复合词应用事实的语料。

最后，从检索方式上看，该语料库的检索系统以汉字为基本单位，这虽然给分词处理带来一些困难，但也可为我们的检索带来一定方便。在考察某一类型式的语义功能时，我们可借助一定的语法标记，采用语块的形式进行检索，如"悲哀地""愉快的""惊奇得""为……所满意"等，这有助于提高检索效率。此外，该语料库支持复杂的检索表达式，也可在"结果集"中继续检索，这些都为我们精确筛选语料提供了方便。

北京大学现代汉语语料库提供的语料数量庞大，限于研究精力，对全部语料进行分析和考察是很难实现的。为了保证研究的真实可信，我们需采取适当方法对检索结果进行抽样分析。统计学中常见的抽样方法有分层随机抽样、简单随机抽样和等距抽样 3 种方法。北京大学现代汉语语料库内部语料间的差异不明显，因此，我们采用等距抽样的方法。

通过初步检索，我们发现这 42 个"情绪"类双音复合词的出现频次并不均等,如含"高兴"的语料有 38678 条,而含"惨痛"的语料却只有 972 条。经预分析判定,数量在 1500 条左右的语料足以说明该词的整体使用情况。因此,本书根据每个"情绪"类双音复合词所涉语料数量的多少来确定不同的抽样间距,将每个词所取语料的数量固定在 1500 条左右。对于语料总体数量在 2000 条以下的,我们将其全部作为分析样本,不再进行抽样。在此基础上,我们对所有样本语料进行穷尽分析。这样既能把抽样所得数据控制在可操作的范围内,又能保证分析结果的可信性。

根据上述原则,我们对 42 个"情绪"类双音复合词的语料逐一进行了抽取,并对所有语例进行了初步筛选及分词、分义项处理。

第一,北京大学现代汉语语料库是以汉字为检索单位的,因此,我们搜索的样本中出现了许多伪样本,如在搜索"开心"一词时,语料库中有"开心果""打开心扉""敞开心门"等非"情绪"类双音复合词条目。我们对这些语例进行了筛选、辨别,将此类样本剔除掉。

第二,北京大学现代汉语语料库是一个生语料库,因此例句中难免有一些错别字或不规范用法,因此需要我们进行人工干预。如例句:"'丹枫!丹枫!!丹枫!!!'李红钢短促而〔惊恐〕地高叫着",该例"高叫"前"的"当为"地",经修改后我们将该例归入"形容词 + 地 + 动词性成分"型式,而不是归入"形容词 + 的 + 动词性成分"型式。类似于"的""地""得"混用等情况,我们全部予以修正。

第三,有些词作为词典中被释义的词目或用作某种场所、人名等的命名,如"【伤感】因感触而悲伤""日本磐田喜悦队""云南快乐天堂文化传播有限公司"等。因这种情况并不能充分体现"情绪"类双音复合词在动态语言中的实际运用情况,我们也对这部分语例进行了剔除。

第四,本书所依据的《现代汉语常用词表》(第 2 版)在统计词频时以整词为单位而不考虑义项，因此，在一般情况下，义项数量多的词的出现频率往往较高。在我们分析的 42 个"情绪"类双音复合词中，词频排在前几位的词都至少含有一个非情绪义项。如"难过"一词有两个义项：①不容易过活；②难受。其中义项①不表示情绪义，类似于"我们出租车司机的日子越来越难过"这样的样本就需要剔除。与此类似的还有"痛苦""沉重""高兴"等词。因此，在选取语料时，我们要对其进行人工干预，以确定所取语料中的词全都表示情绪义。

第五，因本章着重考察"情绪"类双音复合词在现代汉语句法中的语义组合特点，因此该类词所在句子为文言文、古诗词等的语料，我们也予以剔除。

经过上述筛选，最后共获得了 52132 条语料。我们对这些语料进行了穷尽性分析，以考察"情绪"类双音复合词在句法中的共现成分，以及与这些共现成分的组合情况。

结构主义语言学认为，语言是有层次的，句法分析必须以遵循语言结构的层次性为前提。因此，本章所讨论的"情绪"类双音复合词的共现成分主要是指依据层次分析法，在一个单句中能与之构成直接句法关系的成分，也包括与之同时存在于某些特定句法格式或构式中的句法成分等。

第二节 "情绪"类双音复合词共现成分的语义角色

"语义角色"是指"论元在动词所指事件中担任的角色"①，主要体现动词与句法中相关成分的语义关系。形容词与动词同属"谓词"，

---

① 沈园：《句法—语义界面研究》，上海教育出版社 2007 年版，第 24 页。

在形容词指称某种性状特征时，其相关联的句法成分也可扮演一定的语义角色，如主体、程度、原因等。基于该认识，在本书中我们使用"语义角色"这一概念，用来指称"情绪"类双音复合词的共现成分所体现出的有关情绪的各项内容。

"情绪"是指主体通过自身感官（主要是脑）体验到的因外界某种人、事、物刺激而引发的具有某种变动性的心理情感。首先，情绪是人类共有的一种内在情感，是主观化的事物，因此，必有一定的体验主体和心理属性；其次，情绪的发生是有一定原因的，往往由外界刺激引起；再次，人们在产生某种情绪时往往伴随各种外在表现，即所谓的"情绪行为"；再则，情绪是一种具有变动性的心理活动，因而具有一定的时空因素。同时，作为一种主观感受，情绪可以影响人的行为方式，且会因个体愿望实现程度的差异而体现为不同的程度量级。另外，作为人类的一种抽象行为，情绪是不易被描述的，因此，人们会通过一定的方式手段对其进行形象表达。综合上述分析，我们认为在句法中与"情绪"类双音复合词共现的成分可主要体现为以下9种语义角色：体验主体；形成原因；呈现形式；导致结果；伴随状态；程度量级；时间空间；具象特征；属性特征。

我们对上述42个"情绪"类双音复合词9类语义角色的呈现情况进行了穷尽分析与数据统计，[①] 事实表明，任何一个"情绪"类双音复合词都有表达上述9种语义角色的共现成分，只是各语义角色的呈现频次不同。"情绪"类双音复合词9类语义角色的整体分布情况如图4–1所示。

---

① 各"情绪"类双音复合词对9类语义角色的呈现情况详见附录1。

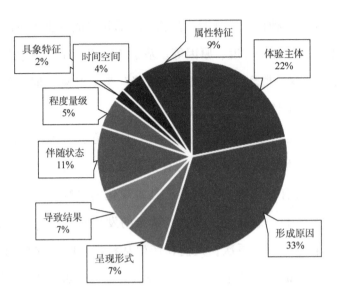

图4-1 "情绪"类双音复合词9类语义角色的分布情况

由图4-1可知,该类词的共现成分主要表现为两大语义角色:一是情绪的形成原因,体现该语义角色的语料数量占总语料数的33%;二是情绪的体验主体,其数量占总语料的22%。这两种语义角色的数量优势不仅体现于总体的语料占比上,还具体表现在每个词的分布状态中。根据在总语料中的占比情况,各"情绪"类双音复合词共现成分的语义角色的等级序列如下。

高兴:形成原因>体验主体>伴随状态>导致结果>属性特征>时间空间>程度量级>呈现形式>具象特征

快乐:体验主体>形成原因>时间空间>伴随状态>属性特征>具象特征>程度量级>呈现形式>导致结果

愉快:形成原因>伴随状态>属性特征>体验主体>时间空间>呈现形式>导致结果>程度量级>具象特征

欢乐:形成原因>体验主体>时间空间>属性特征>具象特征>呈现形式>程度量级>伴随状态>导致结果

得意：形成原因 > 伴随状态 > 体验主体 > 导致结果 > 呈现形式 > 属性特征 > 时间空间 > 程度量级 > 具象特征

喜悦：形成原因 > 属性特征 > 体验主体 > 呈现形式 > 具象特征 > 程度量级 > 时间空间 > 导致结果 > 伴随状态

开心：体验主体 > 伴随状态 > 形成原因 > 导致结果 > 程度量级 > 时间空间 > 呈现形式 > 具象特征 > 属性特征

愤怒：体验主体 > 导致结果 > 形成原因 > 伴随状态 > 呈现形式 > 属性特征 > 具象特征 > 程度量级 > 时间空间

气愤：伴随状态 > 体验主体 > 形成原因 > 导致结果 > 程度量级 > 属性特征 > 呈现形式 > 时间空间 > 具象特征

愤慨：形成原因 > 体验主体 > 伴随状态 > 属性特征 > 程度量级 > 导致结果 > 呈现形式 > 时间空间 > 具象特征

恼火：形成原因 > 体验主体 > 属性特征 > 伴随状态 > 时间空间 > 导致结果 > 呈现形式 > 程度量级 > 具象特征

恼怒：形成原因 > 体验主体 > 伴随状态 > 导致结果 > 呈现形式 > 属性特征 > 程度量级 > 具象特征 > 时间空间

惊讶：形成原因 > 体验主体 > 伴随状态 > 呈现形式 > 导致结果 > 程度量级 > 时间空间 > 属性特征 > 具象特征

惊奇：形成原因 > 体验主体 > 伴随状态 > 呈现形式 > 导致结果 > 程度量级 > 属性特征 > 具象特征 > 时间空间

惊异：形成原因 > 体验主体 > 伴随状态 > 呈现形式 > 导致结果 > 程度量级 > 属性特征 > 具象特征 > 时间空间

恐惧：形成原因 > 属性特征 > 体验主体 > 呈现形式 > 程度量级 > 具象特征 > 伴随状态 > 导致结果 > 时间空间

恐慌：体验主体 > 形成原因 > 属性特征 > 时间空间 > 呈现形式 > 导致结果 > 程度量级 > 具象特征 > 伴随状态

胆怯：体验主体 > 伴随状态 > 导致结果 > 呈现形式 > 形成原因 > 属性特征 > 程度量级 > 具象特征 > 时间空间

惶恐：体验主体 > 形成原因 > 呈现形式 > 伴随状态 > 属性特征 > 程度量级 > 导致结果 > 时间空间 > 具象特征

沉重：属性特征 > 形成原因 > 呈现形式 > 伴随状态 > 导致结果 > 具象特征 > 时间空间 > 程度量级 > 体验主体

忧虑：形成原因 > 体验主体 > 伴随状态 > 属性特征 > 呈现形式 > 具象特征 > 程度量级 > 时间空间 > 导致结果

忧郁：呈现形式 > 体验主体 > 属性特征 > 形成原因 > 伴随状态 > 具象特征 > 时间空间 > 导致结果 > 程度量级

忧愁：体验主体 > 形成原因 > 呈现形式 > 属性特征 > 伴随状态 > 时间空间 > 具象特征 > 程度量级 > 导致结果

痛苦：形成原因 > 体验主体 > 属性特征 > 程度量级 > 伴随状态 > 导致结果 > 时间空间 > 呈现形式 > 具象特征

伤心：形成原因 > 体验主体 > 伴随状态 > 导致结果 > 程度量级 > 呈现形式 > 时间空间 > 属性特征 > 具象特征

难过：体验主体 > 形成原因 > 属性特征 > 伴随状态 > 导致结果 > 程度量级 > 呈现形式 > 具象特征 > 时间空间

悲哀：体验主体 > 形成原因 > 伴随状态 > 呈现形式 > 属性特征 > 具象特征 > 程度量级 > 导致结果 > 时间空间

悲痛：形成原因 > 程度量级 > 体验主体 > 属性特征 > 导致结果 > 伴随状态 > 时间空间 > 呈现形式 > 具象特征

悲惨：形成原因 > 时间空间 > 伴随状态 > 体验主体 > 具象特征 > 程度量级 > 导致结果 > 属性特征 > 呈现形式

凄凉：形成原因 > 属性特征 > 伴随状态 > 时间空间 > 呈现形式 > 程度量级 > 体验主体 > 导致结果 > 具象特征

悲伤：体验主体 > 形成原因 > 呈现形式 > 属性特征 > 程度量级 > 伴随状态 > 时间空间 > 导致结果 > 具象特征

痛心：形成原因 > 体验主体 > 伴随状态 > 程度量级 > 导致结果 > 呈现形式 > 属性特征 > 时间空间 > 具象特征

伤感：形成原因 > 体验主体 > 伴随状态 > 属性特征 > 呈现形式 > 导致结果 > 程度量级 > 具象特征 > 时间空间

苦涩：形成原因 > 呈现形式 > 导致结果 > 属性特征 > 伴随状态 > 具象特征 > 程度量级 > 时间空间 > 体验主体

苦痛：形成原因 > 体验主体 > 属性特征 > 程度量级 > 具象特征 > 时间空间 > 呈现形式 > 导致结果 > 伴随状态

辛酸：形成原因 > 呈现形式 > 体验主体 > 属性特征 > 时间空间 > 伴随状态 > 具象特征 > 程度量级 > 导致结果

惨痛：形成原因 > 时间空间 > 伴随状态 > 程度量级 > 呈现形式 > 属性特征 > 导致结果 > 具象特征 > 体验主体

惊喜：形成原因 > 导致结果 > 体验主体 > 伴随状态 > 呈现形式 > 程度量级 > 属性特征 > 具象特征 > 时间空间

苦恼：形成原因 > 体验主体 > 属性特征 > 伴随状态 > 程度量级 > 时间空间 > 具象特征 > 导致结果 > 呈现形式

苦闷：体验主体 > 属性特征 > 形成原因 > 时间空间 > 程度量级 > 具象特征 > 呈现形式 > 伴随状态 > 导致结果

惊慌：体验主体 > 导致结果 > 呈现形式 > 形成原因 > 伴随状态 > 属性特征 > 程度量级 > 时间空间 > 具象特征

惊恐：体验主体 > 形成原因 > 呈现形式 > 导致结果 > 伴随状态 > 程度量级 > 属性特征 > 时间空间 > 具象特征

由上可知，在"情绪"类双音复合词与其共现成分的组合中，每个词对语义角色的呈现情况各有差异。其中，"形成原因"这一语义角色排在首位的有 26 个词，排在第二位的有 9 个词；"体验主体"这一语义角色排在首位的有 13 个词，排在第二位的有 17 个词。通过这些数据我们可以看出，"情绪"类双音复合词对"形成原因""体验主体"这两大语义角色的呈现比例要远远高于其他语义角色。

当然也有例外。如"忧郁"一词的共现成分主要表现"呈现形式"这一语义角色，"沉重"一词的共现成分主要表现"属性特征"这一语义角色，"气愤"与表现"伴随状态"这一语义角色的共现成分组合比例最高，等等。造成这些不同情况的原因，与"情绪"类双音复合词的语义特征有紧密关系，后文会有涉及，在此不予赘述。

第三节 "情绪"类双音复合词的局部语法型式

根据张磊的界定，"局部语法"是基于语料库数据，以共选关系所形成的短语或型式为描写单位，将短语或型式中的结构成分与特定的功能或语义标签相匹配，揭示形式和意义的密切联系，使受限语言的特征性意义得到更直观、清晰、系统的描述。[①] 局部语法的数据提取单位是型式，通过将功能成分与型式成分相匹配，概括出局部语法的使用特征。所谓"型式"，即"受动词、形容词或名词控制、由经常与其一起出现的一串词语组成的（包括介词、词组以及从句等）相对固定的短语"[②]。为考察"情绪"类双音复合词句法层面的语义组合情况，我们归纳了在表现 9 类语义角色时，这些词与其共现成分的局部语法型式。

---

① 张磊：《重谈受限语言：对局部语法理论根源的解析》，《语言学研究》2018 年第 2 期。
② 王勇：《行走在语法和词汇之间——型式语法述评》，《当代语言学》2008 年第 3 期。

本书采用的主要标注符号为① V：动词；VP：动词性结构（包括动词和动词性短语）；N：名词；NP：名词性结构（包括名词、名词性短语、指代名词的代词）；A：形容词；adv：副词；r：代词；p：介词；pp：介词结构；nd：方位名词；u：助词；c：连词。

一 局部语法型式类别

（一）"体验主体"类局部语法型式

情绪是主体自身体验到的一种内在心理感受，所有的情绪活动都必须有主体的参与。因此，在一般情况下，"情绪"类双音复合词都可以与表示情绪体验主体的成分组合。在一个单句中，"情绪"类双音复合词与表示情绪体验主体的共现成分可组成以下 5 类主要型式：A + （的） + NP、NP + 的 + A、NP + （adv） + A、NP + V$_{主观感受类}$ + （adv）/（u） + A、p + NP + nd + 引起 + （u） + A。

第一类：A + （的） + NP

在该类型式中，名词性成分 NP 充当定语中心语，受"情绪"类双音复合词 A 的修饰限定。其中结构助词"的"属于非必要成分，可存在也可省略；名词性成分 NP 为必要成分，一般不省略，如例（1）、例（2）。不过也有一些例外：在我们考察的语料中，存在个别书面语"A + 之 + N"型式，我们将其归入了本型式"A + （的） + NP"，其中的"之"不能省略，如例（3）。由于人称代词与所代名词的句法功能一致，当体验主体由人称代词指称时，为方便描写，我们将"A + （的） + 人称代词"也归入了该型式，不过"的"不能省略，如例（4）。此外，语料中体现情绪主体的"的"字短语也被归入了该型式，这里的

---

① 与"情绪"类双音词复合词构成直接句法关系的成分主要是名词或名词性成分、动词或动词性成分以及形容词。为了凸显上述主要成分，我们将其标注符号记作大写字母，以与其他类型的语法成分相区别。

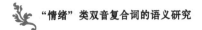

"的"是必要成分,名词性成分 NP 被省略,如例(5)。

(1) 数千名**悲伤**的民众也前往王宫送别最高元首。

(2) 这位**忧郁**歌手将演唱人们熟悉的保留曲目。

(3) 如果你想做个**快乐**之人,使自己生活愉快,请读下面的"快乐十戒"。

(4) 杜琪以及两个大男人困惑地看着**惊讶**的她。

(5) 一传扬开来,最**高兴**的是四贝勒皇太极和小妃泰恩察二人了。

第二类:NP + 的 + A

在该类型式中,名词性成分 NP 充当定语,限定"情绪"类双音复合词 A。这里的名词性成分在很多情况下还可是人称代词"你""我""他""她"等。如:

(6) 他巴望着马上见到地委来的首长,向他诉说庄稼人的**悲伤**和**喜悦**。

(7) 只可惜他的**愉快**总是不太长久。

第三类:NP + (adv) + A

名词性成分 NP 在该型式中充当主语,与"情绪"类双音复合词 A 组成主谓结构,受"情绪"类双音词的评价与陈述。程度副词可直接体现情绪的程度量级,如"很""非常""有点儿"等。但这里的程度副词并非必要成分,可省略。如:

(8) 得意处再佐之以秧歌舞,大家很**开心**,他也很**开心**。

(9) 倒不如早点撒手,免得双方**痛苦**!

第四类：NP + V$_{主观感受类}$ + (adv)/(u) + A

在该型式中，主观感受类动词包括"感到""觉得""深感"等，与"情绪"类双音复合词 A 组成动宾结构，对名词性成分 NP 充当的主语进行陈述与评价。该型式中的副词 adv 主要为程度副词，助词 u 主要为"了""过"等动态助词。程度副词 adv、动态助词 u 均为非必要成分，可省略。如：

（10）这里的人们感到了恐惧。

（11）谢谢你，我觉得很快乐。

第五类：p + NP + nd + 引起 + (u) + A

在该类型式中，"情绪"类双音复合词 A 充当动词"引起"的谓词性宾语，其组成的动宾结构受介宾结构"p + NP + nd"的限制。其中，介词 p 主要是"在""于"等，方位名词 nd 主要有"中""里""内"等，助词 u 主要为动态助词"了""过"等，可省略。如：

（12）美国纽约电台播出广播剧《火星人入侵》，在听众中引起惊慌。

在上述体现"情绪主体"的 5 类主要型式中，"NP + (adv) + A"这一型式的使用频率最高，其条目占总语料的 55%，其次是"NP + 的 + A"型式，其条目占总语料的 24%。主谓结构突出了谓语成分所指内容对主语的陈述、评价或描述，由名词性成分做定语的定中结构凸显了形容词中心语所指项目的归属，二者成为呈现"体验主体"这类语义角色的主要型式。

（二）"形成原因"类局部语法型式

情绪是人类主体亲验的一种内在心理活动，它并非凭空而生，而是由一定的外界刺激引起的，因此，情绪始终处于一种因果关联之中。在现代汉语中，"情绪"类双音复合词与表示情绪形成原因的共现成分可构成以下 9 种主要型式：A + 地 + VP、A + （于）+ VP/NP、VP + （adv）+ A、VP + 的 + A、NP + （nd）+ （的）+ A、A + （的）+ NP/VP、p + NP/VP + （c）/（v）+ （adv）+ （的）+ A、NP/VP + V_{使役类} + NP + A、NP + （p + NP）+ 带来 + （u）+ A。

第一类：A + 地 + VP

从句法关系上看，在该类句法型式中，"情绪"类双音复合词 A 同其共现的动词性成分 VP 组成一种状中关系，对其进行修饰与限制。结构助词"地"一般不能省略。如：

（13）我们<u>高兴地得知</u>印巴双方将于明年开始谈判。

（14）他<u>伤心地失去</u>了他同族人的同情和关注。

（15）他<u>惊讶地发现</u>，在中国工作的许多外国使馆人员，对于中国几千年的历史、文化一窍不通。

从逻辑关系上看，动词性成分 VP 表示的内容是情绪的产生原因，这种因果关系可从发生时间上得到证明。上述例句中的"得知""失去""发现"等动作都是先于"高兴""伤心""惊讶"情绪的。因为得知了某种信息、失去了某种东西或发现了某种情况，人们才会产生相应的主观情绪反应。

第二类：A + （于）+ VP/NP

该类型式表达的语义内容是"对 VP/NP 感到 A"。借助介词"于"引入情绪原因时，"情绪"类双音复合词 A 与动词性成分 VP 或名词性成分 NP 实际构成了一种补充关系，如例（16）。介词"于"为非核心成分，可省略，此时"情绪"类双音复合词 A 与动词性成分 VP 或名词性成分 NP 组成述宾结构，如例（17）。

（16）我十分<u>伤心于这两册书也难免此厄运</u>。

（17）在此之前她很<u>恼火这一点</u>。

第三类：VP +（adv）+ A

在该类型式中，动词性成分 VP 与"情绪"类双音复合词 A 组成连谓结构，二者表示的内容在发生时间上往往有先后次序，即动词性成分表示的动作行为发生在前，情绪活动产生在后。从语义关系上看，先发生的动作行为往往是某类情绪产生的原因。如：

（18）其他运动队都已停训了，<u>看到我们这样练都有些惊奇</u>。

第四类：VP + 的 + A

在该类型式中，动词性成分 VP 做"情绪"类双音复合词 A 的定语；在逻辑关系上，动词性成分 VP 表示的内容是情绪形成的原因。在某些书面语中，结构助词"的"还会由"之"代替。一般情况下，结构助词"的"作为必要成分，不能省略。如：

（19）父母和孩子在阅读过程中体验一种<u>捉迷藏的快乐和趣味</u>。

第五类：NP +（nd）+（的）+ A

在句法关系上，该型式中的名词性成分 NP 是"情绪"类双音复合词 A 的定语；在逻辑关系上，名词性成分 NP 所指称的内容是情绪的形成原因。需指出的是，充当定语的成分中有一小部分动名兼类词，它们在语义上既可表示一种活动，也可表示进行某项活动，如例（20）。这些动名兼类词还有"运动""劳动""工作""遭遇""损失"

"经历""教训"等。名词性成分 NP 还常与方位名词 nd 相结合，组成方位短语"NP 上""NP 中"等，对情绪产生的范围进行限定，如例（21）。与第四类相同，在某些书面语中，结构助词"的"还会由"之"代替。"的"为非必要成分，可省略，如例（22）。

（20）无人疼爱的小刚在风雨飘摇之中饱尝生活的苦涩和世态冷暖。

（21）雇主有责任善待自己的员工，让雇员感受到工作中的快乐。

（22）一次又一次的人生苦痛，并没有使她消沉。

第六类：A +（的）+ NP/VP

在该类型式中，"情绪"类双音复合词 A 与名词性成分 NP 或动词性成分 VP 形成定中关系，起到描述、修饰的作用。在逻辑关系上，该型式表示某物或某事等导致某人产生某种情绪，如例（23）中"节奏"引起了"悲伤"。结构助词"的"作为非必要成分，可以省略。另外，语料中体现情绪形成原因的"的"字短语也被归入该型式，这里的"的"是必要成分，不可省略，但名词性成分 NP 被省略了，如例（24）。

（23）身子随着那常常想起的悲伤的节奏而摇摆。

（24）更高兴的是国际社会对朝方更换团长人选表示关注。

第七类：p + NP/VP +（c）/（v）+（adv）+（的）+ A

该类型式中含有介词、连词等标志词，具有"因某事（人）而产生某种情绪"或"对某事（人）产生某种情绪"的功能意义。其中介词 p 主要是"因""由于""为""对""对于""就"等关涉介词，用以引出情绪的形成原因。连词 c 主要是"而""所",动词主要为"感到""觉得""感觉"等主观心理感受类词以及"表示"等抽象活动类词,如例(25)、例(26)、例(27)。

该类型式的变体有很多,如:p + NP/VP + 而 + A、p + N/V + 所 + A、p + N/V + A、p + V/N + 的 + A、p + N/V + 感到/觉得 + adv + A、p + N/V + 而 + 感到/觉得 + A、p + N/V + 而 + 感到/觉得 + adv + A、p + N/V + 而 + 深感/深觉 + A、对 + V/N + adv + 表示 + A、就 + V/N + adv + 表示 + A、对 + V/N + 深表 + A、就 + V/N + 深表 + A。

(25)我们<u>为失去黄兆麟而痛心</u>,也为他而骄傲。

(26)你<u>因为父母闹离婚而感到难过</u>。

(27)与会专家<u>对近年来我区细毛羊生产一再滑坡的现状深表忧虑</u>。

该型式具有明显的书面语色彩,多为主体就某个事件做出某种评判或表达某个观点、立场等,适用场合较为正式。

第八类:NP/VP + V_{使役类} + NP + A

该类型式属于典型的兼语句式,其标志词为"令""使""让""叫"等使役类动词。该句型含有多种变体,如:NP + 令/叫/使/让 + NP + V_{主观感受类} + A、令/叫/使/让 + NP + A + 的 + NP、令/叫/使/让 + NP + V_{主观感受类} + A + 的 + NP、令/让/使/叫 + NP + A + 的 + 是 + VP、令/让/使/叫 + NP + V_{主观感受类} + A + 的 + 是 + VP。

值得注意的是,在"令/让/使/叫 + NP + A + 的 + 是 + VP""令/让/使/叫 + NP + V_{主观感受类} + A + 的 + 是 + VP"这两类型式中,发出使役类的主体成分是陈述一个事实的动词性结构 VP。如:

(28)<u>你受如此折磨</u>,着实<u>令我伤心</u>啊!

此例中"你受如此折磨"陈述了一个事实，该事实是"令我伤心"的原因。

第九类：NP＋(p＋NP)＋带来＋(u)＋A

该类型式的典型语义是"某人、某事或某物为某人带来了某种情绪"，助词 u 主要为动态助词"了"和结构助词"的"，均为非必要成分，如例（29）。该型式包含多个变体，如：NP＋给＋NP＋带来＋A、NP＋为＋NP＋带来＋A、NP＋给＋NP＋带来的＋A、NP＋为＋NP＋带来的＋A、给＋NP＋带来＋A＋的＋NP、为＋NP＋带来＋A＋的＋NP、NP＋给＋NP＋A、NP＋带来了＋A、NP＋带来的＋A。这些型式中的名词性结构 NP 与"情绪"类双音复合词 A 构成了多种语法关系，但在语义上，它们所指的都是情绪的产生原因。其中介引结构"p＋NP"为非必要成分，可省略，如例（30）。

（29）这些细小的体感也总是给他带来喜悦。

（30）生活带来的苦恼和工作中的压力，时常让人喘不过气来。

在上述体现"形成原因"的 9 类主要型式中，"NP/VP＋V_{使役类}＋NP＋A"这一型式的使用频率最高，是体现情绪形成原因这一语义角色的典型型式，其条目占总语料的 29%，这与该型式的功能义有关。该型式含有"令""使""让""叫"等使令动词，具有明显的役使作用，能直观凸显情绪的产生原因，表达目的明确，适用范围较广。通过对语料的总体考察，我们发现所有"情绪"类双音复合词都可通过该类型式来突出情绪的形成原因。

（三）"呈现形式"类局部语法型式

情绪是主体的一种心理体验，属于个人的主观内在行为，具有一定的隐匿性。但这种内在感受又非完全隐而不露，它往往通过神情、语言、举止等外在形式展现、宣泄出来，以满足生理和心理的内在需求。也正是通过这些表现形式，人们才能去感知或揣测他人的情绪感受。在表现情绪的呈现形式时，"情绪"类双音复合词与其共现成分可构成以下3种主要型式：A + (的) + NP、NP + (nd) + (的) + A、NP + (adv) + A。

第一类：A + (的) + NP

从句法层面看，"情绪"类双音复合词 A 与其共现的名词性成分 NP 组成定中结构，对名词性成分起修饰、限定的作用。从所指内容的逻辑关系上看，二者构成了情绪内容与呈现形式的关系。如：

(31) 帕恩似乎总算知道是怎么一回事了，他露出了高兴的神情紧紧抱住了埃特。

(32) 在另一个角落，有些士兵流着疼痛与恐惧的眼泪。

例 (31) 中"帕恩"通过"神情"展现出内心的高兴情绪，例 (32) 中"士兵"的"眼泪"凸显了其肉体的疼痛与心理的恐惧。

第二类：NP + (nd) + (的) + A

在该类型式中，名词性成分 NP 与"情绪"类双音复合词 A 构成的语法关系仍为定中关系，指称情绪呈现形式的名词性成分 NP 做定语。不过这些名词性成分往往不单用，而是与方位名词 nd 相结合。如：

(33) 克撒掂掂手里的法冠，脸上的喜悦溢于言表。

第三类：NP + (adv) + A

在该类语法型式中，名词性成分 NP 与"情绪"类双音复合词 A 构成主谓结构，"情绪"类双音复合词 A 用以陈述、描述名词性成分 NP 所指称的内容，副词 adv 可省略。如：

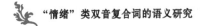

（34）上面赫然印着他施展拳脚的彩照，动作潇洒，<u>满脸得意</u>。

在上述体现"呈现形式"的3类主要型式中，"A+（的）+NP"这一型式最典型，其语料条目具有绝对数量优势，占总语料的81%。

（四）"导致结果"类局部语法型式

作为人类的一种心理感受，情绪不仅有原因，而且还能导致某种结果。在内在情绪的驱动下，主体往往会表现出一定的外在反应。"情绪"类双音复合词与"导致结果"类语义角色的共现成分可构成以下4种主要型式：A+得+VP、A+的+VP、A+地+（adv）+VP、VP+的+A。

第一类：A+得+VP

该类型式中的动词性成分VP做"情绪"类双音复合词A的结果补语，表示"某种情绪导致了某种结果"。如：

（35）他吓坏了，<u>惊慌得手脚失措</u>。

此外，该型式还具有"A到VP""A而VP"等变体型式，如例（36）、例（37）。不过这两类语法型式的语料数量总体较少。

（36）静抱了王女士，<u>快乐到声音发颤</u>。

（37）不久，俄耳甫斯也<u>悲伤而死</u>。

第二类：A+的+VP

在该类型式中，"情绪"类双音复合词A做动词性结构VP的定语，表示对动词中心语的修饰或限制。一般情况下，结构助词"的"不能省略。如：

（38）他曾因批评美国的波黑政策，招来美国<u>愤怒的敲打</u>，警告他不要忘记自己拿的是联合国的工资。

第三类：A + 地 +（adv）+ VP

在该类型式中，动词性成分 VP 做"情绪"类双音复合词 A 的状语中心语，受"情绪"类双音复合词的限制或描写，表示"受某种情绪影响而产生某种结果"，副词 adv 为非必要成分，可省略。该型式中的动词性结构多为"V 一下""V 起来""V 一 V""V 了一 N""V 了 V"等形式，或表示动作发生的起始点，如例（39）中的"哭起来"；或表示动作发生的频次，如例（40）中的"望了一眼"，均体现了动作的起止性或非延续性。

（39）她<u>伤心地哭起来</u>。

（40）她向着自已经入睡了的克利福<u>得意地望了一眼</u>，轻轻地走出了房门。

第四类：VP + 的 + A

在该类型式中，动词性结构成分 VP 做"情绪"类双音复合词 A 的定语，从情绪呈现结果的角度对某一情绪做修饰、限定。一般情况下，结构助词"的"不省略。如：

（41）<u>无所适从的恐慌</u>、牢骚满腹的怨恨或"以不变应万变"的固执……都是"没落贵族"的可怜状。

通过上文分析我们发现，在体现情绪"导致结果"的这 4 类主要型式中，第三类型式"A + 地 +（adv）+ VP"的语料数量最多，其条目占总语料的 72%，是表示这一语义角色的典型语法型式。该语法现象与隐喻认知在句法结构中的表现有关。根据"时间顺序的象似原则"，句法结构中成分的排列顺序反映了人们感知或经验的顺序，即表示先发生动作的成分在句法中往往在前，而表示后发生动作的成分往往在后，这符合人类的一般认知规律。在"A＋地＋（adv）＋VP"中，"情绪"类双音复合词与动词性成分组成状中结构，"情绪"类双音复合词在前，描述行为主体动作行为的成分在后，这与因果逻辑关系正相一致。

（五）"伴随状态"类局部语法型式

与情感、性格等相比，情绪是一种较为短暂的心理活动，但该活动并非转瞬即逝，它也可以持续一段时间。伴随着某种情绪状态的持续，体验主体往往会产生一定的动作行为。在时间上，这种外在的表现行为与内在的情绪状态便体现为一种并行关系。"情绪"类双音复合词与表示伴随状态的共现成分可构成以下3种型式：A＋地＋（pp）＋VP、VP＋得＋A、A＋的＋VP。

第一类：A＋地＋（pp）＋VP

在该类型式中，"情绪"类双音复合词 A 做动词性成分 VP 的状语，对具体的动作行为进行修饰。介词结构 pp 为非必要成分，可省略。在逻辑关系上，动词性成分所指内容与情绪状态构成并存关系。如：

（42）他忧愁地疾步在室内走来走去。

（43）妇女搂抱小孩，喜悦地蹲在地上。

"走来走去""蹲在地上"既非情绪产生的原因，也非情绪导致的结果，而是伴随"忧愁""喜悦"情绪而存在的一种动作行为。

第二类：VP＋得＋A

在该型式中，"情绪"类双音复合词 A 做动词性成分 VP 的状态补语，对其所指内容予以补充说明，体现了情绪与某一动作行为的伴随状态。如：

（44）它平凡，但绝对重要，无论人们<u>生活得痛苦或者欢愉</u>。

第三类：A + 的 + VP

通过该型式表示情绪伴随状态的语料数量较少，在我们分析的所有语料中仅有 95 例。在该型式中，"情绪"类双音复合词 A 做动词性结构成分 VP 的定语，动词性结构 VP 在受"情绪"类双音复合词 A 修饰的同时，也体现了情绪的伴随状态。如：

（45）他陷在<u>甜蜜而又悲哀的沉思</u>之中了。

在上述"情绪"类双音复合词与"伴随状态"类成分构成的 3 类型式中，语料中数量最多的是第一类"A + 地 + （pp） + VP"型式。该型式是表现情绪伴随状态的最典型格式，其条目占总语料的89%。

（六）"程度量级"类局部语法型式

"情绪"类双音复合词体现了主体对外界刺激做出的主观评价，而这些主观评价都是具有一定程度值或量级的，即表现为不同的强烈程度。在与"情绪"类双音复合词共现的成分中，有一部分就是表示"程度量级"这一语义角色的。它们与"情绪"类双音复合词可构成以下 3 种型式：A + （得） + （adv） + VP、VP + （的）/（地） + A、NP + （的） + A。

第一类：A + （得） + （adv） + VP

该型式中的动词性成分 VP 做"情绪"类双音复合词 A 的程度补语，主要用以说明某类情绪的强烈程度，如例（46）。结构助词"得"、程度副词 dav 为非必要成分，可省略。此外，该型式还具有"A

到 VP"这一变体型式,如例(47)。

(46)这些日子,不管我在你身边或不在你身边,我都<u>痛苦得</u>
<u>快死了</u>。

(47)我当时<u>愤怒到极点</u>,简直要疯了。

第二类:VP+(的)/(地)+A

在该类型式中,动词性成分 VP 或作为"情绪"类双音复合词 A
的定语,或作为其状语,从程度量级的角度起到了修饰、描述、限定
的作用,如例(48)、例(49)。结构助词"的"或"地"为非必要成
分,可省略。

(48)<u>撕心扯肝的悲痛</u>和巨大的惊恐使马大嫂木然地晕倒
过去。

(49)这种事很少,可一旦有,我就<u>抑制不住地高兴</u>。

第三类:NP+(的)+A

"情绪"类双音复合词 A 在该类型式中受名词性成分 NP 的修饰。
比较特殊的是,除了部分名词性成分外,很多定语由指示代词 r 充当,
如例(50)。为方便分析,我们将这部分"r+(的)+A"型式也归入
到"NP+(的)+A"型式中。结构助词"的"为非必要成分,可
省略。

(50)出了什么事,<u>这样惊慌</u>?

上述体现"程度量级"的 3 类主要型式在语料中的呈现频率较为
接近:首先是"A+(得)+(adv)+VP",它的语料数量最多,占总语
料的 42%。补语主要用以说明动作行为的结果、状态及性质的程度等,

因此，该型式是表现情绪程度量级的典型格式。其次是"VP +（的）/
（地）+ A"的条目，占总语料的34%；最后是"NP +（的）+ A"的条
目，约占24%。

（七）"具象特征"类局部语法型式

情绪活动产生于内心，但往往会通过手势、表情等途径或方式加
以表现。具体到语言表达，人们在称说抽象的情绪心理时，常会采用
比喻等修辞手法或通过描述可类比的典型形象来使之明确。在语篇中，
"情绪"类双音复合词与表现这些具象特征的共现成分可构成以下4种
型式：A + 得 +（adv）+ VP、VP +（的）/（地）+（r）+ A、NP +（的）+
A、A + 的 + NP。

第一类：A + 得 +（adv）+ VP

在该型式中，动词性成分 VP 多为表示比喻或比况的短语，做"情
绪"类双音复合词 A 的状态补语，对所描述的情绪反应状态进行补充
说明，如例（51）。结构助词"得"用以凸显补语内容，一般不能省
略。程度副词 adv 为非必要成分，可省略。

（51）我简直惊讶得呆若木鸡，半天回答不上那问话来。

第二类：VP +（的）/（地）+（r）+ A

该类型式中的动词性成分 VP 或作为"情绪"类双音复合词 A 的
定语，或作为其状语，用以修饰、描写或限定某类情绪。该类型式与
第一类相似，主要通过跟具体形象的人、事、物的比较来描述情绪活
动，使之更为直观、形象。结构助词"的"或"地"以及指示代词 r
为非必要成分，可省略。如：

（52）一份如糖似蜜的喜悦，一阵如痴如醉的疯狂。

（53）他一下子怒了，<u>像遭人捉弄了那般恼怒了</u>。

第三类：NP +（的）+ A

在该型式中，"情绪"类双音复合词 A 做定语中心语，定语主要由指示代词 r 充当，为方便分析，我们也将其归入了该类型式。结构助词"的"为非必要成分，可省略。如：

（54）我喜欢乐梅，也值得你<u>这么惊讶</u>吗？

第四类：A + 的 + NP

在该类型式中，"情绪"类双音复合词 A 修饰名词性成分 NP。但在语义逻辑上，"情绪"类双音复合词与体现情绪具象特征的名词性成分构成了一种本体与喻体的关系。其结构助词"的"为必要成分，一般不省略。如：

（55）今天，贝勒哈市简直成了<u>欢乐的海洋</u>。

在语句组合中，指示代词较为自由，其语义指向的灵活性便于沟通句子之间的关系。在体现"具象特征"的上述 4 类型式中，第三类主要由指示代词参与构成的型式"NP +（的）+ A"是语料数量最多的一类，占总语料的 39%。第一类型式使用频率较低，第二、第四类型式在语料中的呈现频率较为接近，均为 29%。

（八）"时间空间"类局部语法型式

情绪作为人类的一种心理活动，本身包含发生时间、地点的语义信息，因此，表示时空的名词性成分也可与"情绪"类双音复合词共现，构成以下两种型式：A +（的）+ NP、NP +（的）+ A。

这两种型式都是定中结构，不过"情绪"类双音复合词在前者做定语，如例（56）；在后者做中心语，如例（57）。在个别语料中，结构助词还可以是"之"。"的"在这两类型式中均属于非必要成分，可省略。

（56）伙房里添酒加菜，准备让大伙儿过一个<u>愉快的周末</u>。

（57）结婚之后又空想着<u>单身时的快乐</u>。

总体上，"A +（的）+ NP"这一型式的使用频率较"NP +（的）+ A"高，其条目占总语料的53%。在由形容词与名词组成的句法结构中，最常见的句法组合规律即形容词做定语，名词做中心语，形容词对名词性成分进行修饰或限定。在"A +（的）+ NP"中，"情绪"类双音复合词 A 做定语，修饰或限制具体的时间或空间，成为"情绪"类双音复合词与"时间空间"类成分组成的典型型式。

（九）"属性特征"类局部语法型式

作为一种心理活动，情绪具有心理属性。在句法中，"情绪"类双音复合词可与表示"属性特征"的成分共现，以突出其所属的心理活动范畴。它们组成的型式主要有以下3类：NP +（nd）+ 的 + A、A +（的）+ NP、NP +（adv）+ A。

第一类：NP +（nd）+ 的 + A

在该类型式中，名词性成分 NP 与方位名词 nd 组成固定结构，修饰、限定"情绪"类双音复合词 A，呈现出情绪的某一属性特征。为在语法结构上与主谓式"NP + A"相区分，并在语义上凸显这一情绪内容，结构助词"的"一般作为必要成分，不能省略，如例（58）。方位名词 nd 为非必要成分，可省略，如例（59）。

（58）一部分中毒者由于离医院较远，抢救不及时，命归黄泉，其家人<u>心灵上的悲痛</u>是可想而知的。

（59）现在我知道您当时<u>心情的沉重</u>，但当时我不可能知道。

第二类：A + (的) + NP

在该类型式中，"情绪"类双音复合词 A 做名词性成分 NP 的定语，起到描写、限定的作用，如例（60）。结构助词"的"为非必要成分，可省略。

（60）虽然天气热了点，孩子们<u>快乐的心情</u>一点也没有改变。

第三类：NP + (adv) + A

在语法上，该类语法型式中的"情绪"类双音复合词 A 做名词性成分 NP 的谓语，主要对体验主体的具体情绪状态进行陈述描写，如例（61）。程度副词 adv 为非必要成分，可省略。

（61）他自从"停飞"以后，<u>心情很苦闷</u>。

在语用上，该类名词性成分 NP 一般做话题，"情绪"类双音复合词对其所指内容进行说明。该类型式是描述情绪活动的主要型式，在表现"属性特征"这一语义角色时，该型式占有的语料数量最多，其条目占总语料的43%。

二 局部语法型式总体特征

"情绪"类双音复合词的语义角色多种多样，参与构成的局部语法型式也十分丰富，二者之间关系复杂。在表现某一语义角色时，"情绪"类双音复合词可与其共现成分构成多种型式，而同一型式又可表现不同的语义角色。在我们考察的语料中，忽略结构助词"的""地"以及副词、介词等是否为必要成分这一条件，"情绪"类双音复合词与表现9类语义角色的共现成分大体可构成14种主要型式：A + (的) + NP/VP、NP + (nd) + (的) + A、NP + (adv) + A、VP + (的)/(地) +

(r) + A、A + (得) + (adv) + VP、A + 地 + (adv)/(pp) + VP、NP + V$_{主观感受类}$ + (adv)/(u) + A、p + NP + nd + 引起 + (u) + A、A + (于) + VP/NP、VP + (adv) + A、p + NP/VP + (c)/(v) + (adv) + (的) + A、NP/VP + V$_{使役类}$ + NP + A、NP + (p + NP) + 带来 + (u) + A、VP + 得 + A。

每个"情绪"类双音复合词对这些语法型式的使用情况各有差异①，总体情况如图4－2所示。

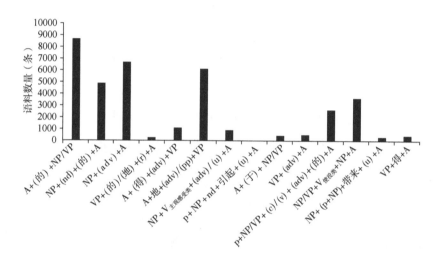

图4-2 "情绪"类双音复合词局部语法型式总览

由图4－2可知，在所有语料中"A + (的) + NP/VP"型式最常用，共有8713条，占语料总量的比例超过22%；其次是"NP + (adv) + A"型式，共有6755条语料，约占总数的17.48%；再次是"A + 地 + (adv)/(pp) + VP"型式，语料数量是6191，约占总量的16%。在上述3类型式中，"情绪"类双音复合词分别充当定语、谓语和状语，这种分布情况与"情绪"类双音复合词的词性有关。我们选取的这42个"情绪"类双音复合词均是形容词，其主要句法功能是充当定语和谓

---

① 各"情绪"类双音复合词局部语法型式的具体表现情况及整体状况详见附录2。

语，有时还可充当状语等。

其中，语法型式"A+（的）+NP"的适用范围最广，名词性成分 NP 除了不能表示情绪的程度量级外，其余 8 种语义角色均可体现。如：

"形成原因"类——"外面敲响了凄凉的丧钟"。

"呈现形式"类——"脸上挂着悲伤的泪水"。

"导致结果"类——"发出一阵阵惊讶的嘶鸣"。

"伴随状态"类——"他不断做着悲痛的忏悔"。

"时间空间"类——"那是一个快乐的夜晚"。

"体验主体"类——"欢乐的人群朝这边涌来"。

"具象特征"类——"心中掀起一阵愤怒的波涛"。

"属性特征"类——"她怀着沉重的心情"。

当然，在表现某一语义角色时，"情绪"类双音复合词与其共现成分构成的局部语法型式并非完全无规律可循，有些型式可直接体现某一语义角色，如"p+NP/VP+（c）/（v）+（adv）+（的）+A"表现情绪的形成原因，"NP+V主观感受类+（adv）/（u）+A"表现情绪的体验主体，"NP/VP+V使役类+NP+A"既表现情绪的形成原因又表现情绪的体验主体，等等。这几类型式大多具有标志词，如介词"对""为"，主观感受类动词"感到""觉得"，使役类动词"使""让""令"，等等，其型式本身具有一定的语义功能。另外，这些型式虽可体现多种语义角色，但在具体使用上更倾向于表现其中的某一种，如"A+地+（adv）/（pp）+VP"倾向于表示情绪的伴随状态，"NP+（adv）+A"倾向于表示情绪的体验主体，"A+（得）+（adv）+VP"倾向于表示情绪的程度量级，等等。通过上文对"情绪"类双音复合词各类局部语法型式使用情况的统计分析，我们观察到这些词在具体语料中的使用差异。从微观视角进行统计与分析，将局部语法型式与语义语用功能相匹配，可为该类词的词义研究和话语分析提供基础。

第四节 "情绪"类双音复合词句法组合的语义倾向

一 "体验主体"类

根据本章第三节分析，"情绪"类双音复合词与"体验主体"类成分可组成 5 种语法型式。

第一类至第四类：A +（的）+ NP、NP + 的 + A、NP +（adv）+ A、NP + V$_{主观感受类}$ +（adv）/（u）+ A

在这 4 类型式中，名词性成分 NP 的语义类型基本相似，可概括为以下几类。

a. 人的总称，如：

人、民众、国民、人们、人民、群众、人类、国人、众人……

b. 姓名，如：

列宁、蒋介石、乌苏娜、卢克、张德崇、苏格拉底、斯妤、海子、朱丽叶、娜塔莎、秦汉、巩俐……

c. 职业身份，如：

运动员、国王、采煤工、八路军、豆腐匠、祭司、绘图员、使者、顾客、看守员、步兵、恐怖分子……

d. 体现性别、年龄、婚育等情况的人称，如：

小伙子、女孩子、老太太、汉子、孩子们、少女、男人、女人、姑娘、男子、青少年、儿童、女性……

e. 家庭关系称谓，如：

父母、母亲、父亲、爷爷、奶奶、爸爸、妈妈、姑姑、叔叔、夫妻、妻子、丈夫、家属、儿子、女儿……

f. 国籍、民族、政府、团体、单位等，如：

英格兰、保加利亚、哈比人、坎德人、兵团、德军统帅部、陈家人、捷克斯洛伐克、湘潭父老……

g. 具有某种特点的人，如：

无辜者、亡国奴、绝症病患者、老矮人、寒儒、受害者……

h. 人称代词，如：

我、自己、她……

i. 动物名称，如：

鱼、小鸟、猪、小雁、猫头鹰、小母鸡、狮子、小鸽子、孤鹤、蜜蜂……

情绪的体验主体多是表人的名词或名词性短语。这些表示情绪体验主体的名词性成分涉及范围极广，基本涵盖了与人有关的类型（i 类除外），它们具有的共同语义特征是［＋述人］［＋有生命］。

但通过对语料的分析，我们发现还有一部分具有［－述人］［＋有生命］特征的名词（如 i 类）也可与"情绪"类双音复合词共现。这类名词数量不多，它们一般出现在文学作品中，是对动物的拟人化描写，带有一定的抒情性和文学性。如：

（1）湖岸的树丛中有许多轻捷的鸟儿在跳跃，<u>快乐的百灵鸟</u>在欢唱，还有美丽的"唐迦拉"，它的羽毛象蜂鸟一样。

这个例句选自当代翻译作品《格兰特船长的女儿》，所选片段是对周围环境的抒情化描写，带有强烈的主观色彩。

第五类：p＋NP＋nd＋引起＋（u）＋A

名词性成分"NP＋nd"与介词"在""于"等组成介宾结构，在语义上表示情绪的体验主体。能够进入该型式用以表现情绪体验主体的名词性成分，主要包括以下几种语义类型。

a. 国家、政府、社会团体、机构组织等，如：

东南亚其他国家、德文郡、保守党、俱乐部、第比利斯、南非侨界、全球、欧洲金融市场、许多国家、苏共中央政治局、中国和日本本土、欧洲大陆、罗马……

b. 集体人员，如：

听众、密谋者、国务院的专业人员、那些白人渣滓提包党和共和党人、市民、村民、民众、居民、选民、公民、公众、球员和观众、乒乓好手、纳粹党徒、集中营头目、纳粹战犯、华人、股东和职工……

可以看出，上述两类名词性成分虽指称不同的语义内容，但都具有［＋复数］这一语义特征。介词“在”“于”等与这些名词性成分组合在一起，表示在一定人群范围内产生某种情绪。该形式中的情绪一般不侧重描写个人，而多体现为公众的集体态度和反应，强调是在较大范围内产生的群体情绪。

c. 人的内心，如：

她心里、吾人心目中……

该类名词性成分数量较少，在我们抽取的样本中所见仅有 3 例。尽管该类成分与上述两类不同，表示的体验主体是个人而非群体，但其隐含的认知过程与上述两类一致。“心＋里”“心目＋中”等都将情绪的发生器官“心”隐喻为一个有容积的空间，表示在该空间范围内产生了某种情绪。

二 “形成原因”类

根据上一节分析，“情绪”类双音复合词与表示“形成原因”类语义角色的共现成分可构成 9 种语法型式。

第一类：A＋地＋VP

按照语义特征，能进入该型式的动词性结构 VP 主要包括以下 5 类。

a. 具有“获得”义的动词性结构，数量较多，如：

看到、见到、看见、看出、听到、听见、谈起、谈到、说到、提到、发现、发觉、感到、觉得、预感到、感觉（到）、感触到、自觉到、察觉（到）、意识到、了解到、认为、认识（到）、注意到、体会到、获悉、获知、获得、得悉、得知、知道、悟出、认出、琢磨出、吃出、得到、收到、来到、接到、找到、回到、领回、学会、编发出、申请到、寻觅到……

这些结构中的动词或动语素主要表现人类的某种感官活动，如"看""听""感觉""知""悟"等，也可表示一定的动作行为，如"找""学""谈""申请"等。它们往往带有"到""出""起"等趋向补语，凸显动作行为的完成，与后面的受事宾语组合在一起，用以表示对某种信息、事物的获得。

b. 具有"思及"义的动词性结构，如：

想到、想起、联想起、忆起、忆及……

这几个动词性结构都含有"到""起""及"等趋向补语，其语义都与人们的思想意识有关，表示在一定时机下，已经储存在人们头脑中的某种信息重新被激活，相关的某种情绪感受再次被唤醒。如：

（2）坦尼斯痛苦地想起他面对奇蒂拉时所做的决定。

c. 具有"完结"义的动词性结构，如：

摆脱了、结束了、陷入了……

该类结构都含有中补式双音复合词，且都带有结构助词"了"，表示事情的结束。它们与所带宾语组合，表示某种事情或活动的完成、实现，而这会对人们的情绪产生某种影响。如：

（3）（马匪徒的大队）得意地摆脱了小分队的追击。

在这里，"摆脱了小分队的追击"这一事实的完成促使"马匪徒的大队"感到得意。

d. 具有"遇到"义的动词性结构，如：

遇见、遇到、相遇、碰到……

这几个动词性结构都表示一种非预期的偶然相遇。在没有任何征兆或预期的情况下，人们突然遇到某人或某事，内心往往会产生某种情感反应。如：

（4）走运的会惊喜地碰到米粒般甚至绿豆大小、半透明、光亮润泽的珍珠。

通过主体"走运的"可知，"碰到米粒般甚至绿豆大小、半透明、光亮润泽的珍珠"并非人们都能遇到的事情，若能偶遇，心中自然会又惊又喜。

e. 具有"失去"义的动词，如：

错过、错失、失去……

该类动词所表示的语义内容与 d 类具有"遇到"义的动词性结构正好相对。人们失去某人、某事或某种机会，内心也必会受到某种触动，产生某种情绪。

第二类：A +（于）+ NP/VP

能进入该类型式且用以表现情绪形成原因的动词性结构成分，在语义上主要陈述一个事件或事实。如：

银行全面实行售结汇制、林彪终于自食其果、一定要服从这个命令、比赛结果无法改变、山河破败人事已非、小太监死得冤枉、自己无力报国、城外家园备遭蹂躏、自己的学说为人所妄加篡改、幸福从肩旁匆匆过、农技服务跟不上……

能进入该类语法型式且用以表现情绪形成原因的名词性结构成分，主要包括以下两类。

a. 动词的名词化，如：

自己的发现、艺术与功利的抵牾、党政当局与社会巨头间的窝里翻和火并、爱子的"离去"、她的梦境的破灭、草木的零落、中国君主政体的覆灭、启蒙运动内部的分裂、他的这种速变、尹小帆这不礼貌的插话、他的提醒、她们的会飞媚眼、自己的能白吃白喝……

在句法上，该类结构中的动词性成分受定语的修饰而获得了名词的部分语法属性；但在语义上，该类结构仍然是陈述一个具体事件。如：

(5) 他非常得意自己的能白吃白喝，一点也没注意同事们怎样地瞪他。

我们可将此例转换为"他非常得意（于）自己能白吃白喝……"，仍旧表示因自己"能白吃白喝"这一事实而心中得意。

b. 表人、事、物的名词性成分或人称代词，如：

落叶、这笔钱、祖国的危机、人民所付出的代价、世道、失去的钱、它们所受的耻辱、这样的行为、他的妻子、电影市场、战争、死亡、自己的处境、核状况、自己的死亡、你、那"大块文章"、他的天资、这一点、武氏兄弟……

在该类结构中，与"情绪"类双音复合词共现的名词性成分或代词既是致使情绪产生的原因，在某种程度上又可以说是情绪感受的针对对象。如：

(6) 在此之前她很<u>恼火</u>这一点。

这个例子，我们可将其转换为以下形式。

(6') 在此之前她因这一点而很恼火。

也可转换为以下形式。

(6") 在此之前她对这一点很恼火。

第三类：VP +（adv）+ A

与第一类"A + 地 + VP"基本相同，能进入该类型式的动词性结构成分主要有以下几种类型。

a. 具有"获得"义的动词性结构，如：

获悉、发现、得知、知道、发觉、察觉、听说、听到、听见、听、闻、看见、见到、会见、看到、瞧见、读、获得、获胜、取得、夺得、得到、回到、做到、接到、收到、吃到、找到、受到……

b. 具有"思及"义的动词性结构，如：

想、想起、想到、回想、以为、认为、说起、谈到、讲起、言之……

c. 具有"实现"义的动词性结构，如：

完成、玩了、当了……

d. 具有"遇到"义的动词性结构，如：

碰见、遇、遇到……

这些动词性结构中的受事成分是促使情绪产生的直接原因，上述几种类型的动词性结构则是联结情绪产生原因与结果的关键因素。如：

（7）你春娟姐牺牲在日本鬼子手里，至今有五年多了，我有时<u>想起来</u>还难过。

此例中"你春娟姐牺牲在日本鬼子手里"是"我"心中难过的原因，该种情绪是在"想起来"后产生的。可见，"想起来"是刺激情绪产生的动因。

通过与第一类"A＋地＋VP"的比较，我们发现能进入该类型式的动词性结构缺少了"失去"义这一类。但按照逻辑关系，该类动词也可进入这一型式用以表示情绪的形成原因，如："他失去了这次机会很伤心。"可以确定的是，能进入该类型式用以表示情绪形成原因的"失去"义动词性结构是非常少的。

第四类：VP＋的＋A

能够进入该类型式用以表示情绪形成原因的动词性结构，其语义内容主要包括以下几类。

a. 表示具体动作行为，如：

（8）《社戏》似乎写戏，结果也只留给人一回<u>偷吃罗汉豆</u>的喜悦而已。

"偷吃罗汉豆"这一具体动作行为是导致喜悦情绪产生的原因。在我们分析的语料中，还有许多该类动词性结构，如：

吃雪里蕻挂面、吹奏麦迪、接吻、放炮、开车玩、摔跤、写书、行猎、散步、阅读传记、谈话、打嘴仗、握别、肩挑手提……

b. 表示人际交往、生活处境、人生际遇等社会生活境况，如：

（9）整个巴基斯坦都在同他们的中国兄弟一起承担<u>失去亲人</u>的悲痛。

（10）她们不曾有过官场上的大起大落和<u>怀才不遇</u>的苦闷……

例（9）例（10）中"失去亲人""怀才不遇"是导致悲痛、苦闷情绪的原因。在我们搜集的语料中，此类动词性结构的数量很多，如：

生活没有保障、梦醒无路、人心不古、维修难、人性恶、国破家亡、天涯悲歌、怀才不遇、战争、恋爱、成长、创业、工作、生活、交往、合作、一家团聚、转危为安、久别重逢、远走他乡、成长、没钱、缺钱、缺米、地震、就业、前途未卜、入不敷出、无处可去……

c. 具有"被动"义的动词性结构。表示在无意识、非自主情况下，主体受到外界某种行为的刺激，如：

（11）她们尝过<u>失恋、离婚或被遗弃</u>的悲哀。

（12）作者详细讲述了韩国华侨多年来在异国他乡<u>遭受一些不公正待遇</u>的辛酸。

该类动词性结构主要有介词"被"作为标志,如例(11)中的"被遗弃"是典型的被动短语。此外,还有由"遭受""受到""遭到""遭遇"等表被动义的实词构成的动词性结构,如例(12)中的"遭受一些不公正待遇"。在我们搜集的语料中,还有许多类似的动词性结构,如:

被侵犯和伤害、被压抑、被捉弄、被羞辱、被愚弄、不被了解、遭受突击、被追捕、被阉割……

该类动词性结构大多表示不幸或不顺利的事情,因此,它们表示的动作行为多导致"悲"类、"忧"类等消极情绪的产生。

第五类:NP + (nd) + (的) + A

能进入该类型式用以表示情绪形成原因的名词性结构所指称的内容涉及的领域很广,如:

情感类——情、友情、友谊、理想……

农业类——粮食、"三高农业"、黄土地……

艺术类——歌曲、诗歌、故事、音乐、悲剧……

疾病类——禽流感、狂犬病、疯牛病、水痘、艾滋病……

金融类——经济、商业、金钱……

社会类——社会、灾难、科举、道德、家庭、婚姻……

在表现情绪"形成原因"这一语义角色时,"NP + (的) + A"与"NP + (nd) + (的) + A"所表示的语义内容差别不大。如:

(13)妻使我完全忘却了生活的苦涩。

(14)如何减少工作的忧虑?

我们也可以转换为以下形式。

（13'）妻（子）使我完全忘却了<u>生活中的苦涩</u>。

（14'）如何减少<u>工作上的忧虑</u>？

第六类：A+（的）+NP/VP

该型式中的中心语成分所指称的物、事等是使人产生某种情绪的原因，能进入该类型式的动词性结构主要包括以下两类。

a. 社会活动类，如：

谈话、教育、安慰、等待、生活、工作、选择、惩罚、转变、尝试、离别……

b. 思维活动类，如：

梦、回忆、记忆、思念、反思、思考、决定……

在该型式中，许多词本身属于动、名兼类词，如"生活""工作""梦"等，还有些动词受到"情绪"类双音复合词的修饰而体现出名词的属性特征。它们凸显的内容并不是发生或进行了某种活动，而是该类活动本身存在的一种状态。

能进入该类型式用以表示情绪形成原因的名词性结构主要包括以下4类。

a. 总括事情类，如：

事、事情、事件、往事……

b. 艺术形式类，如：

歌曲、旋律、山歌、舞曲、乐曲、小说、童谣……

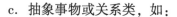

c. 抽象事物或关系类，如：

友谊、恋情、关系、结局、世界、方式、欲望、东西、家庭、处境、消息、场景……

d. 具体事物类，如：

排球、网球、小盒子、纪念碑、雨……

在这4类名词性结构中，"总括事情类"因具有概括性特点，适用范围最广，它可以受绝大多数"情绪"类双音复合词的修饰；"艺术形式类""抽象事物或关系类"名词性结构数量较多，它们所指内容大多含有某类信息，而这些信息往往成为情绪的引发体。如：

（15）俄罗斯人民谱写了《伏尔加船夫曲》那样感人的<u>凄凉的歌曲</u>。

（16）这次<u>欢乐的聚会</u>，给我们留下很深的印象。

例（15）《伏尔加船夫曲》歌词描述了劳苦大众忍辱负重、饥寒交迫的生活，旋律朴实徐缓，令人感到心中凄凉。例（16）"聚会"是关系较好的许多人聚在一起谈天说地、交流感情，这种放松的交往方式自然使人感到欢乐。

在体现情绪的形成原因时，"具体事物类"名词性结构对语境的依赖性最强，因而数量较少。如：

（17）中国女排与香港球迷共享"<u>快乐排球</u>"。

这里的"排球"不是指供人运动的一种体育用品，而是指诸如"排球运动""排球比赛"之类的竞技活动。

第七类: p + NP/VP + (c)/(v) + (adv) + (的) + A

在该类型式中, 用以表示情绪形成原因的成分主要有以下 3 类:

a. 指人、物、事的名词或人称代词, 如:

我、他、你、她、此、中国、朋友、西影厂、这株树、生活、各种流言、苏联政府、慕尼黑协定、自己、我们、别人、儿子、兄长……

b. 具有"存在"义的名词性结构, 如:

它的来临、其成功的表演、自己的胜利、所得到的东西、他们的遭遇、自己想出的这一招儿、他人的所作所为、人家给我们的款待方式、他的死去……

这类名词性结构很多是"NP + 的 + VP"格式, 其中心语多是动词性成分, 经修饰、限制之后具有了名词的部分功能属性, 体现为一种静止存在的状态。它们与"情绪"类双音复合词共现, 表示已经发生或存在的事情对主体心理产生影响。

c. 具有"完结"义的动词性结构, 如:

山西今年夏粮获得丰收、你们拥有知识产权代理机构、获得证书、我能有这样一个工作环境、寻找到周扬的身影、自己的诗歌被传唱、这个主意能够产生、希望未实现、祖父回来、刚当上军人、欧盟扩大……

上述具有"存在"义的名词性结构(b 类)、"完结"义的动词性结构(c 类)所表示的事件多体现为完成时, 即在某事、某物发生或存在之后产生了某种情绪, 这也进一步体现了外界环境对主体情绪的影响作用。

该型式中的谓语动词常为抽象类动词"表示",如"对 + VP/NP + 表示 + adv + A""对 + VP/NP + 深表 + A"等。这几个型式均具有明显的书面语色彩,多为主体就某个事件做出评判,表达某种观点或立场,适用场合较为正式。因此,在该类型式中,用以表现情绪形成原因的动词性成分 VP、名词性成分 NP 除含有上述语义特征外,大多涉及民族矛盾、地区争端、政治活动、武装组织、恐怖主义、社会公平、国际合作与交流等政治、社会热点问题,常用于社会评论、新闻报道等政论语体中。如:

（18）当李宗仁<u>对台湾问题久悬不决深表忧虑</u>时,毛泽东坚定地说:"不要急,台湾总有一天要和大陆统一的,这是不可逆转的历史潮流。"

（19）中国驻日本大使馆发言人黄星原 23 日发表谈话,<u>对日本右翼团体蓄意肇事,严重威胁中国驻日本总领事馆安全表示强烈愤慨</u>。

（20）尽管<u>俄罗斯对欧盟的扩大表示了某些忧虑</u>,但是相信能够通过建设性的对话找到解决分歧的妥协性方案。

第八类：NP/VP + V$_{使役类}$ + NP + A

在该类型式中,做使役主体的名词性结构 NP 或动词性结构 VP 的语义类型与第七类基本相同,多体现了事物的已存性或事件的完结性特征,是情绪形成的原因。做使役受体的名词性结构多为指人名词或人称代词,是情绪的体验者。根据上一节分析,该类型式还包含多个变体型式。事实上,该类型式中任意一个变体都关涉情绪的体验主体和形成原因这两类语义角色,在此不予赘述。

第九类：NP+（p+NP）+带来+（u）+A

该类语法型式中做施事成分的名词性结构 NP 都是刺激、影响体验主体产生某种情绪的因素。在这些成分中，有许多为指示代词，如：

这样、这、这些……

有指人、动物的名词或人称代词，如：

我、他、它、我们、你们、她们、公爵、执教、金苟一伙、女人、圣母、旅伴、小狗、孩子、女儿、玛丽亚、外祖父、明星、马拉多纳……

有指物的名词或名词性结构，如：

家、足球、这个城市、世界、地方、树叶、古典主义文学、玩具、这个孤寂的小岛、他的礼物、"海光"摩托车、张倩英设计的服装、紫禁城、奖状、那本小书、艺术、作品、商品、琴声、游戏、公益广告、哲学……

三 "呈现形式"类

根据上一节分析，"情绪"类双音复合词与表示"呈现形式"类语义角色的共现成分可构成 3 种主要型式。

第一类：A+（的）+NP

一个人的内在情绪若能为别人所观察到，其展现形式往往是可视的或可听的，因此，在该型式中，表现情绪呈现形式的名词性结构主要包括以下几类。

a. 五官类，如：

面孔、面容、脸、脸庞、容颜、眼、眼睛、双眼、脸颊、嘴唇……

b. 表情类，如：

表情、神色、脸色、面貌、样子、笑、微笑、笑容、笑颜……

c. 声音类，如：

声音、笑声、呼喊声、叹息声、低声、哀音、祈祷声、歌声、说笑声、叫声、讲话声……

d. 语言类，如：

喧嚣、口气、语调、音调、声调、话语、语气、口吻、话、腔调、语言、言语……

e. 眼神类，如：

神情、神采、眼神、眼光、目光、光芒……

f. 眼泪类，如：

泪水、泪、眼泪、泪珠、泪花……

g. 动作类，如：

招呼、步伐、（之）举……

这 7 类名词所指内容主要涉及人的视觉与听觉，而这两种感觉形式是人类传达、获取信息的主要手段，是情绪体验者与观察者之间沟通的重要媒介，也是人与人之间进行情感交流的重要凭借。

第二类：NP + (nd) + (的) + A

在该类型式中，体现情绪呈现形式的共现成分 NP 主要是表示五官（主要是脸和眼睛）、语言的名词，它们往往不单独使用，而是与方位词构成方位短语。如：

> 脸上、眼里、眼中、眼神里、眼神中、话语里、话语中、话里、语气里、语气中……

还有一些名词受数词"一"或形容词"满"的修饰，体现"完整""全部"义。如：

> 一脸、一眼、满脸、满面……

此类表达运用了隐喻的方式，将眼睛、语言等看作具有三维空间的容器，而情绪则是蕴含在这些容器内部的物质。因此，大多数与眼睛、语言有关的名词都可与"中""里"等指向内部空间的方位词组合。在这里，"脸"比较特殊，体现为平面而非立体状态，因此，在汉语中我们一般不说"脸中""脸里"，而是说"脸上"，或用表"完整"义的"满""一"等加以修饰限制，表示程度之深。

第三类：NP + (adv) + A

与第一类型式相类似，该型式中的名词性成分也主要包括五官、表情、语言、声音等类别。但与之不同的是，该型式中的名词仅限于表示上述类别的总括性名词。如：

> 脸、眼睛、表情、声音、语言、眼神……

与之相对,许多表示某一具体所指的词或带有一定形象色彩的词却很少在该型式中呈现。如:

表情愉快　　　　　　　＊笑容愉快

声音悲伤　　　　　　　＊叹息声悲伤

在语用上,该型式中的名词性结构成分与"情绪"类双音复合词主要体现为话题与述题的关系。话题是言谈的出发点,是述题部分所关涉的对象,因此,话题多为交谈双方共知的旧信息,而新信息则需要后面的述题部分来提供。在"NP +(adv)+ A"型式中,情绪的呈现形式 NP 是人们谈论的起点,属于旧信息;而"情绪"类词 A 属于新信息,是人们要表达的内容。因此,在该型式中,含有某种情绪外显信息的词一般不能出现在话题位置,否则,便会出现语义信息的羡余。上述例子中的"笑容""叹息声"分别属于"表情""声音"的下位概念,已经暗含某种情绪信息,如"笑"可体现"喜"类情绪,"叹息声"可体现"悲"类情绪,等等。它们不是典型的话题形式,因此很少与"情绪"类双音复合词组成主谓结构。

四 "导致结果"类

根据上一节分析,"情绪"类双音复合词与表示"导致结果"类语义角色的共现成分可构成 4 种主要型式。

第一类:A + 得 + VP

在该类型式中,动词性结构成分主要包括以下几个语义类别。

a. 使役类,如:

令人兴奋、令人吃惊、使人不忍听下去……

b. 行动反应类，如：

跳舞、跳起来、抽搐、低下头、蜷起了腿、打了他两个耳光、手脚失措……

c. 情态反应类，如：

哭泣、眼泪往下掉、两眼湿润、哭出声来、脸都红了、失色、脸色苍白、愁眉皱脸……

d. 语言能力类，如：

说不出一句话、叫起来、张口结舌、嚷起来、不知说什么好、大叫……

e. 心智意念类，如：

丧失了理智、要抽他嘴巴、不知所措、发呆、无法抑制感情、神思昏乱……

f. 生命体征类，如：

（而）死、（成）疾、（而）醉、（成）痴、自己没再活多久、手僵硬了、病故、逝世、发抖、瘫倒在地毯上……

使役类动词性结构（a 类）本身有驱动、使令的意思，表示通过一定手段使对方产生某种结果。但该类结构所指内容与另外 5 类有所不同，其所指内容并非体验主体在情绪驱动下产生某一反应，而是观察者受到情绪体验主体的影响而产生某些行为反应。如：

（21）他用一种高兴得令人吃惊的低沉嗓音喊道。

在这里，"高兴"的主体是"他"而非泛指的"人"，但"吃惊"这一结果是"人"的反应，而非体验者"他"的反应。因此，该类结构成分所指并非情绪体验者自身的行为结果。

其他 5 类（b–f 类）所表内容都具有一个共同点，即体现了某人在某种内在情绪的刺激驱动下所做出的一些偏离正常态势的异常反应。假设人们在无任何情绪影响下处于一种平静状态，则当受到某种情绪影响后，人们正常的行为方式、神情状态、语言表达、心智活动乃至整个生命体征都会发生一系列变化，而这些变化往往是突然而起、难以控制的。如：

（22）"电！"我惊异得叫起来。

（23）她悲痛得全身在搐动。

例（22）中"叫"后接具有"启动"义的趋向补语"起来"，表示"叫"这一动作是在"惊异"的情况下突然发出的。与此类似的还有"哭出声来""跳起来""嚷起来"等动词性结构。例（23）中全身"搐动"是一种无意识行为，它不以人的意志为转移，完全是在情绪刺激下的一种生理反应，"说不出一句话""手僵硬了""脸都红了"等所指内容与之类似，都不受意识控制。

第二类：A + 的 + VP

该类型式中的动词性成分 VP 主要包括以下几种语义类型。

a. 笑类，如：

笑、微笑、嘲笑、欢笑、哄笑、狞笑、奸笑、冷笑、苦笑……

b. 哭类，如：

哭泣、号哭、哀哭、哀号、恸哭、呜咽、哽咽、啜泣、暗泣……

c. 喊叫类，如：

叫、喊叫、叫喊、叫唤、叫嚷、呼叫、吼叫、哭叫、吠叫、啼叫、鸣叫、嘶鸣、号叫、狂叫、哀叫、尖叫、尖声大叫、长啸、大喊、呼喊、哭喊、呐喊、呼号、呼唤、欢呼、微呼、呻吟、咆哮、大吼、怒吼……

d. 言语类，如：

独白、自白、对白、独语、耳语、吟唱、悲诉、悲鸣、静默、沉默、沉寂、自嘲、喧嚣、调侃、问候、冷嘲热讽、招呼、低语、胡言乱语、咒骂、声讨、控诉、谴责、指责、抗议、宣言、炫耀、反讥、谐谑、牢骚、提问、质疑……

e. 叹息类，如：

叹息、赞叹、感叹、悲叹、吁叹、长吁短叹……

f. 看视类，如：

注视、注视与打量、观望、（看）一眼、一瞥……

g. 具体动作类，如：

颤动、战栗、痉挛、踉跄、哈欠、喘息、急奔、骚动、敲打、吻……

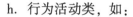

h. 行为活动类，如：

反应、拒绝、反抗、反击、照会、干涉、报复、溃退、昏眩、
死、自怜……

主体受到情绪的刺激后会产生一定的行为反应，但这种行为动作
或反应状态往往具有一定的持续性，因此，在没有语境的限制下，我
们甚至可以将上述几类动词所指内容既看作情绪导致的结果，又看作
情绪伴随的状态。但由于这些动作行为都是因某类情绪刺激而生的，
因此，我们倾向于将其认定为"导致结果"这一语义角色。如：

(24) 一阵阵伤心的哭喊换来了乡邻的怜悯。
(25) "哦，上帝！"不知谁发出悲伤的叹息。

"哭喊"这种行为一般不会戛然而止，它会伴随着某种情绪持续
一段时间，但例（24）中的"哭喊"却是因"伤心"而起的。同
样，"叹息"的时间可长可短，但例（25）中的"叹息"是由"悲
伤"而发的。"哭喊""叹息"等行为尽管有时间上的延续性，活动
终止点不明确，但因情绪刺激这一因素，我们更倾向于关注此类活动
的起始状态。

第三类：A + 地 + (adv) + VP

在该类型式中，体现情绪导致结果的动词性结构成分 VP 主要包括
以下几类。

a. 行动反应类，如：

鼓起掌来、指指、拍一拍、跳起来、推了一下、缩回、捶了
一拳、扭过身、奔了过去、点点头、一挥手……

b. 情态反应类，如：

笑了、笑了一笑、白了一眼、流下眼泪、羞红了脸、望了一眼、闭上眼睛、瞪大眼睛、合不拢嘴、眨眼……

c. 语言表达类，如：

叫了起来、呻吟、喊一句、叫出声、说道、喊道、叫道、赞叹、赞扬、询问、恳求、抱怨、叹口气……

d. 心智反应类，如：

忘掉、想离开这儿、试图、不敢要、暴躁起来、睡觉去、醒来……

e. 生命体征类，如：

咳嗽、打哆嗦、颤抖起来、委地、渗出冷汗……

可以看出，该类型式中动词性结构 VP 的语义类型与第一类型式"A + 得 + VP"基本一致，但二者在语义特征上又有差别。该型式中的动词性结构成分多表示在某种情绪影响下身体产生的应急反应，凸显了动作的瞬间性或短暂性。如"拍一拍""望了一眼""叹口气"等，均表示一瞬间的动作行为。

第四类：VP + 的 + A

根据所指称的语义内容，这些动词性结构成分可分为以下几类。

a. 使役类，如：

令人陶醉、令人心醉神迷、令人毛骨悚然、使人气闷、使人绝望、令人动情、令人作呕、使他惶惑不安、令人不堪回首、耐人寻味、感人肺腑、震撼身心、困扰着他们、折磨人、折磨自己、阻碍咱们前进、动人、噎人……

b. 情态类，如：

洋洋自得、目瞪口呆、喜出望外、瞪目、啜泣……

c. 言语类，如：

无言、欲言还休、欲言又止、闷不吱声、庆贺……

d. 其他，如：

奔走相告、愤然离去、浑身发抖、神清心爽、自怨自怜……

在该类型式中，数量最多的一类动词性结构成分是"使役类"，它们主要是由"令""叫""使""让"等使令动词构成的兼语短语，此外还有一些动宾短语。如：

（26）在奥运这棵百年橄榄树的年轮里，深深镌刻着那些<u>令人难以忘怀的欢乐与痛苦</u>……

（27）其他人也很快加入了舞蹈的行列，将刚刚还在<u>困扰着他们的忧郁</u>全都抛到了一边。

但在表示"导致结果"这一语义角色时，该类动词性结构成分与其他语义类不同。首先，它表示的动作行为的主体并非情绪体验者本人，如例（26）中的"人"是泛指，所指对象不明，既可以是"欢乐与痛苦"的体验者，又可以是其他人。其次，该类动词性结构成分所修饰的"情绪"类双音复合词并非纯粹表原因，它在一定程度上被赋予了主观化色彩，表示动作的发出者。如例（26）中的"令人难以忘怀的欢乐与痛苦"，例（27）中的"困扰着他们的忧郁"都可以转换为由"情绪"类双音复合词做主语的结构："欢乐与痛苦令人难以忘怀""忧郁困扰着他们"。这里的"欢乐""痛苦""忧郁"都可被抽象看作具有一定施事能力的主体。

通过对"导致结果"类语义角色成分的分析，我们发现表示"情态""言语"两类活动的动词性结构成分最多，可以出现在各类型式中。这也进一步说明，表情状态、言语表达是人类传达情绪信息最重要的手段。

五 "伴随状态"类

根据上一节分析，"情绪"类双音复合词与表示"伴随状态"类语义角色的共现成分可构成 3 种主要型式。

第一类、第三类：A + 地 + (pp) + VP、A + 的 + VP

这两类型式中动词性结构成分的语义类型基本一致，体现了动作的 [+ 持续性] 特征，这也是保证该类动作与情绪行为相伴随的必要条件。按照语义类型，能进入这两类型式用以体现情绪伴随状态的动词性结构成分可包括以下几类。

a. 言语类，如：

> 说、回答、责问、答应、表示、告知、告诉、称赞、念着、汇报、宣布、称为、嚷着、叫着、交谈、讨论、呼喊着、自言自语、叹息了一阵子、哼着、唱着……

b. 视听类，如：

看、望着、眺望、听、读、浏览着、偷着窥、瞪了一会儿、扫视、凝视、迎视着、倾听、对视着……

c. 头部动作类，如：

笑着、哭着、睁着眼睛、流着泪、抽泣着、微笑着、哭泣着、咬着牙、呼吸、摇着头、嚼、喝、打着鼾、吹着、吃着、歪着头、眨巴着、紧闭着、品尝着、喘息着……

d. 肢体动作类，如：

抖着、举着、摇着、伸着、跳着、拉着、载歌载舞、走着、走在、蹲在、拍着、围拢、摸着、游来游去、徘徊着、挣扎着、走动着、跺着脚、偎着、颤动着……

e. 心理活动类，如：

期待着、忍受、回忆、回顾、回想着、想着、希望着、沉思着、自忖、祈望、思考、等待、盼望……

f. 社会活动类，如：

出席、接受、会见、告别、付账、成长、工作、学习、休息、迎接、销售、打招呼、生活、过节、奔忙、活动、相处、规划、记录、支持、拜访……

可以看出，在表现"伴随状态"这一语义角色时，这些动词性结构成分的典型语法格式有"V＋着""V＋在""V＋时量补语""V来V去"等。动态助词"着"用在动词后面表示动作行为的持续；介词

"在"引出活动处所,表示一种静止状况;时量补语(如"一会儿""一阵子"等)表示动作活动的持续时间;"V来V去"表示行动的循环反复——这些都体现了动作的持续性特点。这种特点不仅通过一些有标记的句法格式加以呈现,还暗含于一些光杆动词中,如"拜访""奔忙"等体现为一种动态位移,"倾听""喘息""讨论"等体现为一种持续动作,"会见""思考""相处"等体现为一种活动过程,等等。

第二类:VP + 得 + A

按照语义类型,该类型式中的动词性结构成分可分为以下几类。

a. 被动类,如:

被弄、被搞、被撩拨、被打、被埋怨……

b. 广义动作类,如:

搞、干、做……

c. 头部动作类,如:

吃、喝、吹、听、笑、哭……

d. 言语动作类,如:

说、讲、谈、聊、读、喊、唱、叫、回答……

e. 视觉动作类,如:

看、瞧……

f. 肢体动作类,如:

走、跳、游、打、洗、写……

g. 社会活动类，如：

买、卖、玩、玩赏、活、生活、死、闹、演、完成、忙、学、学习、合作、配合、相处、考、找、表现、进行、追求、住、过……

在语义类型上，该类型式中表示情绪伴随状态的动词性结构与第一类、第三类大体一致，但增加了"被动类"（a 类）和"广义动作类"（b 类）两类。"被动类"表示主体受到了外界刺激并伴随该刺激产生一定的情绪，该类动词性结构并非表示情绪伴随状态的典型语义类型。"广义动作类"只有"搞""干""做"等词，它们可以指代多种具体行为动作，表示主体伴随某类情绪而进行着某项活动，该类动词的数量虽少，但适用范围较广。

与第一类相似，该类型式中的动词性结构成分也都具有［＋持续性］特征，这种语义特征可通过句法中的其他搭配成分体现出来。如：

（28）一家 5 口艰难谋生，日子过得凄凉。

（29）偶然串门到高晋家，才发现她来了好半天了，两人正聊得开心。

例（28）中"过得凄凉"的主语是时间名词"日子"，表示活动在一个较长的时间范围内进行而非定格于某个时间点；例（29）中"聊得开心"受副词"正"的修饰，表示动作进行和状态持续。

与第一类型式不同的是，该类型式中的动词一般不附着"着""在"等虚词成分，而多为光杆动词，且单音节动词占大多数。我们认为，这种特点受到了汉语韵律的影响。双音节是现代汉语最基本的音步，即标准音步，而"得"字与前面的单音节动词正好构成了"V得"双音结构，符合汉语韵律的一般规律，便于在言语交际中运用。

六 "程度量级"类

根据上一节分析，"情绪"类双音复合词与表示"程度量级"类语义角色的共现成分可构成 3 种主要型式。

第一类：A + (得) + (adv) + VP

该类型式中的动词性结构成分可包括以下几种语义类型。

a. 表示"达到或超过某种程度、地步"，如：

> 到了极点、至极、到什么程度、到这个地步、到要自杀的地步、之至、已极①……

这类结构中的动词往往是表"到达"义的"到""至"等，而宾语多泛指一定的程度极限。整个型式表示某种情绪达到或超过了一种很高的程度。

b. 表示"接近某种极限"，如：

> 几乎令人窒息、几乎完全丧失了斗志、欲绝、近乎离奇、几乎昏过去、几乎喊出声、几乎跳起来、几乎叫出声、差点跳起来、要叫了起来……

这些结构往往含有"几乎""差点儿""近乎""要"等副词，表示接近于实现某种情况、程度，其核心成分一般表示人的一种情态反应（如"昏过去"）或肢体动作（如"跳起来"）。在人们的心理认知

---

① 严格来说，"之至""已极"等并非动词性结构，但所表意义均强调情绪的强烈程度，本书将其一并收录。

中，这些反应或动作都标志着一种极高、极强的程度界限，而所描述的情绪程度接近于该种极限。

c. 表示"某种夸张程度"，如：

> 不得了、忘乎所以、坏了、死了、要死、要命、快死了、发疯、发狂、死去活来、连心都紧缩起来、心都凉了、足以燃烧任何物体、连话都说不出来、七窍生烟……

为了突出、鲜明地表达自己感受到或观察到的某种情绪，人们往往使用夸张的修辞手法。以上具有"夸张"义的动词性结构所表示的内容多为人的心智反应或生命体征，但所指并非事实，而是有意夸大。如：

（30）这些日子，不管我在你身边或不在你身边，我都痛苦得快死了。

（31）胡仰气喘喘地跑进来，见了王强挥着汗水，惊慌得连话都说不出来了。

d. 表示"不能控制或忍耐"，如：

> 不已、不行、不成、不堪、难耐、难消、难当、难熬、难支、难抑、难忍、不能自已、难以自持、难以控制、难以忍耐、受不住、忍不住要说……

情绪作为人的一种心理活动具有一定的主观性，在一定程度上，它是可以受体验主体控制的，如"你别伤心了""不要太得意"等劝诫类话语都体现了情绪的可控性。但当情绪极其强烈时，人们往往难以控制。

e. 表示"无力言说或描述",如:

无比、难言、不堪言说、难以形容、无法言喻……

人类可以通过一定的语言文字来抒发内心的情绪感受,但当情绪达到一定程度时,人们往往无力言说或难以表述。因此,体验主体还会通过这些表示无力言说或难以形容义的固定结构来暗指情绪程度之强。

第二类:VP+(的)/(地)+A

与第一类型式相类似,该型式中的动词性结构成分也包括以下几种语义类型。

a. 表示"无力言说",如:

说不出、说不出来、说不尽、道不尽、不可言说、无法用言语形容、难以言语形容、无法形容、无法描述、没法倾诉、不可名状、不可言状、不可言喻、莫可名状、难以名状、难以形容、无可形容、难以言喻、难以言表、难以言状、难以诉说、难言、无以名之、无以名状、一言难尽、说不清楚、无言……

表示该语义类型的动词性结构的数量较多,其核心词主要是"说""道""言""形容""描述""诉说"等表示言语行为的动词。

b. 表示"不可比较",如:

前所未有、从未有过、从没有过、从未体验过、无比、无上、至高无上、异乎寻常、非同寻常、超于常人、不胜、长久以来所没有过、无法比拟、无以复加……

通过比较来体现某一事物或性状的特征是我们语言描述的一种基

本方法。在描述情绪时，人们往往会通过突出某一情绪的不可比较来体现它的强烈程度。比较既可以在共时层面进行，又可以在历时层面进行，这两方面的"不可比较"都能体现出情绪的极限程度。前者如"异乎寻常""超于常人"，后者如"前所未有""从没有过"等。

c. 表示"不能控制"。

在该类型式中，表示"不能控制"义的共现成分的数量最多，它们多为四字语，且往往具有固定形式，如：

"难以 V"——难以平息、难以置信、难以想象、难以掩抑、难以抑止、难以遏制、难以拂却、难以排除、难以排解、难以忍受、难以忍耐、难以解脱、难以理解、难以治愈、难以自拔、难以抵挡、难以描绘……

"V 不住"——控制不住、压抑不住、按捺不住、抑制不住、压制不住、掩饰不住、止不住、压不住、忍不住、藏不住……

"无法 V"——无法忍受、无法容忍、无法承受、无法抵挡、无法理解、无法排遣、无法抑制、无法克制、无法避免、无法解脱、无法排解、无法想象、无法祛除……

"不可 V"——不可克制、不可排解、不可思议、不可抗拒、不可抑制、不可挽回……

"V 不到"——梦想不到、意想不到、意料不到、想象不到……

"不能 V"——不能克制、不能克服、不能摆脱……

"无可 V"——无可忍受、无可克服、无可奈何、无可解慰……

其他——失去控制、不受控制、挥之不去、挥不去、去不掉、最难忘怀、难忘、难忍、难得、藏掩不得、情不自禁、不易察觉、不由自主……

可以发现，该类动词性成分的核心词多为表示"控制""排解""忍耐""预想"义的动词，都具有［＋自主性］［＋可控制］的语义特征，受"难以""无法""不可""不能"等否定后，具有了程度强烈的意义。

d. 表示"某种夸张程度"，如：

撕心裂胆、撕心裂肺、揪心裂肺、绞断心肠、心肝碎裂、撕心扯肝、心碎肠断、断肠、揪心、椎心、抓心、入骨、刻骨、彻骨、深入膏肓、沁人肺腑、令人窒息、令人心碎、能将他们灵魂都撕裂、吞下自己、耗尽心血、致命、望不穿、冲释不开、化不开、抱恨千古……

这些具有"夸张"义的动词性结构成分一般做"情绪"类双音复合词的定语，其字面描述的内容有许多都与人体器官（如"心""肺""肠""肝""骨"）有关，通过描写人体器官遭到损害来隐喻指称情绪程度强烈。

e. 表示"不可计量、计时"，如：

无穷、无尽、不尽、未尽、无尽无休、不可历数、无边无际、永不消逝、没完没了、无量无边、绵延无止境、永不消逝、不知道尽头、无休止、无可估量、持续不断、深不可测、数不清、无止境、无底……

当事物个体数量、动作持续时间超过人类可以计数的能力时，其所表达的程度必定是极强的。根据常识，作为一种内心感受或主观评价，情绪本不像物体、事件那样可通过数量、时间等单位来进行计量，但在文学（尤其是诗歌等抒情性作品）语言中，通过多种修辞手法的运用，词语的使用会变得较为灵活，情绪这种不可计数的特性也会随之变化。因此，该类动词性结构与"情绪"类双音复合词组成的语言片段一般为书面语，多适用于以抒情为目的的文学作品。如：

（32）他感到很不愉快，但更多的是<u>无止境的悲伤</u>和困惑。

（33）我好像摸到了<u>无边无际的快乐</u>，心上说不出的甜润，同时又害怕，怕一脱手，又堕入<u>无边无际的苦恼</u>。

例（32）出自当代翻译作品《消失的地平线》，例（33）选自当代作家杨绛的《洗澡》，它们所属的文学片段都是作者对感情的抒发。

f. 其他表程度强烈的四字语，如：

毫无顾忌、毫不掩饰、毫不含糊、竭力抑制、竭力遏制、无比振奋、生不如死、悲天悯地、深恶痛绝、刻骨铭心、异常骇人、不堪碰触……

第三类：NP +（的）+ A

该类型式中的定语成分主要由指示代词充当，指示代词如：

这样、那样、这么、那么、如此……

在该型式中，这几个指示代词并非复指前面提到的某项内容，而是虚指。它们多用于口语，略带夸张口气，强调说话人对主体情绪进行评价时的感叹语气。如：

（34）如果爱一个人会<u>这么痛苦</u>，我真希望人类都没有感情！

在这里，语境并未详细描述"爱一个人"是如何"痛苦"的，通过"这么"一词的修饰，所表现出的痛苦程度却十分强烈。

通过对以上 3 类型式的分析我们发现，与"情绪"类双音复合词共现的"程度量级"类成分具有语义上的不平衡性，即它们主要体现情绪程度的"强"，而非情绪程度的"弱"。我们认为这种不平衡性与情绪自身特性有关。情绪是人类对外界刺激的一种心理反应，并附带产生一定的生理反应。与平静的生活状态相比，情绪本身就表示一种异常的心理活动。情绪往往通过面部表情、行为动作、语言表达等方式体现出来，程度越是强烈，越容易引发人们的注意。因此，情绪的程度量级值尽管有高低之分，但人们往往会关注其程度高的一面，而忽略其程度微弱的一面。

七 "具象特征"类

根据上一节分析，"情绪"类双音复合词与表示"具象特征"类语义角色的共现成分可构成 4 种主要型式。

第一类：A + 得 + (adv) + VP

该型式中用以表现情绪具象特征的动词性结构成分一般体现为"比喻标记词 + 具有典型属性的人、事、物"的结构，这些比喻标记词如：

> 像……，如……，似……，如同……，像……一般，像……一样，像……似的，……似的，跟……一样，好像……，……

在该类型式中，受这些比喻标记词支配的动词、名词性成分多为具有典型属性的人、事、物，它们本身具有的属性特征都是大家所熟悉的、公认的。如：

(35) 在外表上看来，你似乎是一只笨山羊而且胆怯得像只兔子。

（36）我们<u>高兴得如同哥伦布发现了新大陆</u>。

兔子是一种十分常见的动物，其柔弱胆小的性格为大家所公认，例（35）用"兔子"来比喻人遇事胆怯，表达得形象生动；"哥伦布发现了新大陆"是举世皆知的重大历史事件，人们对其暗含的积极意义已达成共识，例（36）用该事件来比喻高兴的情绪，在形象描述的同时还突出了强烈的程度。与此类似的典型事件还有很多，如"拾了个大元宝""小鹿乱撞""火烧屁股""重逢故友""生离死别"等。

尽管人们对典型事物属性、典型事件意义的认知是固定的，但事物毕竟是复杂多面的，针对同一事物，我们换一个角度进行观察，相关认识可能就会有所不同。如小鸟可以自由飞翔，具有自由快乐的特性，但个体瘦小，又具有胆小惊疑的特性。因此，在语言表达中，可出现不同的描述。如：

（37）它<u>胆怯得好像小鸟似的</u>。

（38）沛沛<u>快乐得如天天自巢内起飞的小鸟</u>。

第二类：VP＋（的）/（地）＋（r）＋A

按照结构形式，在该类型式中表示情绪具象特征的动词性结构成分可分为以下几类。

a. "比喻标记词＋具有典型属性的人、事、物"，如：

像……，如……般，……般，……一样，如同……一样，像……一样，像……一般，好似……一样，和……一样，跟……一样，……似的，类似……，若……，似……，好像……一般，和……近似，仿佛……似的，犹如……似的，……

这与第一类型式中的动词性结构成分类似，但语料数量较之于第一类要多，且比喻标记词更为丰富多样。在该类型式中，充当定语或状语的动词性成分 VP 都具有修饰、描述中心语 A 的功能，因此，VP 需要具备描写的特征。上述"比喻标记词＋具有典型属性的人、事、物"结构包含喻词与喻体，构成了明喻句，而比喻句的主要作用就是用形象的语言描述事物，把抽象的事物表达得更为具体生动。可见，此类动词性结构正符合了该类型式的语义功能要求，因此，其语料数量较多，形式也较为丰富。这也体现了句法结构对语义内容的选择要求。

b. "比喻标记词＋具有典型属性的人、事、物＋指示代词"，如：

> 像……这样，像……那样，像……这么，像……那么，像……这么样，好像……那么，像……那般，……

"这样""那样""这么""那么"等指示代词的作用之一是复指前面所提到的内容。虽然该格式有比喻标记词，但"……这样""……这么"等所指内容往往不是用以比喻的对象，而是用以比较的对象。如：

（39）这件事如果传出去，大家一定会像我获东京电影节最佳男主角奖一样惊奇。

这里通过复指"我获东京电影节最佳男主角奖"时大家表现出的惊奇，来使人更为形象地预想"这件事如果传出去"后可能产生的情绪感受。也正因为其主要目的在于比较，而不一定是比喻，因此，在某些情况下，"像""好像"等比喻标记词会省略，直接体现为"具有典型属性的人、事、物＋指示代词"的形式。如：

（40）徐守仁感到碰到知音人那样的愉快。

该句也可以转换为以下形式。

（40'）徐守仁感到像碰到知音人那样的<u>愉快</u>。

这两句表示的内容差别不大，都是通过比较将"徐守仁"的"愉快"描述得生动形象。

c. 比较式结构，如：

比＋人/时/地/事，与……相称，……

在表达情绪的程度上，该类比较句还往往暗含有比所比较的对象更甚一层的语气，因此，结构"比＋人/时/地/事"有时还附带表程度的副词"还"。如：

（41）（我）为了一个女人就变得像白痴一样失魂落魄，变得<u>比死了亲娘还伤心</u>。

这里"比……还……"突出了他所承受的此种痛苦比失去亲人的感受更为强烈。

d. "N/V＋式"，如：

领袖式、阮籍式、田园式、英国式、坦泰卢斯式、流水落花式、命令式……

"式"即范式、样式，其前面的名词、动词性成分多为具有某种典型特征的人或事。该类格式与前面几种表示比较的格式类似，通过描述某种典型人、事、物来形象明确地表达情绪。如：

（42）兆鹏毫不掩饰<u>领袖式的喜悦</u>："黑娃，现在立即去围攻那个最顽固的封建堡垒!"

此例中"(鹿)兆鹏"的"喜悦"体现在对"黑娃"的命令和指挥上,而命令和指挥的气势只有在领袖身上才会展现得淋漓尽致。因此,该例使人联想到领袖做出指令时的神态和表情,从而更易体会到"(鹿)兆鹏"的喜悦感受。

　　e. 引用,如:

　　"又发现了一个诗人""瀚海观潮胜钱塘""那人正在灯火阑珊处""高处不胜寒""生不能见人,死不能见尸""秋风扫落叶""同是天涯沦落人""千年此地寻遗事,独留清风上古台""春风不度玉门关"……

这些引用片段多为展现某种情态状况的名人名言、诗文经典、俗话俚语等,其中含有的某些信息可与某种情绪感受相关联。对于这些引用片段的理解,我们需要借助其所在的上下文及相应的文化背景。如:

　　(43) 大西北在吕将军笔下,不再流露出"古来征战几人回""春风不度玉门关"的伤感和苍凉。

这两句古诗分别出自《凉州曲》和《出塞》,描述了边塞的荒凉寂寞、战争的残酷无情及将士们的悲凉心境。我们要了解文章中所言的伤感情调,就必须先明白这两句诗的含义,只有这样,抽象的感情才能被深刻理解。

第三类: NP + (的) + A

该类型式中的名词性结构 NP 一般是指示代词,如:

这、那、这种、这份、这些、那种、那些、这一切……

这些指示代词通过复指前面提到的某种具体事件、活动、状态等，把抽象的情绪描写得形象生动。这些代词所复指的内容往往存在于一个较大的语境中，其形式一般体现为一个较长的句子。如：

(44) 当吕克·尼斯林、罗兰·斯库曼、林登·弗恩斯和达里安·汤森把男4×100米自由泳接力金牌揽入怀中时，已是南非当地时间15日晚，具有报道优势的电视和网络媒体已经欢呼了好一阵子。16日出版的报纸则把这份喜悦带给了更多的南非人。

例 (44) 中"这份喜悦"具体所指的是第一个句子的前半句提到的内容，即男自由泳接力赛获得冠军这一事实。

有时，在一个相对封闭的语段中，我们并不能找到指示代词所复指的具体内容，其指称的情绪感受需要一个更大范围的语境提示。如：

(45) 她觉得，这三个字除了使她感到一向的那种悲伤之外，还足以使她的心里充满着平静的自豪。

上例"那种悲伤"前面虽有时间副词"一向"修饰，但并没有明确指出"她"悲伤的具体程度。而或许该种悲伤是无须明述的，对于作品中的人物或了解该文本的读者来说，其意义是不言自明的。

这种现象也进一步提示我们，当对词与词之间的语义关系进行讨论时，我们不能忽视句群的紧密联系，尤其涉及代词所指时，句子之间的语义关系会变得更为复杂。

第四类：A + 的 + NP

该类型式中的"情绪"类双音复合词与体现"具象特征"的名词性结构成分构成一个修饰喻，其中情绪 A 是本体，名词性结构 NP 所指

内容是喻体，对情绪进行形象化描述。在该类型式中，体现情绪具象特征的名词主要有 6 类。

    a. 光芒类，如：

      光芒、火光、火苗、火花、火焰、光彩、亮光、光辉、色彩、光亮……

    b. 阴影类，如：

      阴影、影子、阴霾、黑影……

    c. 云雾类，如：

      雾气、云雾、阴云、烟雾……

    d. 深渊类，如：

      深渊、深潭、泥淖……

    e. 波浪类，如：

      海洋、大海、波涛、波浪、浪潮、波纹、浪花、漩涡、涟漪、巨浪、浊流、溪流……

    f. 其他类，如：

      音符、味道、线条、果实、种子、蛀虫……

    比喻句存在的前提是本体与喻体具有相似性，因此，在该类型式中，根据名词所指事物的具体特征，不同的情绪 A 对名词性结构 NP 具

有不同的选择倾向。

"光芒类"名词突出火光四射的特征，而这种明亮耀眼的状态与人们喜悦、欢快的心情相吻合，因此，该类名词主要修饰"喜"类复合词，如"喜悦的光辉""快乐的火花"等。

"阴影类""云雾类""深渊类"这 3 类名词所指事物的特征或昏暗，或幽深，与人们消极不振的情绪相类似，因此，这 3 类名词主要修饰"忧""悲""恐"等情绪，如"忧郁的云雾""悲痛的深渊""恐惧的阴影"等。

波浪、海洋的特征是表面起伏不平，极易受到大风等外界事物的影响，这与人类短暂易变的情绪具有相似性。因此，"波浪类"名词数量最多，几乎可以修饰各"情绪"类双音复合词，如"欢乐的海洋""伤心的溪流"等。当然，根据具体语境的限制及作者、说话者表达的需要，与"情绪"类双音复合词共现的名词性结构也具有一定程度的随意性，如我们会看到"悲哀的铃铛""忧愁的花粉""愤怒的菌种"等比较特殊的例子。

八 "时间空间"类

根据上一节分析，"情绪"类双音复合词与表示"时间空间"类语义角色的共现成分可组成两种主要型式。

第一类：A +（的）+ NP

该类型式中的名词性成分 NP 既可以指称时间也可以指称空间。

根据所指内容，在该类型式中表示情绪发生时间的名词主要包括以下两大类。

a. 表一般时间的名词。

表示一般时间的名词有很多，通过对语料的分析，我们发现与计时单位有关的时间名词大多可出现在该型式中。如：

与"时刻"有关——（之）时、一刻、时刻、时辰、一刹那、五分钟……

与"天"有关——（之）日、早晨、上午、中午、下午、白天、夜晚、晚上、黄昏、今天、今朝、明天、那天、那一天、一天、几天、一晚、时日……

与"年"有关——年、一年、年头、1957年……

与"时期"有关——年代、时期、时光、时代、时段、光阴、岁月、日子……

与"季节"有关——季节、春天、夏天、秋冬……

与"一生"有关——童年、青春、中年、晚年、儿童期、一生……

此外，还有许多概括时间的名词，如：

时候、时间、期间……

该类名词的适用范围很广，基本可以跟所有"情绪"类双音复合词共现。

b. 表特殊时间的名词。

该类主要是一些表示异于普通时日的时间名词，如：

节日——节、节日、春节、新年、除夕、圣诞节、元宵节、谷神节、"五一"节、除夕之夜、中秋之夜、洗澡节……

纪念日——生日、交易日……

休息日——假日、假期、周末、星期天、"黄金周"……

通过对以上两大类时间名词的分析，我们发现表时点的名词多，而表时段的名词少。这应该与情绪本身的属性相关。情绪是人类在某种刺激下产生的一种持续时间较为短暂的心理活动,它往往随着时间的推移而变化,因此,表示情绪发生时间的名词多体现为一个时间点。当然,对时点与时段的区分是相对而非绝对的,有时我们需要借助具体的语境。比如,夏天作为四季中的一个季节,在一年中占有三个月,从这个角度来说,"夏天"是表时段的名词;但与冬天、春天、秋天相类比,它又是四季中的一个季节,属于由 4 个时间点连成的时间线条上的一点,因此,"夏天"又可表示时点。

在该类语法型式中,能够体现情绪发生空间的名词,如:

场所、地方、世界、家园、田园、村落、沙滩、小天地、拷问台、地狱、狩猎场、起居室、城、宫、海南、县城、草原、竹乡、广场、白鹭天堂、粤海城、边寨、海、园、村、天地、房子、仙境、街、绿草地……

上述名词均为处所名词,表示某一地点或位置。

第二类:NP +(的)+ A

该类型式中名词性成分 NP 的结构形式多样,包括以下几类。

a. "动词性结构 + 方位名词",如:

(看到/听到/获悉/工作/征服/地震/……) 之后/以后/后;(行动/临死/回到/……) 之前/以前/前……

在该类结构中,"(之/以)后""(之/以)前"等方位名词全表示时间,整个结构表示一个以某一活动、事件为起点或终点的短暂时间段。

b. "名词性结构 + 方位名词",如:

(战斗/一年/梦/六小时/路途……) 中;(世界/一路……)

上；（屋/新年……）里……

该类结构表示的是时间还是空间，取决于名词性结构的所指内容。若为时间名词，整个结构表示某段时间中的一段或一点；若为处所名词，则整个结构表示某一位置或处所。

c. "动词性结构 + 时间名词"，如：

（看到/见到/接到/单身/上学/干/玩……）时；（抓/走/看到……）的时候；（学习/工作……）之初……

该类结构表示某一活动或事件进行、发生的时间点，与"情绪"类双音复合词组合后，表示某类情绪产生的具体时刻。

d. 一般时间名词，如：

今天、春节、父亲节、昔日、童年、过去、眼前、现在……

通过对语料的分析，我们发现这些与"情绪"类双音复合词共现的名词性结构中，表示情绪发生时间的结构要比表示空间的结构数量多。这反映出人们在表达某类情绪时，更习惯于将其与发生的时刻结合在一起。根据常识，情绪的产生尽管会有一个具体的地点，但我们在某一地点可能不止有一种感情，"转喜为忧""破涕为笑"等都是对情绪在短暂时间内发生变化的描述。相反，在某一具体时间点上，人们却往往只有一种情绪，即便是"混合"类情绪，它们也是同时存在不能分割。因此，在认识和表达情绪时，人们倾向于关注其时间因素而忽略其空间因素。

九 "属性特征"类

根据上一节分析，"情绪"类双音复合词与表示"属性特征"类语义角色的共现成分可组成 3 种主要型式。

第一类、第三类：NP + (nd) + 的 + A、NP + (adv) + A

这两类型式中名词性结构成分的语义类型相似，按照所指内容，这些表示情绪属性特征的名词性结构可包括以下两类。

a. 心情、情绪类，如：

心境、思想、灵魂、心情、心灵、精神、感情、情感、情绪、思绪、心理、感觉、心态……

尽管这些词的具体所指有区别，但都与人的思维意识、心理活动、精神状态等有关，强调了情绪的心理属性。它们数量有限，但使用率极高，几乎可以和所有"情绪"类双音复合词组合。在一般情况下，这些体现属性特征的名词对"情绪"类双音复合词具有修饰作用，若被省略，语句意义变化不大。对于部分通过引申表示情绪的词来说，这些体现属性特征的名词却起到了区别、限制的作用，在表达中一般不可省略。如：

(46) 我们足迹遍全国，我<u>内心的快乐</u>是从未有过的。

(47) 她竭力掩藏着<u>内心的痛苦</u>，但是眼泪还是在眼眶里打转。

例 (46) 中"我内心的快乐"可以改为"我的快乐"，二者表达的语义内容一致；而例 (47) 中"掩藏着内心的痛苦"却不可以改为"掩藏着痛苦"。因为在现代汉语中，"痛苦"一词有两个义项，一个表示疾病、创伤等引起的肉体的痛苦，另一个表示精神上的悲伤难过，后者是在前者的基础上发展而来的。若省略限定性定语"内心"，在没有语境的提示下，人们可能会误认为是身体的痛苦。

该类名词有时还可与方位名词"上"组合，如：

> 精神上、感情上、心理上、心灵上、思想上、情绪上、情感上、心情上……

这些结构与"精神""心理""心情"等名词的语义内容相似，与"情绪"类双音复合词共现，都强调情绪的心理属性。

b. 身体器官类，如：

> 人心、心、内心、自身、肉体、身体、身心、神经、口腹……

心脏通常被认为是人类情绪的发生器官，因此，"人心""内心""心"等常用来体现情绪的属性特征。也有许多名词，所指称的器官与情绪的发生关系不大，但在具体语境的制约下，它们也可与"情绪"类双音复合词共现表示情绪属性，如"口腹""身体"等。

有时这些表示人体器官的名词还会与"里""内""中"等指称内部位置的方位名词组成方位短语，如：

> 心胸里、脑子里、心内、心里、心中、心间、心底、胸中、脑中、内里、肺里……

这些名词指称的人体器官都是腔体，具有与容器相似的特征。在语义认知过程中，人们常把抽象的情绪看作一种存在于容器之中的具体物质，从而情绪也就有了自己的存在空间——心理空间。也正源于该认知方式，许多表示人体器官的名词有时还会受到表示整体义的数词"一"或形容词"满"的修饰。如：

> 一肚子、一肚皮、一腔、满心、满腔、满腹、满怀、满胸、

满肚子、满脑子……

它们在表示情绪属性特征的同时，还含有情绪程度强烈的意味。如：

（48）宋贵堂<u>一肚子恼火</u>好容易找到机会发泄起来。

（49）面对毒打和审问，他只报以<u>满腔的愤怒</u>和无比的憎恨。

容器里的物质越多，容器就会越膨胀，所隐喻的情绪的程度量级也就越高。因此，上述两例中"一肚子的恼火"和"满腔的愤怒"都表现了强烈的愤怒情绪。

第二类：A +（的）+ NP

按照所指内容，该型式中表示情绪属性特征的名词性结构成分可包括以下4类。

a. 心情、情绪类，如：

劲儿、劲头、念头、心情、心绪、心思、心田、心理、心态、心境、心灵、心声、之情、之感、之意、之思、感觉、感受、感情、感慨、感触、情感、情绪、情愫、情怀、情意、思绪、意绪、胸臆、精神、灵魂、思想、态度、意识、气质、个性……

情绪具有心理属性，表示心情、情绪的名词与"情绪"类双音复合词共现时，它们大多起到了突出属性特征、区别其他属性的作用。该类名词与第一类型式中的"心情、情绪类"名词所起的语义作用虽然相似，但又有些不同。首先，较之于第一类型式，该型式中的"心情、情绪类"名词的数量要多一些；其次，在该类型式中，"心情、情绪类"名词作为中心语，是句法表达的中心，因此，该类名词在句法中一般不能省略。如：

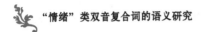

（50）我们在伦敦以忧虑和苦闷的心情在注视着这种不幸。

在这里，"以……的心情"作为一种固定结构出现在句法中，受"忧虑和苦闷"修饰的中心语"心情"不能省略。

b. 具体情感类，如：

好奇心、窒息感、孤独感、失落感、读后感、愁绪、伤感、思念之情……

这些名词性结构表示一种具体的心理感受，本身含有一定的情绪义，因此，对与之共现的"情绪"类双音复合词具有选择性。如"失落感"可能是"忧愁""苦闷"的，"好奇心"可能是"欢乐""喜悦"的，二者不能互换。

c. 身体器官类，如：

心、内心、心底、心头、身心、心肠……

该类名词所指内容都涉及身体器官，它们一般被看作情绪的发生器官，从而进一步代指情绪。

d. 氛围类，如：

气氛、氛围、意境、情调、情趣……

该类名词突出情绪的集体属性。在一般情况下，情绪属于个体的心理体验活动，但当众人产生共鸣迸发出同一种情绪时，或环境营造出某种情绪氛围时，情绪的个体属性也便会进一步扩展为集体属性。

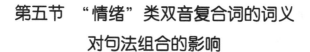

第五节 "情绪"类双音复合词的词义
对句法组合的影响

通过上几节的分析，我们发现"情绪"类双音复合词在句法组合时，对局部语法型式与语义角色的选择都有一定的规律。在表现某一类语义角色时，其相关成分的语义类型、语义特征等也都具有许多共性特点。具体到每一个"情绪"类词，其共现成分对语义角色的呈现情况却各不相同，与之构成的局部语法型式也各有差异。首先，没有任何一个"情绪"类双音复合词与其共现成分的句法组合可以全部涵盖已经归纳的 14 种语法型式，而是各有倾向；其次，没有任何两个"情绪"类双音复合词构成的语法型式是完全一致的，彼此各有差异。即使是表示同一个情绪类别的词，它们在表现某一语义角色时，对语法型式的选择也各有侧重。

王宁先生曾指出："词的语法功能和它所能存在的结构模式，是受它的词汇意义控制的，很多语法上的差异，常常能从词义特点的不同找到最根本原因。"[1] 我们认为，"情绪"类双音复合词在句法组合中的种种差异，除有语言使用习惯的影响因素外，还与词的语义特点有关。在某种程度上，是词义本身的特点决定了其在句法中的具体使用情况。词义特点对句法组合的影响可体现在两方面：一是对语义角色选择的影响，二是对局部语法型式选择的影响。

一 词义影响语义角色选择

在句法中，词与词之间的组合搭配并非任意的，而是有着一定的

---

① 王宁：《训诂学原理》，中国国际广播出版社 1996 年版，第236页。

倾向和限制的。其中有语法方面的因素，更存在语义、语用上的制约。许多"情绪"类双音复合词的词义特点影响了其对语义角色的选择及呈现情况，我们试举几例分析。

（一）词义对"属性特征"类语义角色选择的影响

在表现"属性特征"这一类语义角色时，"沉重""忧虑""忧郁""忧愁"这4个"忧"类双音复合词在语料中的出现频率各不相同，见表4-1。

表4-1 "忧" 类双音复合词对"属性特征"类语义角色的选择情况

"情绪"类双音复合词	沉重	忧虑	忧郁	忧愁
"属性特征"类语料数量	487	50	111	65
语料总量	1085	952	727	590
比率(%)	44.88	5.25	15.27	11.02

可以看出，这4个"忧"类双音复合词对"属性特征"这一语义角色的呈现情况并不一致。其中，"沉重"一词更倾向于表现该类语义角色，而"忧虑""忧愁""忧郁"对该语义角色的呈现比率相对较低。

在句法组合中，"情绪"类双音复合词"属性特征"这一语义角色主要有强调情绪所属类别的作用。"沉重"一词在表示情绪时采用了隐喻手段，其构词语素"沉""重"都体现了事物因分量大而向下坠的一种状态，这与人们在生活中遇到困难而产生消极情绪的状态相类似。在现代汉语中，"沉重"同时存在两个义位，一个是"事物分量大"，一个是"心情不愉快"。因此，在具体的语言运用中为突出"心情"这一属性，我们需要将表示情绪属性特征的共现成分凸显出来，以区别"事物分量大"这一意义。与之相对的，"忧虑""忧郁""忧愁"等词在现代汉语中只有表示情绪的一个义位，即便不标记其情绪属性，人们在使用中也不会产生歧义。因此，与之共现的成分中表示"属性特征"这一语义角色的情况就比较少。

在对"属性特征"这一语义角色的选择倾向上，与"沉重"对比最明显的一个词是"开心"。从表4-2可以看出，在表现"属性特征"这一语义角色时，7个"喜"类双音复合词与其共现成分的组合情况各不相同，其中，"开心"一词最不易与体现该类语义角色的成分共现。

表4-2 "喜"类双音复合词对"属性特征"类语义角色的选择情况

"情绪"类双音复合词	高兴	快乐	愉快	欢乐	得意	喜悦	开心
"属性特征"类语料数量	63	42	187	101	45	251	3
语料总量	1379	995	1247	831	888	951	1048
比率（%）	4.57	4.22	15.00	12.15	5.07	26.39	0.29

在我们考察的有关"开心"一词的所有语料中，只有3例语料体现了情绪的属性特征，仅占该词总语料的0.29%（而"沉重"达到了44.88%）。与"沉重"不同，"开心"本身含有非常明确的表示心理属性的语素"心"，整个词的属性特征不言自明。因此，在使用"开心"一词时，我们无须通过其他组合成分来对其属性特征进行区别或强调，否则便为信息的冗余，不符合语言的经济性原则。

（二）词义对"呈现形式"类语义角色选择的影响

通过对语料的分析，我们发现各"悲"类双音复合词对"呈现形式"这一语义角色的选择情况也不相同，其中差别较大的几个词是"苦涩""辛酸""惨痛"。在表现"呈现形式"这一语义角色时，上述3个"情绪"类双音复合词与其共现成分的组合情况见表4-3。

表4-3　　　　　　"苦涩""辛酸""惨痛"对"呈现形式"
类语义角色的选择情况

"情绪"类双音复合词	苦涩	辛酸	惨痛
"呈现形式"类语料数量	76	95	9
语料总量	528	609	459
比率(%)	14.39	15.60	1.96

可以看出，相较于"苦涩""辛酸"，"惨痛"与表示"呈现形式"类语义角色的成分共现的比率要低很多，仅占语料总量的1.96%。在与表示各类语义角色的共现成分的组合中，"苦涩""辛酸"与"呈现形式"类语义角色成分的组合比例较高，位于所有组合的第二位（第一位是与"形成原因"类语义角色成分的组合），而"惨痛"与表示该类语义角色的共现成分的组合比例却仅居于第五位。[①] 这种对语义角色选择的差异与这几个词的语义特点有关。

悲伤情绪的呈现形式多种多样，其中最外显的一种便是流眼泪。眼泪是泪腺受到情绪波动刺激而产生的分泌物。表示该类呈现形式的名词有很多，如"泪水""泪""眼泪""泪珠""泪花"等。"苦涩""辛酸"均是通过隐喻手段表示情绪，其本义都表示两种令人不舒服的味觉——苦与涩，辛与酸，而这也恰恰能形容眼泪的味道。因此，在语料中，"苦涩""辛酸"极易与体现悲伤情绪的"泪水类"名词共现，既能形容眼泪的味道，又能描述内心的悲伤，一语双关。而受构词语素"惨"的影响，"惨痛"一词侧重表示人们内心极度痛苦的感受，暗示了令人悲痛的外界因素，如教训、经历等，而很少选择"呈现形式"这一语义角色。

---

① 详见附录1。

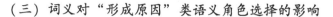

（三）词义对"形成原因"类语义角色选择的影响

以"悲惨"和"伤感"为例。在与表示各类语义角色的共现成分的组合中，"悲惨""伤感"与体现"形成原因"这一语义角色的共现成分的组合数量均居于第一位。但在表现该类语义角色时，这两个词共现成分的语义类型却差别很大。仅就"A＋（的）＋NP/VP"这一型式而言，与"悲惨"共现的词如：

生活、命运、事件、事实、境遇、境地、境况、遭遇、结局、历史、场景、世界、现实、下场、灾难、遭际、经历、环境、景象、后果、情景、困境、折磨、教训、生命、局面、身世、人生、生涯……

与"伤感"共现的词如：

诗、曲、戏、歌声、回忆、故事、梧桐叶、文章、词句、小说、电影、爱情、信、情歌、情书、旋律、爱情之旅、老歌、故乡风、曲调、小调、片子、结局、雨、音乐、红酒、诗句、色调、镜头、短文、心路历程、影片、笔调、悲剧片、壁画……

可以看出，与"悲惨"共现的名词性结构成分主要表示人生遭际、社会境遇等，而与"伤感"共现的成分主要是诗词文赋、文化艺术等语义类型，这种选择的差异性与两个词的语义特点有关。"悲惨"一词侧重体现"惨"的语义特点，表示的悲伤程度较高，重点表示由残酷环境引发的悲痛感受，展示体验主体所处的外在环境；因此，体现"悲惨"这一情绪形成原因的共现成分主要描述环境、人生、遭遇等。而"伤感"一词主要突出"伤"的语义特点，表示的悲伤程度较低，多体现文人的感伤情怀，书面语色彩较浓；因此，描述"伤感"这一情绪形成原因的成分主要与文学、艺术等有关。

（四）词义对"体验主体"类语义角色选择的影响

以"欢乐"和"得意"为例。这两个词都属于"喜"类情绪词，在表现"体验主体"这一语义角色时，它们对相关名词性结构成分的选择情况也有差异。仅就型式"NP +（adv）+ A"而言，在表现"体验主体"类语义角色时，充当"欢乐"主语的名词性结构成分如：

合家、阖家、万家、我、他们、她、人们、中华青年、女子、全家、家庭、一家、人类、这里的人、老艺术家和青年军人、中国人民、自己、你、几人、众人、世界、以色列人、大家、每一个、农牧民、军民、观众、亚洲、藏民族、她们……

充当"得意"主语的名词性结构成分如：

你、自己、我、他、她、我们、梁大牙、小两口、外祖父、小妹、妈妈、外婆、妻子、一个人、姚崇、万德明、李仲树、蒋介石、章甫、晓岚、毛仙梅、小社、龙啸云、古应春、玉珍、温都尔王、杨百顺、彦成、马林生、南希、朱品、尤金、德·沙拉伯利先生……

对比以上两组，我们可以看到，"欢乐"的主语主要是集合名词或人称代词，表示个体的只有"我""她""你"等；而"得意"恰恰相反，其主语主要是个体名词或人称代词，集合名词数量较少。"欢"侧重指若干人集体性地热烈欢呼，体现为一种外扬的情绪状态，由"欢"参与构成的双音复合词"欢乐""欢快"等都多适用于集体狂欢的语境。因此，在句法中，与之共现的名词性结构成分主要是集合名词，体现出众人的欢乐状态。"得意"一词最初指"领会旨趣""得志",后进一步引申表示"称心""满意"等,侧重表示一种个体性的心理活动,因此,与之共现的成分多为表示个体的名词或人称代词。

二 词义影响局部语法型式选择

通过对语料的分析,我们发现在表现同一类语义角色时,不同的"情绪"类双音复合词对局部语法型式的选择倾向也各有差异。下文试举几例分析。

（一）"愤慨""恐慌"对"p＋NP/VP＋(c)/(v)＋(adv)＋(的)＋A"的选择

在表现"形成原因"这一语义角色时,"愤慨"与"恐慌"对"p＋NP/VP＋(c)/(v)＋(adv)＋(的)＋A"这一型式的使用差异非常明显。二者各自与其共现成分构成的局部语法型式的情况见表4－4。

表4－4　"愤怒""恐慌"呈现"形成原因"时的局部语法型式

	局部语法型式	愤慨	恐慌
形成原因	A＋地＋VP	0	2
	A＋(于)＋VP/NP	3	0
	VP＋(adv)＋A	8	7
	VP＋的＋A	2	13
	NP＋(nd)＋(的)＋A	2	81
	A＋的＋NP/VP	1	2
	p＋NP/VP＋(c)/(v)＋(adv)＋(的)＋A	**349**	**39**
	NP/VP＋V$_{使役类}$＋NP＋A	67	33
	NP＋(p＋NP)＋带来＋(u)＋A	0	5

由上可知,"愤慨"倾向于通过"p + NP/VP + (c)/(v) + (adv) + (的) + A"来表现"形成原因"这一语义角色,该型式的语料共349条,占该词总语料量的80.8%;而"恐慌"与其共现成分构成的该类型式的数量却非常少,仅有39条,占该词总语料量的21.4%。该类型式中最常见的一个变体型式即"对 + VP/NP + 表示 + A",这一型式多指通过言语行为展现出某种感情、思想、态度等。其中,动词"表示"除了可以支配表示情绪的词外,还可以支配表示态度、心理的动词或名词。如:

(1) 美国对国外知识产权立法也表示了极大的"关切"。

(2) 跨国公司对开拓青岛乃至中国北方地区供应商资源表示出了极大的兴趣。

我们知道,"p + NP/VP + (c)/(v) + (adv) + (的) + A"这一型式多用于正式的书面语体,表达态度严肃,语气庄重。而该型式的功能义与"愤慨"一词的语义特点恰相吻合。"愤慨"的构词语素"愤""慨"在古汉语中表示的愤怒之情都较为强烈,多为在政治、社会、民族等重大事件上的一种不满。受此影响,"愤慨"一词侧重表示人们的一种态度,多用于针对某种重大政治或社会事件表明立场、发表观点。因此,在表示"形成原因"类语义角色时,该词倾向于与其共现成分构成"p + NP/VP + (c)/(v) + (adv) + (的) + A"型式,突出其表明某种观点或立场的语用倾向。

而"恐慌"一词重点体现"慌"的所指内容,即表示人们在受到惊吓后行动忙乱的样子。该词的主要作用不是陈述而是描写,侧重的不是一种主观态度,而是一种客观呈现。因此,"恐慌"与其共现成分在组合时并不倾向于将"p + NP/VP + (c)/(v) + (adv) + (的) + A"作为主要型式。

（二）"惊讶""惊奇""惊异"对"NP/VP + V_{使役类} + NP + A"的选择

本章考察了"惊讶""惊奇""惊异"等"惊"类双音复合词的具体使用情况。在表现"形成原因"类语义角色时，这3个词与其共现成分构成的局部语法型式的总体状况见表4-5。

表4-5 "惊讶""惊奇""惊异"呈现"形成原因"时的局部语法型式

	局部语法型式	惊讶	惊奇	惊异
形成原因	A + 地 + VP	86	122	100
	A + （于） + VP/NP	48	21	96
	VP + （adv） + A	29	14	33
	VP + 的 + A	0	2	1
	NP + （的） + A	0	3	0
	A + 的 + NP/VP	6	15	6
	p + NP/VP + （c）/（v） + （adv） + （的） + A	87	77	89
	NP/VP + V_{使役类} + NP + A	**236**	**264**	**389**
	NP + （p + NP） + 带来 + （u） + A	1	4	2

可以看出，在表现"形成原因"类语义角色时，这3个词都倾向于与其共现成分构成"NP/VP + V_{使役类} + NP + A"这一型式，它们占语料的比例分别是47.9%、50.6%、54.3%。该类型式是表示使役义的典型格式，体现为某事物或某行为（即施事）对另一事物（即受事）发力并造成影响。该类使役句强调，受事者做出某些行为或反应的动因并非来自自身而是外界施事，这一句法意义恰与"惊"类词表达的语义内容一致。"惊"类情绪产生的条件是人们受到突然的刺激或遇

到异于寻常的事物，由于对这些外界情况没有任何心理准备，情绪主体完全处于被动。因此，在表现情绪的产生原因时，很多"惊"类词都倾向于选择"NP/VP + V_{使役类} + NP + A"这一型式。

（三）"喜悦""伤心""难过"对"VP + （的）+ A"的选择

通过对语料的考察，我们发现型式"VP + （的）+ A"主要用以体现情绪的形成原因、导致结果、程度量级以及具象特征。各"情绪"类双音复合词对该类型式的具体使用情况不同。以"喜悦""伤心""难过"为例。"喜悦"一词与其共现成分构成该类型式的比例要远远高于"伤心""难过"，具体见表 4 – 6。

表 4 – 6 "喜悦""伤心""难过"对"VP + （的）+ A"型式的使用情况

"情绪"类双音复合词	喜悦	伤心	难过
"形成原因"类	200	1	0
"导致结果"类	4	0	0
"程度量级"类	45	6	11
"具象特征"类	16	2	14
小计	265	9	25
语料总量	951	1139	1031
比率(%)	27. 87	0. 79	2. 42

可以看出，在表现"形成原因""导致结果""程度量级""具象特征"这 4 类语义角色时，"喜悦"与其共现成分构成"VP + （的）+ A"型式的数量占该词语料总量的 27.87%，而"伤心""难过"仅占 0.79% 和 2.42%。我们认为，该种差别与上述 3 个词的语义特点以及"VP + （的）+ A"这一型式的语义功能有关。与印欧语语言不同，汉语

缺乏形态标记,词类与句法成分之间并非一一对应的关系,但一般情况下,汉语名词倾向于做句子主语,动词倾向于做谓语,形容词倾向于做定语。而在"VP+(的)+A"型式中,各成分承担的句法功能却与上述规律相悖——动词性结构做定语,"情绪"类形容词做中心语。事实上,在该语法型式中,"情绪"类双音复合词后缺省了一个表示情绪属性特征的名词信息。如:

（3）（他）不仅叙述了吉林种粮对国家的贡献,更讲到了吉林农民靠粮食发家致富的喜悦。

上例中人们着重表达情绪内容,"喜悦"后缺省了表示情绪属性特征的名词"心情",于是表示情绪的形容词充当了定语中心语,被赋予了名词性功能。通过表4-6的数据我们可以看出,较之于"伤心""难过","喜悦"在句法中更易具有这种语法功能,我们认为这与3个复合词的构词结构有关。"伤心"属于动宾式复合词,"难过"属于状中式复合词,它们在表现情绪义时都采用了隐喻手段,词义中仍旧保留着构词语素的组合痕迹,动作特征较为明显,词义重心在于陈述而非指称、修饰。而"喜悦"是并列式双音复合词,两个构词语素都是直接表示"喜"类情绪的语素,其主要功能在于修饰。因此,相较于"伤心""难过"等非并列式双音复合词,"喜悦"等并列式双音复合词在句法中更易充当定语中心语。

第六节 本章小结

通过本章的分析,关于"情绪"类双音复合词句法层面的语义组合情况,我们得出以下几个结论。

第一，"情绪"类双音复合词在句法组合中的共现成分主要表现为9类语义角色，分别是体验主体、形成原因、呈现形式、导致结果、伴随状态、程度量级、时间空间、具象特征、属性特征。其中，"形成原因""体验主体"是"情绪"类双音复合词共现成分体现的最主要的两类语义角色。

"情绪"类双音复合词与其共现成分构成的局部语法型式主要包括14种类型，它们分别是 A + （的） + NP/VP、NP + （nd） + （的） + A、NP + （adv） + A、VP + （的）/（地） + （r） + A、A + （得） + （adv） + VP、A + 地 + （adv）/（pp） + VP、NP + V$_{主观感受类}$ + （adv）/（u） + A、p + NP + nd + 引起 + （u） + A、A + （于） + VP/NP、VP + （adv） + A、p + NP/VP + （c）/（v） + （adv） + （的） + A、NP/VP + V$_{使役类}$ + NP + A、NP + （p + NP) + 带来 + （u） + A、VP + 得 + A。其中，A + （的） + NP/VP、NP + （adv） + A、A + 地 + （adv）/（pp） + VP 是"情绪"类双音复合词与其共现成分组合最多的几种型式。

总体来看，"情绪"类双音复合词对语义角色的呈现、对局部语法型式的选择并非一一对应的，它们彼此制约。"情绪"类双音复合词可与表示同一语义角色的共现成分构成各种型式，而同一型式也可呈现出不同类型的语义角色。

第二，表现同一语义角色的共现成分具有许多共同的语义特征。在表现某一语义角色时，尽管"情绪"类双音复合词与其共现成分会构成不同的型式，但表现该类语义角色的共现成分在语义类型、语义特征等方面往往具有许多共同点。如在表现"伴随状态"这一语义角色时，"情绪"类双音复合词可与其共现成分构成3种型式：A + 地 + （adv）/（pp） + VP、VP + 得 + A 及 A + （的） + NP/VP。在这3种型式中，动词性结构VP尽管充当不同的句法成分，但都包含言语类、视听类、头部动作类、心理活动类、肢体动作类等几种意义类别，且均体现了动作的持续性特征。也正是该种语义特征决定了这些动词性结构成分可与"情绪"类双音复合词共现，以体现情绪的伴随状态。

第三，具体到每一个"情绪"类双音复合词，它们在语义角色的呈现形式、局部语法型式的选择上均体现出种种差异。除了有语言使用习惯的影响因素外，还往往源于词义特点的制约。双音复合词词义特点的不同，在较大程度上是由于构词语素义的差异。保留在构词语素中的本义、引申义轨迹以及语素构词方式，间接影响着"情绪"类双音复合词在句法组合中的具体表现情况。因此，我们在将"情绪"类双音复合词视作一个整体考察其使用状况时，需要注意其构词语素、组合方式等微观意义的约束作用。

第五章 结语

本书以现代汉语"情绪"类双音复合词为研究对象，依据语义场理论、认知语义学理论、词语学理论及局部语法理论，从语素义来源、语素组合、句法语义三个层面对"喜""怒""悲""忧""惊""恐"6类"情绪"类双音复合词进行了较为全面和深入的分析，考察了该类复合词构词语素、词、句法三者之间的内在语义关系。本书得出有关"情绪"类双音复合词的一些语义生成机制和语义组合规律，但仍存在许多不足。

第一节 主要研究结论

本书重视共时研究与历时研究相结合、定量分析与定性分析相结合，通过文献研究、语料库研究等方法，对6类"情绪"类双音复合词的语义情况进行了分析，共得出以下几条结论。

第一，词汇数量方面。现代汉语用以表示各类情绪的双音复合词的数量并不均衡。在我们考察的"情绪"类双音复合词中，"悲"类词数量最多，有50个；"喜"类词次之，有24个；"忧"类词及"怒"类词各有21个；"恐"类词有18个；"惊"类词最少，仅有10个。

　　词汇数量的差异体现了情绪类别概念的不对称性。若对人类情绪进行简单的划分，我们可将其分为"积极"与"消极"两大类别。人类对外界环境的适应性决定了其对消极情绪的敏感度往往要高于积极情绪，因此，在人们的观念中，积极情绪的类别比较单一，主要是"喜"类情绪，而消极情绪种类多样，可进一步分为"怒"类、"悲"类、"忧"类、"恐"类等。具体到语言形式上，则体现为表示积极情绪的词汇数量少，而表示消极情绪的词汇数量多。

　　第二，语素义来源方面。"情绪"类双音复合词的构词语素主要来源于两大范畴：情绪范畴与非情绪范畴。来源于情绪范畴的语素参与组成"情绪"类双音复合词的数量最多，在古代汉语中，它们多为表示情绪的单音节词。作为单音节词使用时，这些表示同一情绪类别的词在语义特征、使用条件上大都具有明显的差异。但随着时代和语言的发展，很多单音节词的意义和用法也发生了很大变化。有的作为语素义保留在现代汉语双音复合词中且影响着整词的意义，有的则失去了本来的意义特征和使用限制，对现代汉语双音复合词的整体意义影响不大。

　　非情绪范畴又包括意念范畴、事物范畴、感觉范畴、性状范畴和活动范畴5个次类。人们往往借助触觉、味觉、视觉等多种主观体验以及事物状态、动作行为的概念图式来表示抽象的主观概念。许多来源于非情绪范畴的语素通过隐喻等语义认知手段表示情绪，在"情绪"义的生成过程中，很大程度上受到了人类普遍认知规律的制约和中国传统文化的影响。

　　第三，语素组合规律方面。"情绪"类双音复合词主要有3种构词方式——并列式、动宾式和主谓式，其中并列式复合词数量最多。能够构成并列式"情绪"类双音复合词的语素在语义范畴、语义强度、语义特征等方面有着许多共性。在传统字书中它们往往能够彼此互释，如"A, B也""B, A也"等形式。当然，两个构词语素意义相近的规律也并不完全绝对，还有一部分"情绪"类并列式双音复合词，其两个语素的意义差距较大。在这种情况下，往往只有一个语素对整词的意义起主导作用，另一个语素对整个词义的影响不大。同时，在表示每一个情绪类别的并列式双音复合词中，都有一个构词能力较强的语素，这个语素参与构词的数量较多，与之组合的语素的意义特征也十分多样。

动宾式复合词中的动词成分、宾语成分分别具有"动词性弱"和"非具体性、非个体性、无指性"的语义特征，主谓式复合词的主语语素、谓语语素分别具有"无生命性、当事、无指性"和"非可控、非完成"的语义特征。这些语义特征均与现代汉语复合词构词语素的语义特征相一致。

第四，使用频率方面。在具体使用中，"情绪"类双音复合词的使用频率各不相同。总体来看，由本义都表示情绪的语素组成的复合词，其书面语色彩较浓，使用频率较低；而通过引申等手段表示情绪的语素参与组成的复合词，其口语色彩鲜明，使用频率较高。

我们分别对每一类"情绪"类双音复合词的使用频率进行了排序，发现"喜""怒""悲""忧""惊""恐"6类词中使用频率排位靠前的分别是高兴、生气、痛苦、沉重、奇怪、害怕。除"害怕"外，其余5个"情绪"类双音复合词的构词语素都不直接表示情绪，而是整词通过隐喻等手段来生成情绪义。这些使用频率较高的复合词以及构词语素表示的内容多与人们的日常生活、亲身体验有关，体现了汉民族独特的文化及思维认知方式。

第五，句法语义方面。通过对"情绪"类双音复合词与其共现成分的组合分析，我们发现，该类复合词的共现成分主要体现为9类语义角色：体验主体、形成原因、呈现形式、导致结果、伴随状态、程度量级、具象特征、时间空间、属性特征。其中，形成原因、体验主体这两类语义角色的呈现比例最高，其语料数量占总语料数的比例分别为 33% 和 22%。"情绪"类双音复合词与其共现成分组成的局部语法型式主要有 14 种：A+（的）+NP/VP、NP+（nd）+（的）+A、NP+（adv）+A、VP+（的）/（地）+（r）+A、A+（得）+（adv）+VP、A+地+（adv）/（pp）+VP、NP+V_{主观感受类}+（adv）/（u）+A、p+NP+nd+引起+（u）+A、A+（于）+VP/NP、VP+（adv）+A、p+NP/VP+（c）/（v）+（adv）+（的）+A、NP/VP+V_{使役类}+NP+A、NP+（p+NP）+带来+（u）+A、VP+得+A。其中，A+（的）+NP/VP、NP+（adv）+A、A+地+VP.3 种型式最为常用，使用范围较为广泛，它们占语料总量的比例分别为 22%、17.48% 和 16%。

"情绪"类双音复合词在句法中的组合情况较为复杂，但可以确定的是语素义或词义对该类词的句法表现具有影响作用。首先，尽管"情绪"类双音复合词对局部语法型式有多种选择，但在表现某一语义角色时，该类词的共现成分在语义类型、语义特征等方面都有许多共同特征；其次，在对语义角色的呈现及语法型式的选择使用上，不同的"情绪"类双音复合词各有选择倾向，而这种差异往往是由语素义或词义的特点所决定的。

总之，本书从语素角度出发，在语素构词与句法组合两个层面，对现代汉语"情绪"类双音复合词的语义系统进行了较为全面、深入的分析，是对现代汉语词义研究的一次有意义的尝试。

第二节 研究展望

本书尽管取得了一定的理论成果，但受研究者本人学力和精力的限制，尚存在诸多不足。在后续的研究中，我们还需更加深入、细致、系统地在以下几个方面努力。

第一，训诂学强调根据文字的形体与语音来解释文字意义，重视从汉字的构形等角度对汉字本义及引申义进行研究。构成“情绪”类双音复合词的语素经历了漫长的历史发展，有的语素还保留着造字之初的本义，而有的语素义则发生了极大变化。训诂学的研究思路和方法可以帮助我们寻找大量的语言材料，以对语素的意义理据、发展过程和组合方式做清晰的梳理，这也是贯穿本书始终的一个研究理念。尤其在讨论“情绪”类双音复合词构词语素的来源范畴及语素组合规律时，我们需要查阅多种古典文献，并需要运用大量的训诂学知识。但由于学术背景的局限，我们对有些文献内容的理解、某些字词的考证还不够科学、细致。为了保证研究的准确性，关于许多语素意义的分析我们借助了已有字书的相关释义，这难免使许多语义特征的确定存在主观倾向和疏漏，并在一定程度上影响了研究结论的客观性和科学性。后续我们需要进一步参阅多种典籍文献，利用更扎实的训诂学知识来丰富对相关词义、语素义的分析解释。

第二，在对“情绪”类双音复合词句法层面的语义组合情况进行分析时，本书从宏观层面归纳了该类词共现成分的语义特点以及与之构成的局部语法型式。但本书只对 42 个高频词进行了分析，许多低频词在句法中的具体呈现情况并未进入我们的考察范围。尽管这些高频词可以代表大部分词来呈现“情绪”类双音复合词的语义特点，但非穷尽性的研究难免存在对特殊现象、规律的遗漏。在后续研究中，我们有必要对每个“情绪”类双音复合词的句法组合情况进行具体、详细的分析，一方面验证本书的相关结论，进一步归纳概括该类词的句法语义特征；另一方面实现对高频词与低频词句法语义异同的比较，为本书提供新的研究视角，从而更为全面系统地分析该类词义。

第三，本书仅限于对现代汉语“情绪”类双音复合词语义系统的本体研究。属于同一个情绪类别的复合词在语素组合规律、语义特征、共现成分的语义类型、局部语法型式等方面表现出的异同点可为汉语作为第二语言教学、外向型汉外学习词典编纂以及中文信息处理等提供直接的理论基础。我们有必要将对该类词的研究成果运用于语言实践，以协助提高汉语作为第二语言教学效果、语言信息处理效率及准确性等，同时，也可根据在实践应用中出现的问题进一步完善本研究。因此，在后续的工作中，我们需要将有关该类词语义的本体研究与实践应用研究相结合，在理论研究的同时为汉语作为第二语言教学、词典编纂、计算机信息处理等提出更加有针对性的建议，最终形成理论指导实践、实践反观理论的良性循环。

附录1 "情绪"类双音复合词对语义角色的呈现情况

语义角色	型式	"情绪"类词的语料数量										
		高兴	快乐	愉快	欢乐	得意	喜悦	开心	愤怒	气愤	愤慨	恼火
体验主体	A+(的)+NP	6	93	7	36	10	1	8	101	9	5	6
	NP+的+A	6	71	9	87	8	71	4	126	24	160	7
	NP+(adv)+A	349	134	50	62	110	33	271	95	268	107	259
	NP+V主观感受类+(adv)/(u)+A	32	15	33	4	16	7	17	12	29	31	13
	p+NP+nd+引起+(u)+A	0	0	0	0	0	0	0	1	0	0	0
	小计	393	313	99	189	144	112	300	335	330	303	285
形成原因	A+地+VP	83	0	8	0	4	5	2	2	1	0	2
	A+(于)+VP/NP	89	0	1	0	14	25	2	1	4	3	14
	VP+(adv)+A	61	5	0	0	17	5	37	6	40	8	43
	VP+的+A	0	32	19	48	5	198	2	5	1	2	2
	NP+(nd)+(的)+A	0	25	42	27	11	11	3	0	0	2	2
	A+(的)+NP/VP	19	81	177	75	134	9	60	3	2	1	22
	p+NP/VP+(c)/(v)+(adv)+(的)+A	141	16	9	10	45	29	19	78	106	349	154
	NP/VP+V使役类+NP+A	90	48	136	6	24	22	92	40	173	67	274
	NP+(p+NP)+带来+(u)+A	1	39	15	38	0	32	0	0	0	0	0
	小计	484	246	414	204	254	336	217	135	327	432	513

续表

语义角色	型式	"情绪"类词的语料数量										
		高兴	快乐	愉快	欢乐	得意	喜悦	开心	愤怒	气愤	愤慨	恼火
呈现形式	A+(的)+NP	15	28	56	34	71	59	25	83	35	27	8
	NP+(nd)+(的)+A	0	1	0	1	1	1	0	3	0	1	0
	NP+(adv)+A	10	3	8	0	7	6	3	3	6	4	4
	小计	25	32	64	35	79	66	28	89	41	32	12
导致结果	A+得+VP	47	8	0	1	3	1	15	6	28	1	1
	A+的+VP	3	9	17	7	15	4	10	31	4	5	0
	A+地+(adv)+VP	40	10	19	4	86	6	100	119	172	31	21
	VP+的+A	0	3	0	3	0	4	0	2	0	0	0
	小计	90	30	36	15	104	15	125	158	204	37	22
伴随状态	A+地+(pp)+VP	223	56	241	22	185	14	65	112	369	57	42
	VP+得+A	16	12	57	2	7	0	175	1	1	0	3
	A+的+VP	0	1	23	0	2	0	0	2	0	0	0
	小计	239	68	298	24	192	14	240	113	370	57	45
程度量级	A+(得)+(adv)+VP	17	4	1	0	2	1	17	15	60	15	4
	VP+(的)/(地)+A	5	27	6	22	5	45	1	23	6	25	1
	NP+(的)+A	11	6	12	8	8	5	45	8	8	4	5
	小计	33	37	19	30	15	51	63	46	74	44	10
具象特征	A+得+(adv)+VP	6	4	0	0	0	0	5	1	1	0	0
	VP+(的)/(地)+(r)+A	12	6	8	4	0	16	10	3	0	2	2
	NP+(的)+A	0	22	3	13	7	21	9	11	0	1	1
	A+的+NP	0	6	1	37	4	28	0	34	0	0	0
	小计	18	38	12	54	11	65	24	49	1	3	3

"情绪"类双音复合词的语义研究

语义角色	型 式	"情绪"类词的语料数量										
		高兴	快乐	愉快	欢乐	得意	喜悦	开心	愤怒	气愤	愤慨	恼火
时间空间	A+(的)+NP	16	66	66	118	27	9	30	15	2	2	1
	NP+(的)+A	18	122	29	61	15	32	18	8	30	5	25
	小计	34	188	95	179	42	41	48	23	32	7	26
属性特征	NP+(nd)+的+A	2	12	8	6	0	49	0	28	21	9	5
	A+(的)+NP	12	15	67	88	19	147	0	29	10	33	0
	NP+(adv)+A	49	15	112	7	26	55	3	14	29	12	46
	小计	63	42	187	101	45	251	3	71	60	54	51

语义角色	型 式	"情绪"类词的语料数量										
		恼怒	惊讶	惊奇	惊异	恐惧	恐慌	胆怯	惶恐	沉重	忧虑	忧郁
体验主体	A+(的)+NP	18	10	2	5	6	14	83	12	3	10	45
	NP+的+A	34	12	18	27	80	135	31	22	8	159	30
	NP+(adv)+A	128	168	102	139	45	134	222	104	10	69	54
	NP+V主观感受类+(adv)/(u)+A	11	69	59	56	28	29	14	31	10	19	7
	p+NP+nd+引起+(u)+A	0	0	0	0	0	32	0	0	0	0	0
	小计	191	259	181	227	159	344	350	169	31	257	136
形成原因	A+地+VP	7	86	122	100	5	2	1	1	3	2	2
	A+(于)+VP/NP	34	48	21	96	23	0	1	2	0	38	0
	VP+(adv)+A	34	29	14	33	2	7	0	15	1	3	0
	VP+的+A	0	0	2	1	33	13	1	8	4	18	4
	NP+(nd)+(的)+A	0	0	3	0	10	81	0	2	31	6	8
	A+(的)+NP/VP	3	6	15	6	11	2	7	2	135	11	62

语义角色	型 式	"情绪"类词的语料数量										
		恼怒	惊讶	惊奇	惊异	恐惧	恐慌	胆怯	惶恐	沉重	忧虑	忧郁
形成原因	p + NP/VP + (c)/(v) + (adv) + (的) + A	66	87	77	89	125	39	17	30	5	256	6
	NP/VP + V$_{使役类}$ + NP + A	87	236	264	389	52	33	26	59	15	167	8
	NP + (p + NP) + 带来 + (u) + A	0	1	4	2	7	5	0	1	1	3	0
	小计	231	493	522	716	268	182	50	120	195	504	90
呈现形式	A + (的) + NP	44	71	75	155	44	14	47	49	41	22	119
	NP + (nd) + (的) + A	1	2	1	0	8	3	0	3	1	2	7
	NP + (adv) + A	6	8	1	6	2	5	5	15	63	4	55
	小计	51	81	77	161	54	22	52	67	105	28	181
导致结果	A + 得 + VP	5	20	4	14	2	6	1	7	6	3	10
	A + 的 + VP	1	6	3	4	2	2	1	1	24	0	5
	A + 地 + (adv) + VP	129	45	41	48	20	13	63	37	37	6	11
	VP + 的 + A	1	1	0	0	1	1	0	0	1	0	1
	小计	136	72	48	66	25	22	65	45	68	9	27
伴随状态	A + 地 + (pp) + VP	159	176	141	179	29	6	151	64	83	55	70
	VP + 得 + A	3	0	2	2	0	1	1	3	11	2	2
	A + 的 + VP	0	0	0	0	0	0	0	0	4	0	5
	小计	162	176	143	181	29	7	152	67	94	57	72
程度量级	A + (得) + (adv) + VP	14	43	23	31	4	4	1	19	4	2	2
	VP + (的)/(地) + A	3	16	4	13	26	10	1	23	14	8	15
	NP + (的) + A	3	1	2	4	5	5	13	11	14	7	7
	小计	20	60	29	48	35	19	15	53	32	17	24

"情绪"类双音复合词的语义研究

续表

语义角色	型式	"情绪"类词的语料数量										
		恼怒	惊讶	惊奇	惊异	恐惧	恐慌	胆怯	惶恐	沉重	忧虑	忧郁
具象特征	A+得+(adv)+VP	1	1	0	1	0	1	2	0	3	0	0
	VP+(的)/(地)+(r)+A	3	2	6	4	5	4	1	8	16	4	9
	NP+(的)+A	7	1	1	3	19	6	5	1	3	11	14
	A+的+NP	0	0	0	5	11	3	0	0	14	4	19
	小计	11	4	7	13	35	14	8	9	36	19	42
时间空间	A+(的)+NP	3	4	0	2	6	13	2	3	23	5	18
	NP+(的)+A	8	9	2	7	16	15	2	13	10	6	21
	小计	11	13	2	9	22	28	4	16	33	11	39
属性特征	NP+(nd)+的+A	7	2	0	0	23	44	1	10	16	14	7
	A+(的)+NP	7	6	5	21	141	56	20	18	121	22	54
	NP+(adv)+A	27	0	6	16	12	33	18	28	350	14	50
	小计	41	8	11	37	176	133	39	56	487	50	111

语义角色	型式	"情绪"类词的语料数量										
		忧愁	痛苦	伤心	难过	悲哀	悲痛	悲惨	凄凉	悲伤	痛心	伤感
体验主体	A+(的)+NP	11	14	34	2	21	19	15	10	24	3	20
	NP+的+A	91	97	16	5	143	56	6	16	76	5	40
	NP+(adv)+A	71	72	255	270	40	98	3	7	95	97	105
	NP+V主观感受类+(adv)/(u)+A	5	24	26	48	23	22	0	23	18	62	8
	p+NP+nd+引起+(u)+A	0	0	0	0	1	0	0	0	0	0	0
	小计	178	207	331	325	228	195	24	56	213	167	173

语义角色	型式	"情绪"类词的语料数量										
		忧愁	痛苦	伤心	难过	悲哀	悲痛	悲惨	凄凉	悲伤	痛心	伤感
形成原因	A + 地 + VP	2	10	5	5	10	2	0	3	7	28	3
	A + (于) + VP/NP	7	0	7	2	2	4	0	0	2	28	4
	VP + (adv) + A	2	2	23	17	2	16	0	1	7	36	16
	VP + 的 + A	15	59	1	0	54	34	2	9	8	1	11
	NP + (nd) + (的) + A	12	33	0	0	29	3	60	95	7	2	9
	A + (的) + NP/VP	14	131	83	14	47	36	635	151	52	53	90
	p + NP/VP + (c)/(v) + (adv) + (的) + A	41	21	72	136	27	73	0	4	72	155	34
	NP/VP + V_{使役类} + NP + A	31	48	158	96	37	56	1	18	36	439	64
	NP + (p + NP) + 带来 + (u) + A	4	29	1	1	6	7	2	2	11	0	2
	小计	128	333	350	271	214	231	700	283	202	742	233
呈现形式	A + (的) + NP	52	35	54	16	44	29	8	46	71	14	39
	NP + (nd) + (的) + A	5	1	0	0	2	1	0	0	3	0	2
	NP + (adv) + A	12	8	2	3	9	3	0	27	12	0	16
	小计	69	44	56	19	55	33	8	73	86	14	57
导致结果	A + 得 + VP	6	3	24	9	2	13	0	3	0	7	1
	A + 的 + VP	3	23	4	0	10	6	12	30	9	5	6
	A + 地 + (adv) + VP	11	28	93	20	13	19	3	20	31	32	37
	VP + 的 + A	1	1	0	0	2	1	0	0	0	0	3
	小计	21	55	121	49	27	39	15	53	44	44	47

续表

语义角色	型式	"情绪"类词的语料数量										
		忧愁	痛苦	伤心	难过	悲哀	悲痛	悲惨	凄凉	悲伤	痛心	伤感
伴随状态	A+地+(pp)+VP	39	61	92	49	57	34	34	49	51	114	101
	VP+得+A	0	6	52	6	5	5	9	40	3	3	7
	A+的+VP	0	20	2	0	6	1	0	4	3	3	1
	小计	39	67	144	55	62	39	43	89	54	117	108
程度量级	A+(得)+(adv)+VP	8	32	52	14	1	167	3	6	23	38	6
	VP+(的)/(地)+A	7	40	6	11	22	33	0	14	30	5	16
	NP+(的)+A	11	17	24	11	7	7	15	38	25	6	8
	小计	26	89	82	36	30	207	18	58	78	49	30
具象特征	A+得+(adv)+VP	1	0	0	0	0	1	0	0	0	0	1
	VP+(的)/(地)+(r)+A	5	8	2	14	2	8	14	10	10	2	9
	NP+(的)+A	12	14	2	2	20	7	5	9	13	3	11
	A+的+NP	10	6	1	0	11	4	3	8	5	0	9
	小计	28	28	5	16	33	20	22	27	28	5	30
时间空间	A+(的)+NP	20	23	34	6	7	28	56	59	32	3	8
	NP+(的)+A	16	25	8	5	16	9	5	30	20	3	22
	小计	36	48	42	11	23	37	61	89	52	6	30
属性特征	NP+(nd)+的+A	12	30	1	9	8	27	0	3	19	0	7
	A+(的)+NP	19	32	3	6	21	46	9	76	37	4	64
	NP+(adv)+A	34	34	2	234	12	22	0	33	24	3	22
	小计	65	96	6	249	41	95	9	112	80	7	93

续表

语义角色	型 式	"情绪"类词的语料数量									
		苦涩	苦痛	辛酸	惨痛	惊喜	苦恼	苦闷	惊慌	惊恐	总计
体验主体	A + (的) + NP	2	5	2	4	7	29	24	44	58	838
	NP + 的 + A	6	53	53	2	8	133	113	25	34	2107
	NP + (adv) + A	4	18	12	0	53	112	91	234	231	4781
	NP + V主观感受类 + (adv)/(u) + A	0	2	8	0	9	24	27	26	27	924
	p + NP + nd + 引起 + (u) + A	0	0	0	0	0	0	0	5	3	42
	小计	12	78	75	6	77	298	255	334	353	8692
形成原因	A + 地 + VP	5	0	3	0	112	1	1	6	42	683
	A + (于) + VP/NP	0	0	0	0	5	6	1	0	1	485
	VP + (adv) + A	1	0	2	0	17	0	3	36	12	560
	VP + 的 + A	30	34	26	7	13	60	47	2	3	814
	NP + (nd) + (的) + A	27	36	56	33	3	18	32	0	0	719
	A + (的) + NP/VP	111	31	164	345	12	34	17	3	10	2876
	p + NP/VP + (c)/(v) + (adv) + (的) + A	2	4	2	0	18	158	25	45	32	2671
	NP/VP + V使役类 + NP + A	3	4	12	1	125	92	15	41	111	3696
	NP + (p) + NP + 带来 + (u) + A	6	10	5	2	97	8	2	1	1	346
	小计	185	119	270	388	402	377	143	134	212	12850
呈现形式	A + (的) + NP	59	12	93	7	41	11	17	116	175	2061
	NP + (nd) + (的) + A	2	0	1	0	1	1	2	5	6	68
	NP + (adv) + A	15	0	1	2	1	0	1	41	28	405
	小计	76	12	95	9	43	12	20	162	209	2534

· 279 ·

续表

语义角色	型式	"情绪"类词的语料数量									
		苦涩	苦痛	辛酸	惨痛	惊喜	苦恼	苦闷	惊慌	惊恐	总计
导致结果	A＋得＋VP	2	0	0	2	14	5	2	29	24	359
	A＋的＋VP	20	3	3	3	9	0	3	2	17	322
	A＋地＋(adv)＋VP	33	5	10	2	69	6	4	187	159	1840
	VP＋的＋A	1	1	3	0	2	3	3	1	0	40
	小计	56	9	16	7	94	14	12	219	200	2561
伴随状态	A＋地＋(pp)＋VP	34	6	19	9	73	40	13	122	172	3668
	VP＋得＋A	12	1	4	2	0	2	2	6	1	467
	A＋的＋VP	3	3	3	0	0	7	0	2	0	95
	小计	46	7	23	11	73	42	15	128	173	4135
程度量级	A＋(得)＋(adv)＋VP	8	7	1	2	27	13	14	20	19	744
	VP＋(的)/(地)＋A	21	23	13	8	11	7	15	8	14	603
	NP＋(的)＋A	3	6	6	0	2	10	12	20	14	434
	小计	32	36	20	10	40	30	41	48	47	1781
具象特征	A＋得＋(adv)＋VP	0	0	0	0	0	0	0	0	0	29
	VP＋(的)/(地)＋(r)＋A	8	5	8	3	8	5	7	5	4	262
	NP＋(的)＋A	14	24	9	0	6	13	17	7	5	352
	A＋的＋NP	18	2	5	3	0	0	10	0	0	261
	小计	40	31	22	6	14	18	34	12	9	904
时间空间	A＋(的)＋NP	20	6	17	12	3	11	33	7	13	829
	NP＋(的)＋A	5	18	14	2	10	8	31	6	17	742
	小计	25	24	31	14	13	19	64	13	30	1571

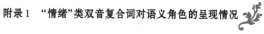

续表

语义角色	型 式	"情绪"类词的语料数量									
		苦涩	苦痛	辛酸	惨痛	惊喜	苦恼	苦闷	惊慌	惊恐	总计
属性特征	NP + (nd) + 的 + A	5	31	6	0	3	29	66	3	6	529
	A + (的) + NP	33	15	23	5	10	30	53	31	23	1431
	NP + (adv) + A	15	7	25	3	5	22	111	30	9	1569
	小计	53	53	54	8	18	81	230	64	38	3624

附录 2　"情绪"类双音复合词局部语法型式的具体表现

型　式	"情绪"类词的语料数量														
	高兴	快乐	愉快	欢乐	得意	喜悦	开心	愤怒	气愤	愤慨	恼火	恼怒	惊讶	惊奇	惊异
A+(的)+NP/VP	71	299	414	395	282	257	133	298	62	73	37	76	103	100	198
NP+(nd)+(的)+A	37	259	103	203	50	190	79	184	83	182	45	60	27	27	41
NP+V$_{主观感受类}$+(adv)/(u)+A	32	15	33	4	16	7	17	12	29	31	13	11	69	59	56
p+NP+nd+引起+(u)+A	0	0	0	0	0	0	0	1	0	0	0	0	0	0	0
A+地+(adv)/(pp)+VP	346	66	268	26	275	25	167	233	542	88	65	295	307	304	327
A+(于)+VP/NP	89	0	1	0	14	25	2	1	4	3	14	34	48	21	96
VP+(adv)+A	61	5	7	0	17	5	37	6	40	8	43	34	29	14	33
VP+(的)/(地)+(r)+A	12	6	8	4	0	16	10	3	0	2	2	3	2	6	4
p+NP/VP+(c)/(v)+(adv)+(的)+A	141	16	9	10	45	29	19	78	106	349	154	66	87	77	89
NP/VP+V$_{使役类}$+NP+A	90	48	136	6	24	22	92	40	173	67	274	87	236	264	389
NP+(p+NP)+带来+(u)+A	1	39	15	38	0	32	0	0	0	0	0	0	1	4	2

型 式	"情绪"类词的语料数量														
	高兴	快乐	愉快	欢乐	得意	喜悦	开心	愤怒	气愤	愤慨	恼火	恼怒	惊讶	惊奇	惊异
NP+(adv)+A	408	152	170	69	143	94	277	112	303	123	309	161	176	109	161
VP+得+A	16	12	57	2	7	0	175	1	1	0	3	3	0	2	2
A+(得)+(adv)+VP	70	16	1	1	5	2	37	22	89	16	5	20	64	27	46

型 式	"情绪"类词的语料数量														
	恐惧	恐慌	胆怯	惶恐	沉重	忧虑	忧郁	忧愁	痛苦	伤心	难过	悲哀	悲痛	悲惨	凄凉
A+(的)+NP/VP	221	104	160	85	365	74	327	129	284	215	44	167	169	738	384
NP+(nd)+(的)+A	161	289	52	62	83	205	94	159	217	51	32	225	110	91	191
NP+V$_{主观感受类}$+(adv)/(u)+A	28	29	14	31	10	19	7	5	24	26	48	23	22	0	23
p+NP+nd+引起+(u)+A	0	32	0	0	0	0	0	0	0	0	0	1	0	0	0
A+地+(adv)+/(pp)+VP	54	21	215	102	123	63	83	52	99	190	74	80	55	37	72
A+(于)+VP/NP	23	0	1	2	0	38	0	7	0	7	2	2	4	0	0
VP+(adv)+A	2	7	0	15	1	3	0	2	2	23	17	2	16	0	1
VP+(的)/(地)+(r)+A	5	4	1	8	16	4	9	5	8	2	14	2	8	14	10
p+NP/VP+(c)/(v)+(adv)+(的)+A	125	39	17	30	5	256	6	41	21	72	136	27	73	0	4
NP/VP+V$_{使役类}$+NP+A	52	33	26	59	15	167	8	31	48	158	96	37	56	1	18
NP+(p+NP)+带来+(u)+A	7	5	0	1	1	3	0	4	29	1	1	6	7	2	2
NP+(adv)+A	59	172	245	147	423	87	159	117	114	259	507	61	123	3	67

续表

型 式	"情绪"类词的语料数量														
	恐惧	恐慌	胆怯	惶恐	沉重	忧虑	忧郁	忧愁	痛苦	伤心	难过	悲哀	悲痛	悲惨	凄凉
VP+得+A	0	1	1	3	11	2	2	0	6	52	6	5	5	9	40
A+(得)+(adv)+VP	6	11	4	26	13	5	12	15	35	76	43	3	181	3	9

型 式	"情绪"类词的语料数量												
	悲伤	痛心	伤感	苦涩	苦痛	辛酸	惨痛	惊喜	苦恼	苦闷	惊慌	惊恐	总计
A+(的)+NP/VP	233	85	237	266	77	310	379	82	122	157	205	296	8713
NP+(nd)+(的)+A	163	19	99	62	168	145	37	33	212	273	66	82	4951
NP+V主观感受类+(adv)/(u)+A	18	62	8	0	2	8	0	9	24	27	26	27	924
p+NP+nd+引起+(u)+A	0	0	0	0	0	0	0	0	0	0	5	3	42
A+地+(adv)/(pp)+VP	89	174	141	72	11	32	11	254	47	18	315	373	6191
A+(于)+VP/NP	2	28	4	0	0	0	0	5	6	1	0	1	485
VP+(adv)+A	7	36	16	1	0	2	0	17	0	3	36	12	560
VP+(的)/(地)+(r)+A	10	2	9	8	5	8	3	8	5	7	5	4	262
p+NP/VP+(c)/(v)+(adv)+(的)+A	72	155	34	2	4	2	0	18	158	25	45	32	2671
NP/VP+V使役类+NP+A	36	439	64	3	4	12	1	125	92	15	41	111	3696
NP+(p+NP)+带来+(u)+A	11	0	2	6	10	5	2	97	8	2	1	1	346
NP+(adv)+A	131	100	143	34	25	38	5	59	134	203	305	268	6755
VP+得+A	3	3	7	12	1	4	2	0	2	2	6	1	467
A+(得)+(adv)+VP	27	45	8	10	7	1	4	41	18	16	49	43	1132

参考文献

一　著作

曹炜：《现代汉语词义学》，学林出版社 2001 年版。

陈昌来：《现代汉语动词的句法语义属性研究》，学林出版社 2002 年版。

（清）陈立撰，吴则虞点校：《白虎通疏证》，中华书局 1994 年版。

陈少华编著：《情绪心理学》，暨南大学出版社 2008 年版。

汉语大词典编辑委员会、汉语大词典编：《汉语大词典》（2.0 光碟版），商务印书馆（香港）有限公司、汉语大词典出版社 2002 年版。

程树德撰，程俊英、蒋见元点校：《论语集释》，中华书局 1990 年版。

崔高维校点：《礼记》，辽宁教育出版社 1997 年版。

董文主编：《情绪心理学》，合肥工业大学出版社 2011 年版。

董秀芳：《词汇化：汉语双音词的衍生和发展（修订本）》，商务印书馆 2011 年版。

（汉）许慎撰，（清）段玉裁注：《说文解字注》，上海古籍出版社 1988 年版。

符淮青：《词义的分析和描写》，外语教学与研究出版社 2006 年版。

葛本仪：《现代汉语词汇学》（第 3 版），商务印书馆 2014 年版。

谷衍奎编：《汉字源流字典》，语文出版社 2008 年版。

（清）郭庆藩撰，王孝鱼点校：《庄子集释》，中华书局 1961 年版。

郭曙纶：《信息社会汉语动词的语义分析与统计研究》，世界图书出版公司北京公司 2009 年版。

汉语大字典编辑委员会编纂：《汉语大字典：九卷本》，湖北长江出版集团·崇文书局、四川出版集团·四川辞书出版社 2010 年版。

（唐）王冰：《黄帝内经素问》，人民卫生出版社 1963 年版。

贾彦德：《汉语语义学》，北京大学出版社 1999 年版。

亢世勇主编：《新编同义词词林》，上海辞书出版社 2015 年版。

李乐毅：《简化字源》，华语教学出版社 1996 年版。

李孝定编述：《甲骨文字集释》，（台北）"中央"研究院历史语言研究所 1970 年版。

教育部语言文字信息管理司组编，李行健、苏新春主编：《现代汉语常用词表》（第 2 版），商务印书馆 2021 年版。

《十三经注疏》整理委员会整理，李学勤主编：《十三经注疏（标点本）·尔雅注疏》，北京大学出版社 1999 年版。

《十三经注疏》整理委员会整理，李学勤主编：《十三经注疏（标点本）·孟子注疏》，北京大学出版社 1999 年版。

《十三经注疏》整理委员会整理，李学勤主编：《十三经注疏（标点本）·周易正义》，北京大学出版社 1999 年版。

《十三经注疏》整理委员会整理，李学勤主编：《十三经注疏（标点本）·春秋左传正义》，北京大学出版社 1999 年版。

《十三经注疏》整理委员会整理，李学勤主编：《十三经注疏（标点本）·毛诗正义》，北京大学出版社 1999 年版。

梁宁建主编：《心理学导论》（第 2 版），上海教育出版社 2011 年版。

林杏光、菲白编：《简明汉语义类词典》，商务印书馆 1987 年版。

林杏光编著：《汉语多用词典　注音　释义　用法　构词　近义　反义》，中国标准出版社 1990 年版。

刘钧杰：《同源字典补》，商务印书馆 1999 年版。

（唐）陆德明：《经典释文》，中华书局 1983 年版。

马洪海：《汉语框架语义研究》，中国社会科学出版社 2010 年版。

孟昭兰主编：《情绪心理学》，北京大学出版社 2005 年版。

彭聃龄主编：《普通心理学》（第 5 版），北京师范大学出版社 2019 年版。

沈园：《句法—语义界面研究》，上海教育出版社 2007 年版。

苏宝荣：《词义研究与辞书释义》，商务印书馆 2000 年版。

苏新春：《汉语词义学》，外语教学与研究出版社 2008 年版。

王艾录、司富珍：《汉语的语词理据》，商务印书馆 2001 年版。

王艾录、司富珍：《语言理据研究》，中国社会科学出版社 2002 年版。

王凤阳：《古辞辨》，吉林文史出版社 1993 年版。

王惠：《现代汉语名词词义组合分析》，北京大学出版社 2004 年版。

王力：《同源字典》，商务印书馆 1982 年版。

（清）王念孙：《读书杂志》，江苏古籍出版社 1985 年版。

王宁：《训诂学原理》，中国国际广播出版社 1996 年版。

（清）王先谦撰，沈啸寰、王星贤点校：《荀子集解》，中华书局 1988 年版。

卫乃兴：《词语学要义》，上海外语教育出版社 2011 年版。

肖晓辉：《汉语并列双音词构词规律研究：以〈墨子〉语料为中心》，中国传媒大学出版社 2009 年版。

（梁）萧统编，（唐）李善注《文选》，上海古籍出版社 1986 年版。

徐峰：《汉语配价分析与实践：现代汉语三价动词探索》，学林出版社 2004 年版。

（汉）许慎：《说文解字》，中华书局 2013 年版。

叶蜚声、徐通锵：《语言学纲要》，北京大学出版社 1997 年版。

殷寄明：《汉语同源字词丛考》，东方出版中心 2007 年版。

袁毓林、郭锐主编：《现代汉语配价语法研究（第二辑)》，北京大学
　　出版社 1998 年版。

袁毓林：《汉语动词的配价研究》，江西教育出版社 1998 年版。

张国宪：《现代汉语形容词功能与认知研究》，商务印书馆 2006 年版。

张希峰：《汉语词族丛考》，巴蜀书社 1999 年版。

张希峰：《汉语词族续考》，巴蜀书社 2000 年版。

张希峰：《汉语词族三考》，北京语言大学出版社 2004 年版。

张永言：《词汇学简论》，华中工学院出版社 1982 年版。

张志毅、张庆云：《词汇语义学》（第三版），商务印书馆 2012 年版。

赵春利：《现代汉语形名组合研究》，暨南大学出版社 2012 年版。

赵家新：《现代汉语心理形容词语义网络研究》，中国社会科学出版社
　　2010 年版。

中国社会科学院语言研究所词典编辑室编：《现代汉语词典》（第 7 版），
　　商务印书馆 2016 年版。

（清）朱骏声：《说文通训定声》，武汉市古籍书店 1983 年影印本。

（宋）朱熹撰，朱杰人、严佐之、刘永翔主编：《朱子全书》，上海古
　　籍出版社、安徽教育出版社 2002 年版。

（宋）洪兴祖撰，白化文、许德楠、李如鸾等点校：《楚辞补注》卷 16
　　《九叹》，中华书局 1983 年版。

朱智贤主编：《心理学大词典》，北京师范大学出版社 1989 年版。

朱志平：《汉语双音复合词属性研究》，北京大学出版社 2005 年版。

［美］查尔斯·莫里斯、［美］阿尔伯特·梅斯托：《心理学导论》（第
　　12 版），张继明、王蕾、童永胜等译，北京大学出版社 2007 年版。

［美］克雷奇、［美］克拉奇菲尔德、［美］利维森等：《心理学纲要》

下册，周先庚、林传鼎、张述祖等译，文化教育出版社 1981 年版。

［德］弗里德里希·温格瑞尔、［德］汉斯－尤格·施密特：《认知语言学导论》（第二版），彭利贞、许国萍、赵微译，复旦大学出版社 2009 年版。

［英］泰勒：《语言的范畴化：语言学理论中的类典型》，［英］蓝纯导读，外语教学与研究出版社 2001 年版。

C. E. Izard, *Human Emotions*, New York：Plenum, 1977.

Francis, G., Hunston, S., Manning, E., eds., *Collins COBUILD Grammar Patterns 2：Nouns and Adjectives*, London：Harper Collins, 1998.

Hunston, S., *Corpus Approaches to Evaluation：Phraseology and Evaluative Language*, London：Routledge, 2013.

Hunston, S., G. Francis, *Pattern Grammar：A Corpus – Driven Approach to the Lexical Grammar of English*, Amsterdam：John Benjamins Publishing Company, 2000.

Lakoff, G., M. Johnson, *Metaphors We Live by*, Chicago：The University of Chicago Press, 1980.

Martin, J., P. White, *The Language of Evaluation：Appraisal in English*, New York：Palgrave Macmillan, 2005.

Zoltán Kövecses, *Metaphors of Anger, Pride, and Love：ALexical Approach to the Structure of Concept*, Amsterdam：John Benjamins Publishing Company, 1986.

二　期刊论文

曹瑛：《汉语“愤怒”的认知分析》，《长江大学学报》（社会科学版）2011 年第 4 期。

陈昌来：《“给予”类三价动词构成的句式及其论元缺省的认知解释》，

《汉语学习》2007 年第 3 期。

陈家旭：《英汉语"悲伤"情感隐喻认知对比分析》,《民族论坛》2005 年第 6 期。

陈家旭：《英汉语"恐惧"情感隐喻认知对比》,《四川外语学院学报》2008 年第 1 期。

陈家旭：《英汉语"喜悦"情感隐喻认知对比分析》,《外语与外语教学》2007 年第 7 期。

杜嘉雯：《现代汉语足部动词的语义特征》,《语文学刊》2010 年第 6 期。

符淮青：《词义和构成词的语素义的关系》,《辞书研究》1981 年第 1 期。

郭胜春：《汉语语素义在留学生词义获得中的作用》,《语言教学与研究》2004 年第 6 期。

李华：《"怕"词义演变探微》,《大连大学学报》2012 年第 5 期。

李敬：《汉语情感"喜悦"和"悲伤"的隐喻分析》,《现代语文》(语言研究版) 2011 年第 10 期。

李文中：《短语理论框架综论》,《外语教学与研究》2018 年第 1 期。

刘华、刘坤：《从几个视觉动词看动态语义学的实质》,《宁波大学学报》(人文科学版) 2006 年第 5 期。

刘芬：《〈论语〉单音节情绪类心理动词的同义关系研究》,《语文学刊》2011 年第 4 期。

刘继超：《略论并列式新词词义与语素义之关系》,《宝鸡文理学院学报》(哲学社会科学版) 1994 年第 4 期。

刘叔新：《汉语复合词内部形式的特点与类别》,《中国语文》1985 年第 3 期。

刘芸：《汉英"恐惧"情感认知对比》,《宜宾学院学报》2009 年第 9 期。

鲁川：《谓词框架说略》,《汉语学习》1992 年第 4 期。

彭雪华:《"喜悦"情绪概念的建构路径新阐释》,《南昌大学学报》（人文社会科学版）2009 年第 6 期。

彭懿、白解红:《汉英"愤怒"情感新词的认知对比研究》,《外国语（上海外国语大学学报)》2007 年第 6 期。

曲占祥:《汉英"愤怒"情感隐喻认知的异同》,《广东外语外贸大学学报》2008 年第 6 期。

曲占祥:《英汉"喜悦"情感概念隐喻认知对比研究》,《西安外国语大学学报》2008 年第 4 期。

沈家煊:《"有界"与"无界"》,《中国语文》1995 年第 5 期。

施春宏:《词义的认知模式与词义的性质及构成——兼谈成语的性质》,《辞书研究》2002 年第 6 期。

施春宏:《试析名词的语义结构》,《世界汉语教学》2002 年第 4 期。

宋连香:《英汉语"喜悦"情感隐喻认知共性分析》,《湖北广播电视大学学报》2012 年第 4 期。

苏宝荣:《汉语语素组合关系与辞书释义》,《辞书研究》1999 年第 4 期。

孙毅、陈朗:《"愤怒"情感隐喻视阈中的体验哲学管窥》,《云南师范大学学报》（对外汉语教学与研究版）2008 年第 5 期。

谭景春:《词的意义、结构的意义与词典释义》,《中国语文》2000 年第 1 期。

王慧:《外向型汉语学习词典对情绪词的释文探析——以"愉快"类情绪词为例》,《海南师范大学学报》（社会科学版）2015 年第 8 期。

王宁:《汉语词源的探求与阐释》,《中国社会科学》1995 年第 2 期。

王宁:《汉语双音合成词结构的非句法特征》,《江苏大学学报》（社会科学版）2008 年第 1 期。

王宁:《训诂学与汉语双音词的结构和意义》,《语言教学与研究》1997 年第 4 期。

王玉鼎：《论名词性并列复合词的词义与语素义之关系》，《西藏民族学院学报》（社会科学版）1994 年第 1 期。

王勇：《行走在语法和词汇之间——型式语法述评》，《当代语言学》2008 年第 3 期。

魏雪、袁毓林：《基于语义类和物性角色建构名名组合的释义模板》，《世界汉语教学》2013 年第 2 期。

吴仁甫：《语素和词义》，《华东师范大学学报》（哲学社会科学版）1995 年第 3 期。

徐时仪：《"忙"和"怕"词义演变探微》，《中国语文》2004 年第 2 期。

许德楠：《并列式词语在构词中的自补自注功能》，《语言教学与研究》2000 年第 2 期。

许光烈：《汉语词的理据及其基本类型》，《内蒙古民族大学学报》（哲学哲学社会科学版）1994 年第 1 期。

杨振兰：《试论词义与语素义》，《汉语学习》1993 年第 6 期。

袁红梅、杨春红：《英汉语中"愤怒"隐喻的认知对比与文化阐释》，《北京第二外国语学院学报》2008 年第 2 期。

岳好平：《英汉"悲伤"情感隐喻的解读》，《中南林业科技大学学报》（社会科学版）2009 年第 2 期。

詹卫东：《确立语义范畴的原则及语义范畴的相对性》，《世界汉语教学》2001 年第 2 期。

张博：《组合同化：词义衍生的一种途径》，《中国语文》1999 年第 2 期。

张江丽：《词义与语素义之间的关系对词义猜测的影响》，《语言教学与研究》2010 年第 3 期。

张磊、卫乃兴：《局部语法的演进、现状与前景》，《当代语言学》2018 年第 1 期。

张磊：《重谈受限语言：对局部语法理论根源的解析》，《语言学研究》

2018 年第 2 期。

张林影、邱智晶、张艳臣等：《英汉"喜悦"隐喻认知对比》，《河北理工大学学报》（社会科学版）2010 年第 4 期。

张雪梅、刘萍：《英语外向型学习词典中抽象名词释义的局部语法研究——以〈牛津高阶英语词典〉（第 8 版）外壳名词语料为例》，《外语电化教学》2019 年第 4 期。

张志毅：《词的理据》，《语言教学与研究》1990 年第 3 期。

赵春利：《情感形容词与"得"字补语同现的原则》，《语言教学与研究》2012 年第 4 期。

赵春利、石定栩：《状位情感形容词与述位动词结构同现的原则》，《汉语学习》2011 年第 1 期。

郑闻：《"过程与状态"是一对哲学范畴吗?》，《四川师范大学学报》（社会科学版）1986 年第 5 期。

郑玉荣：《二语习得过程中情绪词的使用与语言能力的相关性研究》，《时代文学》（双月上半月）2009 年第 4 期。

钟曲莉：《英汉"恐惧"隐喻认知的共性与个性分析》，《长沙铁道学院学报》（社会科学版）2008 年第 1 期。

仲崇山：《词义和构成词的语素义的关系补论》，《佳木斯大学社会科学学报》2002 年第 2 期。

周国光：《现代汉语动词的配价研究》，《汉语学习》1996 年第 1 期。

周健：《英汉语"悲伤"概念隐喻的认知解读》，《赤峰学院学报》（汉文哲学社会科学版）2011 年第 1 期。

朱文豪：《〈说苑〉心理动词同义连用现象考察》，《鸡西大学学报》2008 年第 3 期。

朱志平：《双音节复合词语素结合理据的分析及其在第二语言教学中的应用》，《世界汉语教学》2006 年第 1 期。

三 论文集中析出的文献

范开泰、由丽萍、刘开瑛:《汉语框架语义分析系统研究》，载孙茂松、陈群秀主编《自然语言理解与大规模内容计算》，清华大学出版社2005年版。

陆俭明:《现代汉语不及物动词之管见》，载中国语文杂志社编《语法研究和探索》（五），语文出版社1991年版。

齐沪扬:《位置句中动词的配价研究》，载沈阳、郑定欧主编《现代汉语配价语法研究》，北京大学出版社1995年版。

王宁:《论本源双音合成词凝结的历史原因——兼论古今汉语的传承与沟通》，载杭州大学古籍研究所、杭州大学中文系古汉语教研室编《古典文献与文化论丛》，杭州大学出版社1999年版。

王宁:《汉语词汇语义学在训诂学基础上的重建与完善》，载北京师范大学民俗典籍文字研究中心编《民俗典籍文字研究》（第二辑），商务印书馆2005年版。

王宁:《现代汉语双音合成词的构词理据与古今汉语的沟通》，载中国语文编辑部编《庆祝中国社会科学院语言研究所建所45周年学术论文集》，商务印书馆1997年版。

张世禄:《"同义为训"与"同义并行复合词"的产生》，载张世禄《张世禄语言学论文集》，学林出版社1984年版。

四 学位论文

陈灿:《上古"饮食类"动词词义研究》，博士学位论文，北京师范大学，2009年。

陈树:《汉语支配式双音词构词研究》，博士学位论文，北京师范大学，2011年。

杜婷:《现代汉语口部动词研究》，硕士学位论文，山东大学，2011年。

符渝：《汉语偏正式双音合成词语素结合规律研究》，博士学位论文，北京师范大学，2003 年。

李长云：《敦煌变文惧怕类心理动词研究》，硕士学位论文，河南大学，2005 年。

李轶：《情感类同义词素并列式复合词研究》，博士学位论文，吉林大学，2009 年。

龙慧：《敦煌变文心理动词研究》，硕士学位论文，西南大学，2007 年。

吕艳辉：《基于语料库的现代汉语手部动词研究》，博士学位论文，山东大学，2008 年。

苗守艳：《〈列子〉心理动词语义研究》，硕士学位论文，河北师范大学，2005 年。

孙俊霞：《〈史记〉情绪类心理动词研究》，硕士学位论文，河南大学，2011 年。

汤景鑫：《现代汉语击打类单音节手部动词研究》，硕士学位论文，南京林业大学，2010 年。

王科：《汉语中"悲伤"类义位的理据研究》，硕士学位论文，暨南大学，2011 年。

王婷：《现代汉语持具类手部动词的句法语义研究》，硕士学位论文，南京师范大学，2011 年。

武文杰：《现代汉语视觉行为动词研究》，博士学位论文，山东大学，2008 年。

武艳茹：《〈容斋随笔〉心理动词研究》，硕士学位论文，河北师范大学，2010 年。

于正安：《〈荀子〉动词语法研究》，硕士学位论文，西南师范大学，2003 年。

张江丽：《常用单音节手部动作动词研究》，博士学位论文，北京师范大学，2011 年。

张亚明：《汉语形容词的情状类型及句法选择》，硕士学位论文，上海
师范大学，2005 年。

朱芳毅：《〈说文解字〉心理动词语义网络研究》，硕士学位论文，广
西师范大学，2008 年。

朱莹莹：《手部动作常用词的语义场研究》，硕士学位论文，四川大学，
2007 年。

五　英文参考文献

Firth, J. R, "Descriptive Linguistics and the Study of English", in Palmer,
F. R. ed. , *Selected Papers of J. R. Firth 1952 – 1959*, London and Bloom-
ington：Longman and Indiana University Press, 1968.

Gross, M. , "Local Grammars and Their Representation by Finite Automa-
ta", in Michael Hoey ed. , *Data, Description, Discourse：Papers on the
English Language in Honour of John Sinclair*, London：Harper
Collins, 1993.

R. Plutchik, "Emotions, Evolution and Adaptive Processes", in Arnold
M. ed. , *Feelings and Emotions*, New York：Academic Press, 1970.

Reddy, Michael J. , The Conduit Metaphor：A Case of Frame Conflict in
Our Language about Language ", in A. Ortony ed. , *Metaphor and
Thought*, Cambridge：CUP, 1979.

后　记

　　春日的暖风吹走了连日的阴霾，心情就跟外面的空气一样清澈透明。当写下本书的最后一个句号时，内心积蓄的是满满的幸福与感激。本书源自我的博士学位论文，时光飞逝，倏忽间我已从一名学生成长为大学教师，回首往事，感慨万千。谨以此书献给我的母校北京师范大学、工作单位西安石油大学，感谢那些曾经帮助过我的老师、同学、同事、朋友！

　　回首在北京师范大学的生活，一切都像剧情般一一在脑海中浮现。我有幸成为北京师范大学两大学院——文学院与国际中文教育学院的学生。文学院三年的硕士学习使我踏进了现代汉语的学术殿堂，初步领略了汉语言的强大魅力；国际中文教育学院三年的博士生活又使我进一步开阔了眼界，锻炼了学术思维，意识到学以致用、教学相长的意义。两大学院风格虽略有差异，但"学为人师，行为世范"的校训精神都秉承不殆。我从中吸取着学术与文化的营养精华，体味着人文学科的无穷魅力，这成为我人生中最美好的一段回忆。

　　良好的学术氛围和人文环境是由师生共同营造的，而对我影响最大、帮助最多的便是我的恩师朱瑞平先生。还记得第一次忐忑不安地去导师办公室请教问题，老师洪亮的声音、亲切的面容顿时化解了我心中的紧张，也给了我不断向上的力量。也记得我的论文每页纸上被老师修改得密密麻麻时，老师严肃的表情、严厉的话语，以及我的自责不已。老师重视发散学生思维，从未将自己的学术观点强加于我，对我的一些不成熟的想法，也总是晓之以理，因势利导。朱老师工作繁忙，对我的指导却从未松懈。无论是结构框架的调整还是语言措辞的修改，大到观点的提炼，小到标点符号的校对，我的博士学位论文无一不渗透着导师的心血。

朱老师不仅是我学业上的导师，更是我生活中的恩师。他不仅教育我们要有严谨的治学态度和科学的研究方法，更教我们如何去做人、做事。每每遇到困难和挫折，老师总是给予我慈父般的关怀和温暖，教育我要勇敢坚强，心态豁达，帮助我从意志消沉中尽快走出，重新打起精神。老师严谨的治学精神、认真的工作态度、低调的处世风格、豁达的人生态度，等等，都是我一生最宝贵的精神财富！奈何天妒英才，我们敬爱的老师因病于2021年冬溘然长逝，悲哉！哀哉！老师的恩情学生未能报答万一，实是终身遗憾！学生唯有深记老师给予的教导与嘱托，在未来的工作中努力践行，以优异的成绩来回报恩师的苦心栽培！

除了导师的辛苦培养，我还有幸受到多位老师的指导。底蕴丰厚、视野开阔的许嘉璐先生既精于中国传统文化，又重视沟通古今、贯通中西，每次讲话提出的观点都高屋建瓴，意义深远，启发我的思维向更高更远处发散；性格和蔼、知识渊博的陈绂老师使我领略到古文阅读的趣味，激发了我学习古典文献的热情；优雅亲切、思维缜密的朱志平老师在语义学课上完善了我们的知识理论体系，对我博士学位论文的选题和写作有很大帮助；思路清晰、深受学生喜爱的冯丽萍老师在语言学与应用语言学研究方法课上传授了我们多种科学具体的研究方法，在我博士学位论文选取材料阶段给予了很多指导。老师们高尚的行为品格、醇厚的学术功底、严谨的治学态度都令我高山仰止，敬佩无比！在此一并感谢！

　　三年的博士学习既有无从下手、晦涩艰深的坎坷痛苦，又有柳暗花明、豁然开朗的美好喜悦，而陪我一起走过这段珍贵岁月的还有那些可亲可爱的同学。同班吴继峰、李莉、郝瑜鑫、吴剑、王亚琼、刘相臣、谢竹、刘培杰、刘汉武等同学勤奋刻苦、坚持不懈、积极进取的精神感染激励着我，给了我些许惺惺相惜的慰藉，让我感受到以苦为乐、并肩作战的意义。感谢同门师兄彭亮，师姐梁喜镜，师妹何珊、李洁、郑弘平、祝捷、卢瑶等对我一直以来的帮助。大家在导师的带领下，团结一致，亲如一家，使我身在异乡却时时体味到家的温暖。特别感谢师妹李丹青和钱多，她们对我文章的部分章节进行了修改，并提出许多宝贵意见，为我能顺利毕业提供了帮助！感谢好友朱生玉、胡海宝，他们在古文阅读方面给了我许多意见，并帮我做了很多文献校对工作。

　　本书得以出版，还要感谢我的工作单位西安石油大学。学校给我提供了一个和谐融洽、宽松温馨的工作环境，学院的领导、同事们待我亲切友善，为我的教学科研提供了诸多便利。感谢中国社会科学出版社，尤其是杨康老师的帮助与指导。审稿编辑们认真负责的态度和过硬的专业知识令我无比叹服。书中如有任何纰漏，由我本人承担全部责任。

　　最后，感谢我的家人们。我与爱人共同携手走过了美好的学生时光，因为有着共同的理想和目标，我们一起来到了古城西安。一路走来，我们互相支持，原本苦涩的学习生活也变得精彩丰富起来。谢谢你的一直陪伴，在未来奋斗的路上我们都不会孤单。在本书积淀修改期间，我们历尽千辛迎来了期盼已久的宝宝。孩子的降临给我的生活增加了许多欢乐，也让我体会到"为母则刚"的深刻含义，是孩子给予我继续前行的勇气和力量！父母为了我能够安心工作，不远千里前来帮我照看孩子，年过花甲却依然要经历离乡之苦，作为女儿深感愧疚，感激之情难以言表。

该书为本人 2020 年承担的陕西省社会科学基金项目（立项号：2020K013）研究成果。本书的出版是我学术生涯的一个新起点，我会谨记师长的教诲，带着师长的嘱托，怀着一颗感恩的心，踏踏实实、一步一个脚印地奋力前进！本人才疏学浅，虽尽全力，但仍难免有疏漏之处，敬请方家批评指正！

王　慧

2023 年 5 月于西安